SV

Rüdiger Bubner

Handlung, Sprache und Vernunft

Grundbegriffe praktischer Philosophie

Suhrkamp

Erste Auflage 1976

Druck: MZ-Verlagsdruckerei GmbH, Memmingen
Printed in Germany

Inhalt

Vorwort

ἡ γὰρ λύσις τῆς ἀπορίας εὕρεσίς ἐστιν.
Aristoteles, *Ethica Nicomachea*
1146 b 7

Praktische Philosophie hat es offenbar mit Praxis oder Handeln zu tun. Gleichwohl ist dies einer der unbekanntesten Begriffe innerhalb der philosophischen Disziplin geblieben, die sich mit dem Praktischen erklärtermaßen befaßt. Was eigentlich Handeln sei, ist kaum je gefragt worden, wo alle Aufmerksamkeit der ehrenvolleren Aufgabe galt, Vernunft in der Praxis zu verbreiten. So ist es zu erklären, daß in neuerer Zeit die Frage nach einem Handlungsbegriff ihre erste Heimstatt in der aufkommenden Wissenschaft der Soziologie fand. Die Philosophie hat dagegen noch keineswegs Handlung als eines ihrer unerledigten Themen erkannt. Immerhin meldet sich das mehr oder weniger deutlich empfundene Desiderat einer philosophischen Handlungslehre auf mannigfache Weise, ohne daß die divergenten Versuche bereits zur Einheit ihrer Fragestellung gefunden hätten.

Die folgenden Überlegungen gehen von der Einsicht in diese Problemlage aus. Sie geben sich deshalb nicht der Täuschung hin, überall zureichende Antworten vorführen zu können. Sie verstehen Handlungstheorie als eine einheitliche philosophische Aufgabe und suchen Unterstützung aus verschiedener Richtung. Insbesondere die Vorstöße auf dem Gebiet soziologischer Kategorienbildung, die sprachphilosophische Deutung menschlichen Verhaltens und eine problembewußte Erneuerung der Tradition praktischer Philosophie haben Orientierungshilfe geleistet. Der soziologischen Handlungslehre ist das erste Kapitel gewidmet, während die sprachphilosophischen Erkenntnisse in mehrfacher Weise präsent sind. Der Handlungsbegriff aus der analytischen Schule wird vor allem im dritten Kapitel untersucht, wogegen die allgemeine hermeneutische Einstellung dem Autor so naheliegt, daß sie sich kaum auf ein bestimmtes

Kapitel beschränkt. Was die Tradition der praktischen Philosophie angeht, so habe ich zum gegenwärtigen Stand der Debatte und zu einigen Forschungsproblemen, die sich mit den Namen Plato, Aristoteles und Kant verbinden, anderweitig Stellung genommen. Darauf sei hier nur verwiesen: *Eine Renaissance der praktischen Philosophie* (Philosophische Rundschau 22, 1975). In der vorliegenden Arbeit spielen die historischen Anregungen der ›philosophia practica‹ vornehmlich im zweiten und letzten Kapitel eine gewisse Rolle.

Dies sind die wesentlichen, mir selber bewußten Verpflichtungen. Weitere wird der Leser möglicherweise entdecken. Es ist zu hoffen, daß der systematische Versuch, den ich im Blick auf die genannte Aufgabe unternehme, in einigen Schritten über den Erkenntnisstand, auf den ich mich ausdrücklich beziehe, hinausführt.

I. Kritik der soziologischen Handlungslehre

1. Einleitung

Der Handlungsbegriff ist in der philosophischen Tradition nicht wirklich ernstgenommen worden. Man hat ihn vernachlässigt oder überhaupt keiner Beachtung für wert befunden. Eine Ausnahme macht einzig Aristoteles, der nicht umsonst Stammvater einer systematischen Einteilung der Philosophie ins Theoretische und Praktische geworden ist. Wo der Handlungsbegriff in den klassischen Positionen der Philosophiegeschichte sonst noch auftaucht, führt er meist eine Randexistenz, und falls er traktiert wird, rückt man ihn gern unter verzerrende Vorzeichen. So ist ihm in manchen Systemen der neuzeitlichen Ethik oder Anthropologie im weitesten Sinne ein Platz eingeräumt worden als humanes Analogon zu naturphilosophischen Vorstellungen der Körperbewegung und ihrer Ursachen. Handlung stellt in dieser Hinsicht nur ein Problem dar, weil man vor dem Hintergrund der universalen Kausalitätsgesetze physikalischer Körperbewegung erklären muß, wie es zur Bewegung des besonderen Körpers kommt, der zufällig der menschliche ist.

Als erster hat wohl Hobbes einen solchen Handlungsbegriff in seiner mechanistischen Anthropologie eingeführt. Hobbes' Lehre vom Menschen (de homine) findet ihren genauen systematischen Ort zwischen der Lehre vom Körper (de corpore) und der Lehre vom Bürger (de cive). Sie vermittelt also den Übergang von Naturphilosophie in Staatsphilosophie und leiht der rationalen Zweckkonstruktion des hobbesschen Staates als eines vertraglich gesicherten Ordnungssystems zwischen egoistischen Individuen die naturalistische Basis[1]. »Wenn die Verhältnisse der menschlichen Handlungen mit der gleichen Gewißheit erkannt würden wie die Größenverhältnisse der Figuren«, dann hätte, so meint Hobbes, die Philosophie ihre vornehmste Aufgabe zum Nutzen der Menschheit erfüllt[2]. Die Verhältnisse der menschlichen Handlungen müssen Gegenstand einer Wissen-

1 *de corpore* IX, X 1, 3
2 Widmung von *de cive*, sowie: *de corpore* I

schaft werden, deren Exaktheit der Geometrie und Physik ebenbürtig ist[3]. Unter dem Gesichtspunkt gesellschaftlicher Nützlichkeit (utilitas) wird der praktischen Philosophie strenge Wissenschaftlichkeit abverlangt; so ist ihr die szientifisch-technische Bewältigung des prinzipiellen Antagonismus zuzutrauen, der das gesellschaftliche Zusammenleben im Naturzustand prägt. Die Vernunft soll die das Weiterleben bedrohenden Existenzbedingungen unter Kontrolle bringen. Im Zuge dessen werden menschliche Handlungen und ihre Wechselverhältnisse zu einem quasi naturwissenschaftlichen Untersuchungsobjekt.

Das naturalistische Präjudiz hat seither auf dem philosophischen Handlungsbegriff gelastet. Die Schule des neuzeitlichen Empirismus[4] lehrt, daß Handeln als eine Bewegung in der Erfahrungswelt analog der Relation von Ursache und Wirkung zu verstehen sei, wobei der Ursprung jener Bewegung in einem Willensakt gesucht werden müsse, während die Wirkung sich in konsequenter Aktivität des Körpers äußere. Handlung ist als innerlich verursachter Prozeß in der Welt aufgefaßt. Diese Bestimmung des Handelns behält ihre Gültigkeit bis hinein in Kants Begründung der praktischen Philosophie[5].

Im Gefolge des absoluten Systems der Hegelschen Spekulation taucht später das Schlagwort der Praxis als Gegenstück zur Theorie auf[6]. Was die enzyklopädisch umfassende Philosophie auf den theoretischen Begriff gebracht hatte, schien nur noch der tätigen Umsetzung in die historisch-politische Praxis zu

3 Zur Reduktion der teleologischen Zweckursachen auf Kausalursachen vgl. *de corpore* X, 7, und *de homine* XI, 1-4.

4 Locke, *Essay Concerning Human Understanding*, II 2 f., 4 f., 16 u. ö. Hume, *Enquiry Concerning Human Understanding*, VII, 1. In kritischem Anschluß an beide hat die schottische Common-sense-Philosophie eine ausgeführtere Handlungstheorie hervorgebracht, die neben dem Willen als der aktiven Kraft des Geistes noch mechanische, animalische und rationale Handlungsprinzipien unterscheidet (Th. Reid, *Essays on the Active Powers of Human Mind*, 1788).

5 s. dazu unten III 2 (Exkurs)

6 s. dazu unten II 4

harren. Dieses gemeinsame Credo der Junghegelianer hat über die weiterlaufende marxistische Debatte einem Handlungsbegriff zur Wirksamkeit verholfen, der mit Hegelscher Theorie getränkt ist. Das besondere, dem 19. Jahrhundert entstammende Praxisverständnis aus einem Gegensatz zur Theorie prägt ausgesprochen oder unausgesprochen in weiten Bereichen die zeitgenössischen Konzepte der Sozialwissenschaften.

Die gesamte Tradition der neueren philosophischen Ethik hat dazu beigetragen, den Handlungsbegriff als solchen nicht ins zentrale Blickfeld der Untersuchung treten zu lassen. Ethik hat kaum je nach Handlung gefragt, ihr Interesse galt von vornherein dem moralischen Handeln, dem normgerechten und rein vernünftigen Tun. Die ethischen Vorschriften des Verhaltens sperrten sich naturgemäß gegen eine neutrale Untersuchung der Struktur von Handlung schlechthin. Dies ändert sich erst in einer ganz bestimmten theoretischen Situation, die historisch den Beginn der Soziologie kennzeichnet. Die aus den Systemen philosophischer Wahrheit entlassene und autonom gewordene Wissenschaft von der sozialen Wirklichkeit machte einen ethisch nicht voreingenommenen Blick auf Handlung möglich. Befreit von der Überlagerung durch moralische Reglementierung und Wertung, wird menschliches Tun nun ein soziologisches Thema. Was ist Handeln? – Diese Frage kann ohne weitere Implikationen und unbeirrt durch überschießende systematische Zwecksetzung offenbar erst im Rahmen der Soziologie gestellt werden.

Freilich muß die Frage, was Handeln eigentlich sei, in jener Situation auch beantwortet werden, wo die Soziologie sich als eigenständige Wissenschaft begründet. Wenn irgend etwas Gesellschaft konstituiert, so ist es Praxis. Zumindest müssen die wesentlichen Merkmale des soziologischen Forschungsobjekts in praktischen Termini interpretiert werden können. Demnach nimmt es nicht wunder, daß Handlung oder Praxis Aufnahme unter diejenigen Begriffe fand, mit deren Hilfe die Soziologen ihre ureigene Domäne abzustecken suchten. Handlung gehört als Hauptbegriff in die soziologische Kategorienlehre.

Die Philosophen, denen an der Klärung des Handlungsbegriffs

gelegen ist, tun gut daran, sich die kategorialen Bemühungen der Soziologie kritisch zu vergegenwärtigen, die inzwischen auch schon auf eine Geschichte von einem dreiviertel Jahrhundert zurückblicken können. Merkwürdigerweise hat die praktische Philosophie indes die soziologischen Vorschläge zum Handlungsbegriff nie wirklich zur Kenntnis genommen. Noch weniger hat sie das Bewußtsein entwickelt, aus der soziologischen Kategorienlehre und Grundlagendiskussion möglicherweise zu lernen. Das überrascht insbesondere, weil man keineswegs wird sagen können, die Philosophie verfüge über eine wohlbegründete Handlungstheorie, die sachlich zu überzeugen vermöchte.

Statt dessen hat sich bis auf den heutigen Tag im wesentlichen jener Zustand untergründiger Wechselwirkung zwischen philosophischen Denkansätzen und soziologischen Grundlegungsversuchen erhalten, der die Geschichte der Soziologie begleitet. In die Begriffsbildung der sich verselbständigenden Wissenschaften vom Sozialen sind mehr oder weniger unkontrolliert Gedanken eingegangen, die der jeweils herrschenden Philosophie entstammen. Für Max Weber bot die neukantianische Methodologie eine selbstverständliche Orientierung, Schütz hat sich auf Husserl berufen, gegenwärtig stehen Hermeneutik und Sprachphilosophie bei den Sozialwissenschaftlern hoch im Kurs. Umgekehrt ist auf philosophischer Seite nie im Zusammenhang und mit der kritischen Absicht verbesserter Erkenntnis rezipiert worden, was die Soziologen zur Bestimmung des Handlungsbegriffs zu sagen haben.

Da es eine philosophische Handlungstheorie aber noch nicht gibt, sondern nur Vorstöße aus verschiedener Richtung auf ein solches Ziel hin, stellt es eine der ersten Aufgaben praktischer Philosophie dar, die soziologische Handlungslehre einer Prüfung zu unterziehen, um daraus Unterstützung oder Korrektur für das eigene Unternehmen zu gewinnen. Erst wenn man gezeigt hat, daß und warum die vorliegenden Handlungstheorien der einschlägigen Wissenschaften unzureichend sind, kann mit Sinn und einiger Aussicht auf Erfolg die noch ausstehende philosophische Handlungstheorie in Angriff genommen werden. Es wird sich bei der Prüfung erweisen, daß eine Quelle permanenter Verkürzung oder Verzerrung des Handlungsbegriffs im Rahmen der soziologischen Forschungsinteressen jene undurchschaute Aneignung und Benutzung philosophischer Überlegungen darstellt. In diesem Felde schwankender Kooperation muß zunächst einmal eine gewisse Klarheit geschaffen werden.

Wenn ich in der Folge eine kritische Übersicht der soziologischen Handlungslehre vornehme, so geschieht es in der Hoffnung, für die ungelösten Probleme der praktischen Philosophie, wenn möglich, zu lernen, aber auch in der Überzeugung, daß man einem philosophischen Handlungsbegriff dann näherkommt, wenn der Zustand produktiver Grenzverwischung zwischen Soziologie und Philosophie nicht unbedacht kontinuiert wird. Auf dem Boden einer solchen kritischen Absetzung kann sich ein *philosophischer* Handlungsbegriff nur dadurch ausweisen, daß er fachspezifischen Deformationen und Einseitigkeiten nicht erliegt. Aus der Einsicht in die dogmatisierten Vorentscheidungen, die mit der Zweckbindung der Begrifflichkeit an die Etablierung einer Einzelwissenschaft unvermeidlich einhergehen, kann der Weg zu sachangemessener Erkenntnis gefunden werden. In jenem Schritt, der vom bereits vorhandenen Wissen fort- oder hinter dieses zurückführt, hat noch immer die Legitimation und die eigentümliche Kraft der philosophischen Reflexion bestanden.

2. Der Sinnbegriff

Max Weber

Der erste Satz des grundlegenden Werks von Max Weber mit dem Titel *Wirtschaft und Gesellschaft* setzt folgendes fest: »Soziologie soll heißen: eine Wissenschaft, welche soziales Handeln deutend verstehen und dadurch in seinem Ablauf und seinen Wirkungen ursächlich erklären will«. Die Definition enthält ›in nuce‹ die gesamte Webersche Soziologie mit ihren bis heute weiterwirkenden Problemen. Konstatieren wir zunächst: Soziologie ist Wissenschaft vom sozialen Handeln. Weber fährt fort: »›Handeln‹ soll dabei ein menschliches Verhalten heißen, wenn und insofern als der oder die Handelnden mit ihm einen subjektiven *Sinn* verbinden. ›Soziales‹ Handeln aber soll ein solches Handeln heißen, welches seinem von dem oder den Handelnden gemeinten Sinn nach auf das Verhalten anderer bezogen wird und daran in seinem Ablauf orientiert ist.«

Wir haben also zwei Begriffe vor uns, den des *Handelns* und den des *sozialen* Handelns. Der letztere ist Definitionsmerkmal der Soziologie selber, aber er geht klar auf den einfachen Handlungsbegriff zurück. Sozial wird ja ein Handeln nur genannt, falls der Sinn, der das Handeln charakterisieren soll, sofern er subjektiv gemeint und mit dem Verhalten verbunden ist, auf das Verhalten anderer bezogen ist. Die ›Anderen‹, die die soziale Sphäre abstecken, kommen nur über den Sinn des jeweiligen Handelns ins Spiel. Das einfache Handeln mit seiner subjektiven Sinnkomponente ist der ursprünglich vorausgesetzte Begriff. »Handeln im Sinn sinnhaft verständlicher Orientierung des eigenen Verhaltens gibt es für uns stets nur als Verhalten von einer oder mehreren *einzelnen* Personen«[7].

Am Terminus des *Sinns* scheint alles zu hängen: das Handeln als ein solches Verhalten, mit dem ein subjektiver Sinn verbunden wird, und das soziale Handeln, worin dieser Sinn sich auf

7 *Wirtschaft und Gesellschaft. Grundriß der verstehenden Soziologie*, Köln 1964, 9

andere bezieht. Doch über das inhaltliche Gewicht, das der Terminus des Sinns trägt, hinausgehend ist auch die methodische Anlage der Sozialwissenschaft am Sinnbegriff orientiert. Soziologie hatte die Wissenschaft geheißen, die soziales Handeln »deutend verstehen und dadurch in seinem Ablauf und seinen Wirkungen ursächlich erklären will«. In der Methode geht mithin das deutende Verstehen des Handelns voran, denn *dadurch* erst soll die ursächliche Erklärung des Ablaufs und der Wirkungen des Handelns möglich sein. Wenn ich ein Handeln deutend verstanden habe, dann und nur dann kann ich es auch erklären. Die beiden Grundformen methodischen Vorgehens, die bis in die gegenwärtigen methodologischen Diskussionen ungebrochen fortleben, nämlich Verstehen und Erklären, sind hier in ein klar bestimmtes Verhältnis gesetzt. Primär ist das Verstehen, das ein Handeln nach seinem immanenten, subjektiv gemeinten Sinn hin deutet, und auf dieser Grundlage kann erst eine Erklärung nach Kausalgesetzen stattfinden, die Ursache und Wirkung so zueinander in Beziehung bringt, daß aus beiden der Ablauf zwingend gefolgert werden kann.

Um die sich abzeichnende methodologische Konstruktion wirklich zu begreifen, muß man beachten, daß der zitierte 1. Paragraph von *Wirtschaft und Gesellschaft* unter der Überschrift ›Soziologische Grundbegriffe‹ steht und eine kategoriale Fundierung der gesamten Sozialwissenschaften einleitet. Die Gründung der Sozialwissenschaften auf ein Gerüst allgemeinster Kategorien, die in Gestalt theoretischer Begriffe den gesamten Gegenstandsbereich der Wissenschaft vorab eingrenzen und durchgliedern, entspricht einem wissenschaftstheoretischen Entwurf, der nicht von Weber stammt, sondern ihm aus dem Neukantianismus überkommen ist. Die an Kant anknüpfende Schule der Erkenntnis- und Wissenschaftstheorie zu Beginn dieses Jahrhunderts hat den Entwurf geliefert und vor allem dem Neukantianer *Heinrich Rickert* schuldet Weber die Alternative von Verstehen und Erklären, sowie den Begriff des Sinns, der der verstehenden Methode korrespondiert.

Rickerts kritische Grenzziehung[8] verfolgte das Ziel einer tran-

8 *Die Grenzen der naturwissenschaftlichen Begriffsbildung. Eine logi-*

szendentallogischen Begründung der Kulturwissenschaften. Das naturwissenschaftliche Gesetzesdenken vereinfacht die uns umgebende Mannigfaltigkeit des Wirklichen durch die Erkenntnis von allgemeinen Regelmäßigkeiten. Auf die Weise wird aber der eigentliche Charakter der empirischen Wirklichkeit, nämlich das so und so bestimmte Einzelne, zugunsten der Allgemeinheit der Gesetze vernachlässigt. Hier gewinnen nun die Kulturwissenschaften ihre besondere Funktion, indem sie die individuelle Einzelheit zum legitimen Erkenntnisgegenstand erheben[9]. Die Berechtigung der Kulturwissenschaft wird also weder wie bei Dilthey[10] aus dem eigentümlichen Wesen des lebendigen Geistes im Gegensatz zur Natur, noch wie bei Windelband[11] aus der rein formalen Differenz zwischen idiographischer und nomothetischer Methode hergeleitet, sondern ergibt sich einer transzendentalen Reflexion über die Formen unserer Wirklichkeitserfassung.

Die Art und Weise, in der die Kulturwissenschaften ihrer Aufgabe einer Erkenntnis des Einzelnen genügen, erläutert Rickert als das Verstehen von Sinngebilden. Verstehen erfolgt aufgrund theoretischer Wertbeziehung, nicht praktischer Wertung. Eine einzelne Erscheinung der historischen Kultur (z. B. Caesar) wird in theoretische Beziehung zu einem »Wert« von allgemeiner Relevanz gesetzt und so in ihrer Kulturbedeutung erkannt. Das Anerkennen der Geltung eines Wertes durch den Wissenschaftler und die konstitutive Beziehung zu diesem Wert, in die er eine individuelle Person, ein Ereignis, eine Institution usw. bringt, verleiht dem Erkenntnisobjekt seinen Sinn. Die Sinnhaftigkeit erst macht eine besondere empirische Individualität verständlich. Kulturwissenschaften verfahren daher sinnverstehend.

Webers »verstehende Soziologie« folgt diesem Modell in allen

sche Einleitung in die historischen Wissenschaften, 1902. Die spätere Auflage von 1921 bezeichnet im Vorwort Weber als einen der ersten Anhänger (XIX).

9 a. a. O., 143

10 z. B. *Gesammelte Schriften* V, 248 ff.

11 *Geschichte und Naturwissenschaft*, 1894

wesentlichen Punkten[12]. So erklärt sich die vollkommene Selbstverständlichkeit, mit der Weber in seiner Handlungsdefinition den Sinnbegriff benutzt, ohne daß der Klärung dieses Schlüsselterminus ein großer Aufwand gewidmet wäre. Zur Bestimmung von Handlung wird ein methodologisch verankerter Begriff herangezogen. Wenn Weber daher Handeln ein solches Verhalten tauft, mit dem ein subjektiver Sinn verbunden wird, so appliziert er nur die Logik der Rickertschen Grenzbestimmung der naturwissenschaftlichen Begriffsbildung bzw. Einrichtung der kulturwissenschaftlichen Methoden. Die Webersche Definition klassifiziert im Grunde genommen Handlung als kulturwissenschaftliches Untersuchungsobjekt, das sinnhaft zu verstehen und d. h. auf dem Wege der Wertbeziehung theoretisch zugänglich zu machen ist. Die Vorordnung des deutenden Verstehens vor ein »dadurch« erst ermöglichtes ursächliches Erklären bestätigt die Präokkupation Webers mit der kulturwissenschaftlichen Methodenlehre. Die Handlungsdefinition am Beginn einer soziologischen Kategorienlehre sagt weniger über die Struktur von Handlung aus, als daß sie soziologische Gegenstände dem kulturwissenschaftlichen Instrumentarium öffnet. Der Sinnbegriff ist dabei Indiz der Methodeneinstellung des verstehenden Sozialwissenschaftlers.

Eine entscheidende Modifikation fügt Weber gegenüber dem Modell Rickerts allerdings ein. Der Sinn konstituiert kein individuelles historisches Sinngebilde von überindividueller Bedeutsamkeit. Der Sinn soll *subjektiv* sein und also identisch zusammenfallen mit dem, was den je Handelnden wirklich leitet. Mit der ausdrücklichen Beziehung des Sinns auf das handelnde Subjekt scheint der Bann des Idealismus, der den Kosmos der Kulturwissenschaften umgibt[13], gebrochen und der Weg frei

12 Überaus deutlich sind die Anklänge an Rickert beispielsweise in *Die Objektivität sozialwissenschaftlicher Erkenntnis* (Max Weber, *Soziologie – Weltgeschichtliche Analysen – Politik*, Stuttgart 1956, 212 ff., 222 ff.); s. a. *Wirtschaft und Gesellschaft*, a. a. O., 11, 13.

13 Ein anschauliches Beispiel für die Regeneration des Idealismus im Schoße neukantianischer Methodologie unter dem Namen der Kultur-

zur empirischen Realwissenschaft. Sinn soll kein Substitut für Phänomene des objektiven Geistes sein, sondern eine reale Gegebenheit auszeichnen, die wissenschaftlich erforscht werden kann. Die Sinnorientierung des Handelns ist die vom Handelnden selbst vorgenommene und verantwortete. Zugleich erlaubt sie den nachträglichen Einstieg des sozialwissenschaftlichen Interpreten, der den subjektiv gemeinten Sinn objektiv erfaßt und »versteht«. Er muß sich freilich darüber im klaren sein, daß seinem Verstehen eine idealtypische Konstruktion zugrunde liegt.

Weber hat viel Anstrengung darauf verwandt, den speziellen methodischen Status des Idealtyps als einer forschungspragmatischen Anleitung zu konkreter Hypothesenbildung aufzuhellen. Das wissenschaftliche Ausgehen auf möglichst evidente und rationale Erklärungen zwingt zu solch idealisierenden Konstruktionen, in denen ein bestimmter Handlungsverlauf restlos durchsichtig wird. Es bleibt indes zugestanden, daß die breite Vielfalt faktischer Handlungen zumeist den idealen Bedingungen nicht entspricht und sich nach Graden der Insuffizienz oder des Verfalls gegenüber dem Idealtypus bemessen läßt. Nun rückt die verstehende Soziologie jedoch mit ihrem wesentlichen Erkenntnismittel, dem Idealtypus, wieder von der durch Rickert gestellten Aufgabe ab, dem empirisch Individuellen in seiner Besonderheit gerecht zu werden. Die idealisierende Konstruktion dient nämlich der Vorbereitung einer zwingenden Kausalerklärung, die aufgrund des vorgängigen deutenden Verstehens möglich geworden ist. Die idealtypische Deutung macht einen Handlungsverlauf allgemeinen und regelmäßig wiederkehrenden Zusammenhängen subsumierbar. So jedenfalls läßt sich Webers nicht sehr präzise, obwohl häufig betonte Forderung einer methodischen Kooperation zwischen deutendem Verstehen und kausalem Erklären[14] offenbar nur denken. »›Erklären‹ bedeutet also für eine mit dem Sinn des Handelns befaßte Wissenschaft soviel wie: Erfassung des Sinn*zusammen*-

wissenschaft liefert W. Windelband, *Die Erneuerung des Hegelianismus, Festrede Akad. d. Wiss.*, Heidelberg 1910.

14 *Die Objektivität* ..., a. a. O.; *Wirtschaft und Gesellschaft*, 6ff.

hangs, in den, seinem subjektiv gemeinten Sinn nach, ein aktuell verständliches Handeln hineingehört«[15].

Allerdings ist das von den Interpreten immer wieder erörterte Problem des Idealtypus an sich für unsere Frage weniger bedeutsam. Erst die inhaltliche Ausfüllung des Idealtypus legt die Handlungsdefinition von vornherein einseitig fest. Idealtypisches Verstehen ist in Webers Wissenschaftsprogramm auf Rationalität verpflichtet, wobei »rational« zunächst von logischen und mathematischen Sachverhalten (z. B. 2 x 2 = 4) ausgesagt wird und eben diese Bedeutung auf das Verhältnis von Zwecken und Mitteln dann umstandslos Übertragung findet[16]. Die »Zweckrationalität« orientiert sich demnach am Vorbild zwingender analytischer Ableitungen. So rational wie derjenige sich verhält, der die Multiplikation von 2 mit 2 vornimmt, so rational ist derjenige zu denken, der handelnd Zwecke durch Mittel zu erreichen sucht.

Die Zweckrationalität wird dabei von der wissenschaftlichen Methode als ein objektives Verhältnis von Entitäten (ähnlich den Zahlen) unterstellt. In einem entscheidenden Sinne »gibt es« Zweckrationalität, sie ist eine verläßliche Erfahrungstatsache. Ein zweckrational zu nennendes Handeln fügt sich diesen gegebenen Zusammenhängen und stellt sie nicht etwa fallweise immer neu her. Zweckrationalität ist keine eigne Leistung der Praxis, sondern ein wissenschaftliches Erklärungsschema. Die Annahme dieses Schemas seitens des Wissenschaftlers kommt im Idealtypus des Verstehens zum Ausdruck, denn am »verständlichsten« sind jener Methode zweckrational geordnete Handlungen. Damit die Unterstellung seitens des Wissenschaftlers keine bloß von außen herangetragene, bodenlose Hypothese bleibt, wird weiter angenommen, daß die Zweckrationalität im Untersuchungsgegenstand selber steckt, daß die Handlung mit anderen Worten zweckrational ist. Der Terminus des Sinns steht hierfür ein.

15 *Wirtschaft und Gesellschaft*, 7

16 *Wirtschaft und Gesellschaft*, 6 f.; *Über einige Kategorien der verstehenden Soziologie*, in: *Soziologie – Weltgeschichtliche Analysen – Politik*, a. a. O., bes. 97 ff.

Die Zweckrationalität gilt von demjenigen Sinn, den ein Handelnder mit seinem Tun verbindet, das heißt Zweckrationalität muß vom Handlungssubjekt sinnhaft gemeint sein. Falls der Handelnde sein Handeln zweckrationell glaubt, ist der im subjektiven Vermeinen vorhandene Sinnzusammenhang auch das tatsächliche Handlungs*motiv*. Man kann nunmehr davon ausgehen, daß aufgrund von Zweckrationalität gehandelt wird. Unter dieser Voraussetzung erfolgt das kausale Erklären des Handlungsverlaufs. Die Priorität des deutenden Sinnverstehens vor dem Erklären nach Ursache und Wirkung gewinnt ihre Notwendigkeit aus dem komplizierten Übertragungsmechanismus eines methodologischen Konzepts auf einen angenommenen Untersuchungsgegenstand. Da das Objekt »Handeln« heißt, muß die Subjektivität des Handelnden gerade um der Objektivität der gesuchten Erkenntnis willen in Rechnung gestellt werden. Die Subjektivität erschließt sich allein einer Sinnperspektive. Die Unterwerfung von »Handlung« unter »Sinn« hat aber entgegen aller Erwartung zur Konsequenz, daß die Struktur von Handlung gerade nicht plastisch hervortritt, sondern erst recht verborgen bleibt. Es ist demnach weniger die heuristische Fiktion eines Idealtyps und auch nicht allein der Vorrang der Zweckrationalität, es ist vielmehr das methodologische Konstrukt des Sinns, das die Handlungsanalyse letztlich beirrt.

Hier setzen die wahren und tiefgehenden Schwierigkeiten der Weberschen Handlungsdefinition ein. Sie soll den Realgegenstand treffen, die Subjektivität des Handelnden selber, und ist dennoch auf den Beobachter zugeschnitten, die Subjektivität des verstehenden Soziologen. Diese Ambivalenz muß dafür verantwortlich gemacht werden, daß die Definition sachlich ganz unzureichend bleibt. So eingängig sie klingt, nahezu nichts von dem wird klar, worüber man zuerst Aufschluß erwartet. Wie unterscheidet sich das »Verhalten« von dem »Sinn«, der, wenn er mit dem Verhalten in subjektiver Meinung verbunden ist, Handeln ausmacht? Gibt es Sinn auch, wenn er nicht mit einem entsprechenden Verhalten verbunden wird? Stehen für einen nicht auf Praxis bezogenen Sinn äquivalente

Formen subjektiven Meinens zur Verfügung? Wie sieht dann die zentrale Leistung des »Verbindens« aus, wodurch ein Subjekt Sinn und Verhalten derart zusammenbringt, daß man von Handeln sprechen kann? Soll ein nicht mit Sinn verbundenes oder im Prinzip jedenfalls verbindbares Verhalten überhaupt als eine menschliche Möglichkeit angenommen werden? Was bringt ein Subjekt dann aber jeweils dazu, die Leistung des Verbindens zu erbringen, also zu handeln statt sich zu verhalten?

Solche Fragen drängen sich angesichts von Webers Handlungsdefinition unmittelbar auf. Sie entstehen aus der Ungeschiedenheit der Realbestimmung der Sache »Handeln« und der methodologischen Zurechtrückung unter Bedingungen wissenschaftlicher Verstehbarkeit. Die Fraglosigkeit des Sinnbegriffs, der aus dem Konzept der Kulturwissenschaft entlehnt wird, geht Hand in Hand mit der Überzeugung, den Erfordernissen einer Realwissenschaft vom Sozialen allein dadurch schon zu genügen, daß man den fraglichen Sinn dem Handlungssubjekt ausdrücklich als seinen eignen zuspricht. Es entsteht der Eindruck, als sei Handeln dann begriffen, wenn das vom Beobachter des Handelns Verstehbare auch das vom beobachteten Handelnden selber Gemeinte sei. Auf diese Weise ist aber Handeln in seiner eignen Struktur gar nicht erfaßt. Es werden vielmehr nur bestimmte Erkenntnisinhalte von der objektiven Seite auf die subjektive hinübergeschoben. Der Sinnbegriff ist der Nervenpunkt von Webers Bestimmung. Alle Bemühung gilt dem Versuch, bei der Grundlegung der Soziologie mit diesem Begriff von der Gegenstandseite und der Methodenseite her fertigzuwerden. Daher überlagert der Sinnbegriff den Handlungsbegriff so weit, daß die Analyse dessen, was Handeln in Wirklichkeit *ist*, überhaupt entfällt.

Alfred Schütz

Es blieb einem Außenseiter der Zunft vorbehalten, diese Fragen unabweisbar zu stellen und ihnen produktiv nachzugehen.

Alfred Schütz tat dies mit seinem Buch *Der sinnhafte Aufbau der sozialen Welt*[17]. Man kann die lange Abhandlung lesen als eine einzige, umfassende und eindringliche Erörterung der Weberschen Formel, Handlung sei ein Verhalten, »mit dem ein subjektiver Sinn verbunden« werde. Schütz sucht mit den Mitteln der Phänomenologie Husserls zu ergründen, was das heißt. Seine Arbeit ist daher in Wahrheit philosophisch zu nennen, obwohl sie sich im Untertitel als »Einleitung in die verstehende Soziologie« bezeichnet. Bei aller tiefgreifenden Kritik an Weber teilt sie wichtige Prämissen mit dem Weberschen Programm. Es wird sich zeigen, daß dieser Umstand sachliche Konsequenzen nach sich zieht, die auch Schütz' Handlungstheorie verkürzt erscheinen lassen.

Schütz teilt mit Weber die zentrale Intention, eine verstehende Soziologie zu fundieren. Gerade diese Gemeinsamkeit in der Zielsetzung motiviert aber die erste kritische Absetzung von Webers Kategorialanalyse. Schütz zufolge verliert die Sinnkategorie nämlich ihre Schlüsselfunktion, wenn sie auf subjektives Meinen allein zugeschnitten wird. In dieser Beschneidung macht sie Handlung als Handlung durchaus nicht mehr verständlich, verzichtet in Wahrheit auf die Erklärung von deren innerer Struktur und bringt allein präparierte Forschungsobjekte ins soziologische Visier. »Handlung« heißt hier nur eine methodisch bereits gestutzte Einheit, deren Verbindung mit den realen Zusammenhängen sozialen Lebens gekappt ist und die als residuales Merkmal ihres eigentlichen Ursprungs nur noch den Klassifikationsindex des subjektiv gemeinten Sinns trägt. Will man hingegen Sinn wirklich verstehen, so muß man ihn in der überindividuellen Dimension eines sinnhaften Aufbaus der sozialen Welt verstehen. Und man muß insbesondere als Soziologe, der Handlung zum Thema macht, in den Komplex umfassenderer Sinnkonstitution eintreten, in dem Handlung realiter ihren Ort hat und ohne den sie im Prinzip unverständlich wird.

Die umfassende Sinnkonstitution übersteigt aber deshalb schon

17 1. Auflage 1932, zit. nach der Taschenbuchausgabe (Frankfurt 1974)

den subjektiv je gemeinten und anläßlich der Einzelhandlung bewußten Sinn, weil in jenem größeren Horizont das einzelne Handeln überhaupt erst möglich wird. Wesentliches Element einer umfassenden Sinnkonstitution der sozialen Welt ist die Intersubjektivität, freilich nicht in der Abstraktion zweier aufeinanderstoßender Individuen gedacht, sondern als ein ganzes Beziehungsfeld geschichteter Sinnbildung offengelegt, das bis in die Sphären anonym konstituierterter Sinnzusammenhänge reicht, in denen wir uns lebend bewegen, ohne das aktuelle Bewußtsein von sinnstiftender Intersubjektivität zu haben.

Der lebensweltlich gefärbte Sinnbegriff aus Husserls transzendentaler Phänomenologie ermöglicht Schütz die Überwindung des auf subjektive Meinung beschränkten und deshalb mit dem Verhalten äußerlich nur zu verbindenden Sinns. Zugleich lag die Vertiefung der Fundierungsabsicht für verstehende Soziologie in der inneren Logik des transzendentalphilosophischen Programms von Husserl. Ich verfolge die phänomenologischen Filiationen nicht weiter, sondern nehme allein den Sinnbegriff erneut unter die Lupe. Nicht nur der erweiterte Rahmen unterscheidet den Sinnbegriff von Schütz im Vergleich mit Weber. »Sinn« heißt hier ganz etwas anderes. Die Differenz liegt keineswegs allein darin, daß die Subjektivität des gemeinten Sinnes in die soziale Dimension einer vorgängigen und gemeinsamen Lebenswelt überführt wäre, so daß die Priorität des Sozialen vor dem Subjektiven berücksichtigt wäre, im übrigen der »Sinn« aber derselbe bliebe. Schütz unterstellt vielmehr von Anbeginn an eine ganz andere Auffassung dieses vieldeutigen Terminus und deshalb bleibt ihm auch der gesamte kulturwissenschaftlich-methodologische Hintergrund verborgen, aus dem Webers Begriffsverwendung sich speist.

Sinn meint nicht länger die Konstitution historischer und sozialer Gebilde derart, daß einer realen Einzelheit allgemeine Bedeutung zukommt, die durch theoretische Wertbeziehung angemessen erfaßt wird. Sinn heißt ursprünglich und durchgängig ein Phänomen, das sich erst der reflexiven und ausdrücklichen Zuwendung zum eignen Erleben erschließt. Schütz ist da konsequenter Phänomenologe. Die veränderte Konzeption von

Sinn als phänomenologischem Thema hat Schütz leicht die Schwächen der Weberschen Definition erkennen lassen, in der unklar blieb, was es mit dem Verbinden eines subjektiv Gemeinten eigentlich auf sich haben könne[18]. In der Aufhellung des *Modus der Präsenz* von Sinn kommt Schütz daher wirklich voran. Seine Differenzierungen des aktuellen und des erklärenden Verstehens à la Weber, des subjektiven und objektiven Sinns, sogar die Unterscheidung des Handelns von der Handlung erwachsen auf dem Boden der phänomenologischen Bewußtseinsanalyse. Man sieht nun besser, was das ominöse »Verbinden« von Sinn mit Verhalten durch ein Subjekt heißen kann. Unerschüttert bleibt aber die Voraussetzung gültig, daß Sinn etwas sei, das seinen Ort im *Bewußtsein* habe und mit etwas zu verbinden sei, das jenseits des Aktes bewußter Zuwendung und Erhellung ohnehin gegeben ist.

Schütz beschreibt eine Verwechslung, die die Sprache erzeuge, indem sie »in bestimmter Weise in den Blick gebrachte Erlebnisse als Verhalten hypostasiert und hierauf die Blickrichtung selbst, welche derlei Erlebnisse überhaupt zum Verhalten macht, als Sinn eben dieses Verhaltens prädiziert ... Der Sinn, der vorgeblich mit den Handlungen verbunden wird, ist nichts anderes als das besondere Wie dieser Zuwendung zum eigenen Erlebnis, also das, was das Handeln erst konstituiert«[19].

Sinn kommt also nicht dem Handeln als solchem zu, sondern ergibt sich erst aus dem Akt besonderer Aufmerksamkeit auf den stetig ablaufenden Erlebnisstrom des Ich. Das herausgehobene und wohlumgrenzte Erlebnis, auf das der Blick des Bewußtseins sich richtet, gewinnt eben dadurch Sinn, daß der Blick sich darauf richtet.

Diejenige Sphäre, aus der ein Erlebnis bewußt ausgesondert wird, ist die innere Kontinuität des Erlebens, die fortgesetzte Folge von Erlebnissen, in denen das Subjekt sich selbst gegenwärtig ist. Der im schlicht ablaufenden, also nicht eigens thematisierten Erleben stets latente Sinn wird durch den Akt der Zuwendung erst wirklich konstituiert. Sinn bedeutet eine Be-

18 a. a. O., I, bes. 49 ff.

19 a. a. O., 54, 68 f., 307 u. ö.

wußtseinsleistung, die das Ich in bezug auf seine Erlebnissphäre erbringt. Die Grundlage des phänomenologischen Sinnbegriffs bietet das Erleben im inneren Zeitbewußtsein. Handeln erscheint in dieser Perspektive als eine Form des Erlebens. Alles, was Schütz zur Analyse des Handelns beisteuert, geht davon wie selbstverständlich aus.

Er legt großen Wert auf die Unterscheidung des *Handelns* von der *Handlung*[20], aber auch das aus Gründen der Differenzierung phänomenologischer Bewußtseinsgehalte. Während Handlung die abgeschlossene Tat, den vollzogenen Akt bezeichnet, heißt Handeln die spontane Aktivität selber. Nun gibt es aber das Handeln, das »Sinn« in der angezeigten Bedeutung trägt und sich so von dem ungestörten Ablauf des Erlebens unterscheidet, ausschließlich, sofern Handlung als abgeschlossene bewußt vorentworfen ist[21]. Das Handeln stellt demnach einen Bewußtseinsakt des Vorentwurfs, d. h. der phantasierten Antizipation der fertigen Handlung dar. Wer sich die Handlung, bevor sie vollzogen ist, als abgeschlossen vorstellt, und zwar so, daß alle weiteren Bewußtseinserlebnisse sich folgerichtig in Orientierung auf jene intendierte Handlung hin aufbauen und vollziehen, der handelt. In dieser Terminologie heißt Handlung das, was gemeinhin Ziel oder Zweck genannt wird, wobei die Richtung auf ein Ziel als vorweg phantasierte Handlung in Vollendung die intime Vermittlung von Intention und Akt unauflöslich machen soll.

Es fragt sich indes, ob der Entwurf der Handlung in der Tat das gehandelte Handeln und nichts sonst umfaßt. Die praktischen Intentionen, die Aktivität auslösen, erfordern eine konkrete inhaltliche Bestimmung, die über die Imagination des vorweggenommenen Abschlusses des Handlungsprozesses rein

20 74 ff. u. ö.

21 Der Terminus des Entwurfs wird der Daseinshermeneutik Heideggers entlehnt (a. a. O., 77), wobei Schütz einen klaren Trennungsstrich zur Existenzialontologie von *Sein und Zeit* (1927) zieht. In der Tat ist dort die Kategorie des »Mitseins« (§ 26) wesentlich auf den ursprünglichen Weltbezug und erst in zweiter Linie auf soziale Intersubjektivität gemünzt.

als solchen hinausgeht. Ausrichtung auf ein Ziel oder Setzung eines Zwecks betreffen ein Stück Wirklichkeit. Man will etwas Bestimmtes erreichen, das heißt realisieren, was noch nicht vorhanden ist, statt bloß zu terminieren, was als Entwurf schon da ist. Die Formalität und Inhaltsleere der Definition von Schütz beruht auf der Zirkularität, der zufolge Handeln als Entwurf der Handlung und Handlung als vollendetes Handeln bestimmt wird. Zwar kann der tätige Vollzug einer Zwecksetzung in gewissem Sinne selbstbezogen genannt werden, insofern das Tun nur dem selbstgesetzten Zweck dient. Wir werden diese Struktur später als das praktische »Worumwillen« kennenlernen. Aus dem Umstand der inneren Relation von Zweck und Vollzug ist aber nicht zu schließen, daß der Zweck nur ein an sein Ende gelangter Vollzug sei, der einer inhaltlich realen Ausfüllung enträt. An dieser Stelle rächt sich die phänomenologische Immanenz einer Sinnbestimmung im engen Rahmen bewußter Zuwendung zu den inneren Erlebnissen, auf die Schütz die Handlungsanalyse eingrenzt. Da die Unterscheidung von Handeln und Handlung sachlich nicht überzeugt, entfällt die Nötigung, eine umständliche terminologische Distinktion zu übernehmen, die sich verzweifelt gegen den Sog der Umgangssprache stemmt, worin Handlung und Handeln gleichgesetzt werden.

Eine weitere Merkwürdigkeit stellt sich ein, wenn man bei der Handlungsanalyse von der These ausgeht: »›Erlebnis‹ ist ein strenges Korrelat zu Bewußtsein. ›Erlebnis‹ ist eben, was im Bewußtsein auftritt«[22]. Es gilt, »bewußtes Handeln« in seiner vollen und eigentlichen Bedeutung gegenüber dem bloßen »unbewußten« Verhalten der dumpfen Alltäglichkeit und des gewohnten Dahinlebens auszuzeichnen. Sofern man sich dafür an Bewußtseinzustände halten muß, ist zu folgern, daß ein Handeln dann seiner Sinnhaftigkeit bewußt und in vollkommener Evidenz sicher ist, wenn es noch nicht begonnen hat, sondern sich im Stadium des Entwurfs als vorweg phantasiertem Handlungsabschluß befindet, oder wenn es bereits beendet ist und den reflektierten Rückblick auf das Resultat er-

22 a.a.O., 83

laubt[23]. Mit anderen Worten: Handeln wäre dann am meisten Handeln, wenn nicht gehandelt wird und sich statt dessen vor oder nach dem Vollzug die Helle des Bewußtseins verbreitet. Daß Handeln als solches demnach in der Dunkelzone dazwischen sich verlöre, kann kein wünschenswertes Untersuchungsergebnis sein.

Mit der Anordnung von Bewußtseinsschwerpunkten vor und nach dem eigentlichen Akt hängt eine Distinktion zusammen, in der Schütz einen Fortschritt gegenüber dem undifferenzierten Sinnbegriff Webers sieht. Schütz will im »Sinn« des Handelns *Um-zu*-Motive von *Weil*-Motiven unterscheiden. Die Um-zu-Motive geben der vor dem Handeln gefaßten Intention Ausdruck; die Weil-Motive erklären ex post eine vorliegende, bereits abgeschlossene Handlung in einem Zusammenhang mit früheren Erlebnissen, der sich einer ausdrücklichen Rückwendung des Bewußtseins erschließt. Auch diese von Schütz hervorgehobene Unterscheidung betrifft nicht das Handeln selber in seiner Vollzugsstruktur, sondern dessen Interpretation durch eine zwar darauf bezogene, jedoch per definitionem selbständige Bewußtseinsleistung.

Schütz dringt stärker als Weber in den mit Handeln verbundenen Komplex der Erlebnisse und Bewußtseinsphänomene ein. Die Stärke seiner Analyse ist zugleich deren Schwäche. Die phänomenologischen Mittel der Feinarbeit am Detail reduzieren sich auf Untersuchungen von inneren Wahrnehmungen. Die Methode verformt somit den Gegenstand. Handeln wird zu einem Fall von Erleben, Praxis läßt sich nur in seiner Spiegelung als Bewußtseinsphänomen untersuchen. Eine solche Verkehrung, die unter der Hand des Phänomenologen vor sich geht, mindert entscheidend den Wert der Resultate. Es kann nicht stimmen, daß Handeln wesentlich als Erleben des inneren Zeitbewußtseins begriffen werden müssen und also die Handlungsanalyse auf derselben Ebene liegt wie phänomenologische Wahrnehmungsanalyse. Die klassischen Fälle der von Husserl geübten Methode lieferte die Wahrnehmung, vor allem das Sehen. Die subtile und geordnete Ergründung der Bewußt-

23 84, 86, vgl. § 10 insgesamt

seinsinhalte, die dabei als Phänomene vorliegen, kann a limine nicht tauglich sein, auch der Wirklichkeit philosophisch auf den Grund zu gehen, die wir Handeln nennen. Beim Wahrnehmen *ist* etwas in unserem Bewußtsein, beim Handeln *geschieht* etwas in der Welt.

Die phänomenologische Redeweise, die jenes Präsentsein des Phänomens im Bewußtsein auch in zeitlichen Termini der Erstreckung und in aktiven Termini der Leistung und Konstitution beschreibt, darf mit ihrem stark metaphorischen Klang nicht irreführen. Der Umstand, daß Phänomene im inneren Erleben weiterwirken und durch tätige Zuwendung des Bewußtseins reichere Gestalt annehmen, macht es keineswegs schon möglich, übergangslos von Praxis so zu reden wie von Bewußtseinsinhalten. Dieser Verführung ist aber Schütz ohne Zweifel über weite Strecken erlegen. Anlaß dazu war der Sinnbegriff, den er aus Weber übernahm, aber von Anfang an ganz phänomenologisch als Bedeutungsträger von Bewußtseinsinhalten interpretierte, ohne sich über die Differenz der beiden Begriffe vom Sinn Rechenschaft zu geben.

Wenn man sich weigert, Handlung oder Handeln auf der Ebene von Bewußtseinsphänomenen im inneren Erlebnisstrom zu erforschen – und nur auf dieser Ebene gewann die Distinktion Bedeutung –, so soll damit nicht die triviale Wahrheit erinnert werden, daß neben Bewußtseinserlebnissen auch Körperbewegungen zu berücksichtigen sind. Es wäre ganz falsch, als einzige Alternative zur phänomenologischen Reduktion von Handlung den Dualismus des Innen und Außen, des Psychischen und Physischen zuzulassen. Wer Handeln nicht mit Erleben gleichsetzt, setzt es deshalb noch keineswegs mit Bewegung eines Körpers in der Sinnenwelt gleich. Was man statt dessen über Handeln oder Handlung sagen kann, wird im nächsten Kapitel zur Erörterung stehen.

Wir sind fürs erste damit befaßt, soziologische Vorschläge zur Handlungstheorie kritisch zu prüfen. Dabei zeigt sich beim Übergang von Weber zu Schütz eine Vertiefung der Analyse bei gleichzeitiger Verlagerung auf die schiefe Ebene der Bewußtseinsphänomene. Zu einem analogen Fehler sieht sich später auch Luhmann veranlaßt, der Webers subjektiven Ansatz durch Parsons' Funktionalismus ersetzt, die funktionalistischen Kategorien dann jedoch phänomenologisch auslegt. Auch dieses Vorgehen läuft darauf hinaus, Handeln und Erleben unter den gleichen funktionalen Gesichtspunkten zu betrachten. Was hat es zunächst aber mit dem Funktionalismus in Sachen eines Handlungsbegriffs auf sich?

3. Das funktionale System

Talcott Parsons

Im deutlichen Gegensatz zur phänomenologischen Verinnerlichung des Handlungsbegriffs steht eine andere Konzeption in der Nachfolge Webers: der von Talcott Parsons begründete Funktionalismus[24]. Für Parsons ist in der Fülle seiner über Jahrzehnte sich erstreckenden Bemühung um eine theoretische Grundlegung der Soziologie[25] der zentrale Ausgangspunkt Webers nie zweifelhaft gewesen, daß die Struktur von Handlung den kategorialen Begriffsrahmen für die ganze Breite der empirischen Sozialforschung absteckt. Gerade wegen der grundlegenden Rolle der Handlungstheorie kommt es ihm jedoch darauf an, über die Präliminarien methodologischer Reflexion und philosophischer Distinktionen im Vorfeld hinauszugelangen zu einer strukturellen Realdefinition von Handlung. An sie ist die Anforderung zu stellen, Handeln so in theoretischen Begriffen zu analysieren, daß diese Begriffe auf die empirische Tatsachenforschung passen. Diese schlichte Forderung eines »analytischen Realismus«[26] umgeht leichtfüßig die meisten der methodologischen Schwierigkeiten, die wir im Zusammenhang mit Webers Position erwähnten.

Die Aufgabe einer standfesten Handlungsdefinition ist, wie häufig gesehen wurde, durch Parsons primäres Interesse am funktionalen Zusammenhalt der Gesellschaft als eines stabilen und überlebensfähigen Systems diktiert. Parsons hat stets bekundet, daß ihn das Hobbessche Problem gesellschaftlicher

24 Es gibt einen durch die wechselseitigen Mißverständnisse lehrreichen Briefwechsel zwischen Parsons und Schütz, der sich an eine geplante Rezension des großen Buchs von Parsons *Structure of Social Action* durch Schütz anschloß. Eine Veröffentlichung der Briefe im Suhrkamp Verlag ist geplant.

25 Eine umfassende Übersicht gibt E. Schwanenberg, *Soziales Handeln – die Theorie und ihr Problem*, Bern 1970.

26 *The Structure of Social Action* (1937), New York 1968[3], 730

Ordnung beschäftigt. Da Soziologie erklären muß, wie Gesellschaft als funktionales System möglich ist, muß der grundlegende Handlungsbegriff so angelegt sein, daß er diese Frage lösen hilft. Somit schlägt das Beweisinteresse der Soziologie insgesamt auf die Formulierung ihres ursprünglichen Begriffsrahmens zurück. Der Handlungsbegriff des Funktionalismus erscheint selber funktionalisiert.

Neben der methodologischen Orientierung hat Parsons auch inhaltlich am Vorbild Webers festgehalten, insofern er gegen einen soziologischen Positivismus den subjektiv-voluntaristischen Standpunkt verteidigt, worin die Handlungsdefinition mittels des subjektiv gemeinten Sinns sich forterbt. Die inhaltliche Parteinahme für Weber spricht Parsons mit besonderer Deutlichkeit in einem frühen Aufsatz aus[27]. Sein erstes Hauptwerk *The Structure of Social Action* (1937) ist insgesamt als eine Auseinandersetzung von weberschem Standpunkt mit den Positivisten Pareto, Durkheim, Marshall instrumentiert und noch in einer späten persönlichen Stellungnahme kommt die Verpflichtung gegenüber Weber zum Ausdruck[28]. Unbeschadet dessen liegt auf der Hand, daß das von einem funktionalistisch gedachten Sozialsystem her präformierte und in das Fundament der Konstruktion eingebaute Handlungskonzept die wirkliche Struktur von Praxis ursprünglich in der Perspektive jener theoretischen Bedürfnisse wird sehen lassen, die zu seiner Formulierung getrieben haben.

Die erste Bestätigung dieser Vermutung liefert die durchgängige Interpretation von Handlung nach dem Modell eines Systems. Nicht nur die Gesamtheit des gesellschaftlichen Zusammenhangs erscheint als System, auch die kleinste Einheit, aus der es sich aufbaut, trägt Systemzüge. Parsons schreibt in seinem ersten großen Entwurf *The Structure of Social Action*: »Ebenso wie die Einheiten eines mechanischen Systems im klassischen Sinne nur durch ihre Eigenschaften: Masse, Geschwin-

27 *The Place of Ultimate Values in Social Theory*, *Intern. Journ. of Ethics*, 45, 1935

28 M. Black (Hrsg.), *The Social Theories of T. P.*, 1961; *The Point of View of the Author*, 324

digkeit, Raumstelle, Bewegungsrichtung usw. definiert werden können, so haben die Einheiten von Handlungssystemen bestimmte Grundeigenschaften, ohne die man von der Einheit nicht als wirklich ›existierender‹ reden kann.« Die Analogie zum mechanistischen Systemaufbau aus Einheiten erklärt bereits die Sichtweise, derzufolge an Handlungen nun folgende vier Grundeigenschaften festgestellt werden: Das elementare System einer Einzelhandlung besteht aus 1) dem Handelnden, 2) dem Ziel, verstanden als zukünftiger Sachlage, auf die der Handlungsprozeß sich richtet, 3) der Situation, die in gegebene Elemente zerfällt, über die der Handelnde keine Kontrolle besitzt – die Ausgangsbedingungen –, und solche Elemente, auf die er Einfluß nehmen kann – die Mittel. Schließlich muß 4) eine gewisse Beziehung zwischen diesen analytischen Bestandteilen des einfachen Handlungssystems angenommen werden, die Parsons eine »normative Orientierung« nennt[29]. Die normative Orientierung erklärt erst, warum die bestimmten Mittel nicht schlechthin zufällig aufgegriffen oder restlos von den gegebenen Ausgangsbedingungen vorgeschrieben werden, warum diese und nicht jene Zwecke gewählt und verfolgt werden. Hier liegt Parsons zufolge das Hauptmoment, das es an Handeln zu verstehen gelte, wobei nicht die inhaltliche Spezifikation der Normorientierung wesentlich sei, sondern nur das Fungieren eines solchen situationsabhängigen Selektionsfaktors überhaupt.

Außer Frage steht, daß das vierte Element das entscheidende ist, weil es erst die drei übrigen, analytisch aussonderbaren Momente in jenen Zusammenhang bringt, den man Handlungssystem nennen kann[30]. Weil das vierte Element den praktischen Zusammenhang erst herstellt, kann es auch nicht auf die gleiche

29 *The Structure of Social Action*, a.a.O., 43 ff.; s.a. die späteren Ausführungen in: Parsons/Shils (Eds.), *Toward a General Theory of Action* (1951), 1962², 4 ff., 53 ff.

30 Die ›normative Orientierung‹ ist dem Handlungsmodell so wesentlich wie der Raum für klassische Mechanik: Körperbewegung ist nur im Raum möglich und Handlung ist nur als Anstrengung der Normentsprechung denkbar (*The Structure* ..., 76 f.).

analytische Weise im Handlungssystem aufgefunden werden, wie die drei anderen. Ohne es bleibt die Analyse trivial, denn die drei Elemente: Handelnder, Ziel, Situation bekommen überhaupt nur eine Bedeutung im praktischen Zusammenhang, der auf dem vierten Element aufruht. Wenn dem so ist, dann sehen wir in der normativen Orientierung nichts anderes als den Nachfolger des alten Sinnbegriffs von Weber vor uns. Die voluntaristische Handlungsinterpretation muß von der tätigen Anerkennung eines gültigen Sinnzusammenhangs ausgehen. Obwohl Parsons sich zum Begriff des Normativen nur vorsichtig äußert[31], kann man darin die Spuren der Wertrationalität wiedererkennen, die Weber neben der Zweckrationalität gelten ließ, während Parsons beide tendenziell annähert.

Aber was nun normative Orientierung heißt, wie hier Norm wirkt, auf welche Weise sie Orientierung hervorruft und vor allem wie der im Systemmodell ja nur behauptete, innere Zusammenhang der vier Elemente sich praktisch äußert, ist bislang noch nicht präziser gezeigt worden als auf der Ebene des vagen Sinnbegriffs. Das Rätsel steckt doch dort, wo vier Elemente und nur diese dank der besonderen Leistung eines einzelnen unter ihnen, nämlich des vierten, in einen inneren Zusammenhang treten. Das Rätsel spitzt sich zu, wenn dieser Zusammenhang nicht irgendeiner sein soll, schon gar nicht der tautologische, der dadurch entstehen könnte, daß man vier Momente bloß so definiert, daß sie kraft ihrer Definition als Momente zusammengehören. Auch dieses tautologische Spiel mit wechselseitig logisch aufeinander bezogenen Definitionen ergibt ja ein System, wenngleich nur ein formales System definitorischer Relationen.

Das fragliche System der Handlung soll aber in ganz bestimmter Weise beschaffen sein. Die vier analytischen Elemente müssen zu einem praktischen Prozeß zusammentreten, der als solcher hinsichtlich der beteiligten Elemente interpretierbar sein muß. Dieser Bedingung hat eine Handlungsanalyse nach dem Systemmodell zu genügen, will sie nicht leerlaufen und die

31 s. *Structure of Social Action*, 49, 75 f.; in bezug auf Weber: 643 ff., 649 ff., 660

eigentliche Struktur von Praxis verfehlen. Der besondere praktische Charakter des Handlungssystems liegt in der Spannung zwischen dem normativen Element und den übrigen Gegebenheiten, eine Spannung, die zum Tun drängt und sich im zeitlichen Prozeß des Handelns dann faktisch äußert[32].

Parsons kommt den Bedenken auf halbem Wege entgegen, insofern er sogleich hervorhebt, die vier vom wissenschaftlichen Beobachter unterschiedenen Elemente des Systems seien als solche des Handelns natürlich in der *subjektiven Perspektive* des Handelnden zu interpretieren. In der Tat war der Sinn bei Weber auch subjektiv gemeinter Sinn, aber unerklärlich blieb, was Schütz zu Recht kritisierte, jedoch ohne es selber zureichend erklären zu können, wie aus dem subjektiven Meinen eines objektiv verstehbaren Sinns sich die konkrete Realität der Praxis ergeben soll. Die objektive Beobachtung des Wissenschaftlers, sei es auch des methodisch verstehenden, trifft auf Elemente, die sich analysieren und gegeneinander abheben lassen. Aber die subjektive Umpolung dieser Elemente allein erschließt eben nicht mit einem Schlage das Handeln an sich. Praxis ist mehr als die subjektive Kehrseite der analytischen Durchgliederung des Beobachteten. Parsons' Obsession mit der normativen Orientierung erwächst im Grunde aus seinem Bemühen, die Stabilität eines gesellschaftlichen Systems zu garantieren. Der funktionale Zusammenhalt sozialer Ordnung erlaubt es nicht, die Wahl der subjektiven Handlungsziele dem Zufall zu überlassen. Es kann nicht jeder so handeln, wie es ihm beliebt. Der subjektiv gemeinte Sinn des Handelns muß vom vorrangigen Interesse an der Kohärenz des Systems gesteuert werden. Die Kohärenz erscheint am ehesten dann gesichert, wenn alle Beteiligten systementsprechende und integrative Normen handelnd befolgen. Ein solches der Systemerhaltung dienendes Handeln wird gefördert durch Verinnerlichung der jeweiligen Normen seitens der Handlungssubjekte und durch Einfügung in den funktionalen Zusammenhang durch Rollenerfüllung. Die von den Erwartungen anderer definierte Rolle paßt das Handeln in das gegebene System ein, so daß

32 vgl. 732

jedes Handlungssubjekt im Spielen seiner Rolle seinen praktischen Beitrag zum Fortbestand des Ganzen liefert.

Ich erörtere an dieser Stelle nicht die Interessenbindung der funktionalistischen Soziologie und ihre Folgen für das Rollenkonzept sowie die Forderung nach Internalisierung von Normen. Dazu hat die einschlägige Sekundärliteratur mit Vorliebe und in aller Ausführlichkeit Stellung genommen. Uns beschäftigt nicht der Entwurf des Funktionalismus, sondern dessen Auswirkung auf das Handlungsschema, das ihm zugrundegelegt wird. Die rätselhafte, aber zentrale Bestimmung ›normativer Orientierung‹ erfährt von daher deutliche Beleuchtung. Obwohl die Handlungstheorie den allgemeinsten kategoriellen Rahmen abgeben soll, ist sie umgekehrt vom funktionalistischen Gesamtentwurf bereits beeinflußt, den sie doch erst vorbereiten soll. Unter funktionalistischen Vorzeichen wandelt sich der subjektiv gemeinte Sinn des Handelns à la Weber zur Normausrichtung als dem entscheidenden Moment der voluntaristisch verstandenen Handlungseinheit im Systemverbund. Auf diesem Wege verliert der Sinnbegriff seine scheinbare Harmlosigkeit, insofern er in einen höchst verzweigten analytischen Komplex eingegliedert wird. Trotz höherer Differenziertheit verliert er aber nicht den Charakter des Unbestimmten, der ihm von Anbeginn anhaftete. Darüber hinaus wird er zunehmend Opfer einer Verselbständigung des terminologischen Instrumentariums, wo die begrifflichen Hilfsmittel sich vor die Probleme stellen.

Parsons' Grundschwierigkeit liegt darin, daß die Angemessenheit des analytischen Apparats an die Wirklichkeit des Handelns stets Behauptung bleibt. Das Interesse an einer überzeugenden Handlungstheorie muß die Erwägung soziologischer Konzepte letztlich immer von der Frage abhängig machen, was die angebotenen Begriffe denn begreifen. Vor dieser naheliegenden Frage ergreift Parsons regelmäßig die Flucht in aufgeblähte Terminologie. Dabei hängt sein eignes Programm erklärtermaßen von der realistischen Zuverlässigkeit der analytischen Kategorien ab. Man mag vielleicht aus den autonomen Bedürfnissen der Theoriekonstruktion Gründe für das Wuchern formaler Distinktionen beibringen. Den Schritt von der philosophischen Spekulation zur Realwissenschaft, den Parsons für sich in Anspruch nimmt, wird man kaum auf die gleiche Weise verteidigen können. Der Zweifel, ob die funktionalistische Theorie das Handeln wirklich trifft, läßt sich nicht durch immer neue Unterscheidungen zum Verstummen bringen, von denen man erst recht nicht weiß, ob ihnen außerhalb des Systems, in das sie verwoben sind, etwas entspricht. Das wissenschaftliche Schicksal der Handlungstheorie von Parsons ist durch diesen wachsenden Zweifel an der Angemessenheit gegenüber ihrem Gegenstand gekennzeichnet gewesen.

Exkurs: Gehlens Institutionenlehre und Dahrendorfs Liberalismus des Konflikts

Im Anschluß an die Grundrisse der Handlungstheorie von Parsons lassen sich zwei soziologische Entwürfe beispielhaft betrachten, die Parsons' Schema in gewisser Weise zu sprengen scheinen, obwohl sie wesentliche Grundvoraussetzungen der Optik des Funktionalismus beibehalten. Die beiden Varianten können daher die Beschränktheit des funktionalistischen Konzepts besonders deutlich demonstrieren. Das erste Beispiel liefert Arnold Gehlen, das zweite Ralf Dahrendorf.

Gehlen hat Überlegungen zur Handlungstheorie angestellt, die Handeln vollends im Rahmen von gesellschaftlichen Institutionen ansiedeln. Gehlens Hauptkategorie der Institution entstammt einer Anthropologie, die das instinktiv unterbestimmte, seiner Umwelt nicht angepaßte Mängelwesen Mensch in ein wohlabgestuftes System sekundärer Stabilisierung durch Kulturleistung einbettet. Der allgemeine Titel für diese selbst erzeugten Ordnungen, in denen der Mensch Entlastung vom Überdruck der Außenreize und unmittelbaren Anforderungen der Umwelt findet, heißt Institutionen. Vor dem anthropologischen Hintergrund der Institutionenlehre[33], die wichtige Wurzeln im

33 *Urmensch und Spätkultur*, Teil I, 1964²

deutschen Idealismus hat[34], gelingt es Gehlen, eine soziologische Handlungstheorie zu skizzieren[35], die an Parsons' Bestimmung von Handeln im Kontext eines funktionalen Ganzen anknüpft.

Handlung denkt Gehlen wesentlich in bezug auf oder im Rahmen von Institutionen. Institutionen sind solche Gebilde, die aus ursprünglichen Handlungskomplexen auf dem Wege des »Umschlags« in die Eigengesetzlichkeit entstanden sind. Institutionen repräsentieren einen verobjektivierten Selbstzweck, der von den unmittelbaren und singulären praktischen Intentionen längst abgekoppelt ist und ihnen eine überlegene Autorität entgegenhält. Handeln im Rahmen von Institutionen ist demnach entlastetes, vom Zwang der jeweilig vollen Verantwortung und von der Überforderung subjektiver Motivationen befreites Tun, das sich auf die solide Substanzialität der gesellschaftlichen Einrichtungen stützen kann. An den sedimentierten, auf Dauer gestellten Selbstzweck der Institution gebunden, kann Handeln geregelt und habitualisiert ablaufen und hat damit aufs Ganze gesehen erst eine reale Chance seiner Verwirklichung. Als solches wird Handeln aber ein genuines Thema der Soziologie, die keinen isolierten Handlungsbegriff philosophisch begründet, sondern die soziale Verflechtung und institutionelle Abstützung von Praxis untersucht[36].

Es gilt dabei im Auge zu behalten, daß die soziologische Forschung, die den Institutionen normierende Kraft und gesellschaftsstabilisierende Funktion zuschreibt, nicht wertend ver-

34 s. *Theorie der Willensfreiheit* und frühe philosophische Schriften (Neuausgabe Neuwied 1965), bes.: *Der Idealismus und die Lehre vom menschlichen Handeln* (1935)

35 Probleme einer soziologischen Handlungslehre (1952), in: *Studien zur Anthropologie und Soziologie*, Neuwied 1963

36 Gehlen meint, sich auf diesem Wege sogar dem »aristotelischen Standpunkt« zu nähern, der Ordnungen, Verfassungen etc. nach ihren stabilisierenden Eigenschaften betrachtet habe (a.a.O., 213). J. Ritters Aristoteleslektüre im Interesse einer Erneuerung der praktischen Philosophie (*Metaphysik und Politik*, Frankfurt 1969) ist mit Gehlen eines Sinnes, wenn Ethos als Institution verstanden wird. Vgl. kritische Anmerkungen in meiner Rezension: *Eine Renaissance der praktischen Philosophie, Philosophische Rundschau* 22, 1975.

fährt, also jene Institutionen nicht positiv oder negativ beurteilt, sondern feststellt, was ist, und erklärt, wie es dazu kam. Das ideologiekritische Heben des Zeigefingers der Intellektuellen hält Gehlen prinzipiell für folgenlos angesichts der historischen Beständigkeit und funktionalen Unentbehrlichkeit von Institutionen. Eine Freisetzung vom Institutionenzwang muß demnach anthropologisch und gesellschaftlich als Verfall erscheinen. Die bewußte Auflösung tragfähiger Institutionen gilt als Reflexionsdekadenz, deren ästhetischem Reiz Gehlen am Paradigma der modernen Kunst mit zweideutiger Zuneigung nachgeht[37].

Eines der wichtigsten Resultate einer Theorie des Handelns unter dem Vorzeichen institutioneller Absicherung dürfte die von Gehlen betonte Trennung zwischen Motiv und Zweck sein. Worumwillen jemand etwas tut und was der reale Zweck dieser Tat ist, das fällt in der Regel unseres faktischen Soziallebens nicht zusammen und es muß eine Täuschung genannt werden, beides identisch setzen zu wollen. Teleologische Handlungslehren, in besonderer Kraßheit der Utilitarismus, sind solcher Täuschung erlegen. Demgegenüber gilt es deutlich zu unterscheiden zwischen den subjektiven Beweggründen des Handelns und der »systemeigenen Zweckmäßigkeit«. Parsons hatte in funktionalistischer Absicht mit seiner Handlungsdefinition die kategoriale Grundeinheit der soziologischen Analyse von vornherein in einen Zusammenhang gesellschaftlicher Ordnung eingebaut, wobei die Bestimmung des vierten analytischen Elements, der »normativen Orientierung«, innerhalb des Handlungsbegriffs Schwierigkeiten bereitete. Die Normorientierung soll nämlich die Subjektivität des Handelnden verpflichten und zugleich auf gesamtgesellschaftliche Funktionen und Bedürfnisse hin ausgelegt werden. Gehlen ist in diesem Punkte eindeutiger: Normen und Zwecksetzungen sind objektiv Sache der Institutionen, das Handeln unterwirft sich ihnen, so daß eine Diskrepanz zu den subjektiven Motivationen aufbricht.

37 s. dazu die frühe Kritik von H. Schelsky, *Ist die Dauerreflexion institutionalisierbar?* (1957), in: H. Sch., *Auf der Suche nach Wirklichkeit*, Düsseldorf 1965

Der gesellschaftlich fixierte Dauerzustand des Auseinanderfallens der subjektiven und objektiven Handlungszwecke führt aber nicht in kollektive Schizophrenie, sondern muß als Voraussetzung stabiler und zur Weiterexistenz fähiger Gesellschaften interpretiert werden. Die Soziologie kann anhand jener Trennung die sozialintegrativen Wirkungen von Zwecksetzungen studieren, die systemeigen geworden sind, weiterhin den kumulativen Steigerungseffekt, der neue Zwecksetzungen an die institutionell selbstverständlich gewordenen anschließt, sowie die sukzessive Übernahme der objektiven Zwecke in die subjektive Motivation als »Gesinnung«. Es zeigt sich hieran, daß die Handlungstheorie im Lichte der soziologisch-anthropologischen Institutionenlehre ihren Gegenstand ein für allemal auf gewisse theoretische Zielsetzungen hin zurichtet, die den Begriff des Handelns notwendig verzerren.

Eine andere Konsequenz aus Parsons' Ansatz, wenngleich unter Beibehaltung wesentlicher Prämissen hat *R. Dahrendorf* gezogen. Seine Kritik am funktionalistischen Grundgedanken eines stabilen Gesellschaftssystems, die zugleich ein liberalistisches Plädoyer für die belebende Rolle begrenzter Konflikte darstellt, hat Schule gemacht[38]. Dahrendorf ist ein Beispiel für die gängige Parsonskritik, die nicht so sehr am Handlungsbegriff ansetzt, als vielmehr die Präokkupation mit der Funktionalität des Systems beklagt. Dahrendorf ist aber zugleich ein Beispiel für die Grenzen einer Kritik, die an die Stelle von Stabilität nun Veränderung setzt. Denn auch die an Veränderung und sozialem Wandel interessierte Soziologie geht von einem funktionalen Zusammenhang aus, nur richtet sich das Augenmerk nun auf die Möglichkeit einer Weiterentwicklung aufgrund systeminterner Konflikte. Die Soziologie sucht das marxsche Problem historischer Revolutionen zu integrieren, nachdem sie zunächst das hobbessche Problem gesellschaftlicher

38 *Pfade aus Utopia* (1958), wieder veröffentlicht mit anderen Arbeiten: München 1967

Ordnung aufgegriffen hatte. Was erfährt man von dieser Position aus über Handlung?

Dahrendorf hat sich dazu in einer Arbeit geäußert, die er programmatisch *Lob des Thrasymachos* nennt[39]. Die Utopie einer funktionalen Ordnung der Gesellschaft, wo jeder seine vom Ganzen vorgeschriebene Rolle spielt, hat ihre Suggestion erstmals in Platos *Staat* geübt. Von diesem Ideal reicht eine direkte Linie bis zum soziologischen Funktionalismus von Parsons. »Sokrates war der erste Funktionalist; denn er beschrieb die Gerechtigkeit als einen Zustand, in dem jeder tut, was er tun soll: τὰ ἑαυτοῦ πράττειν. Dies ist offenkundig ein unseliger Zustand, eine Welt ohne Rebellen und Eremiten, ohne Wandel und ohne Freiheit«[40]. Statt dessen wird die Macht- und Herrschaftsideologie des Gegenspielers Thrasymachos aus dem platonischen Dialog beschworen, der bekanntlich empfahl, den eignen Nutzen rücksichtslos und total zu verfolgen[41]. Der eigene Nutzen kann nur der Schaden der Anderen sein, seine Verfolgung hat dann die größte Aussicht, wenn sie unbemerkt, d. h. unter rhetorischer Verschleierung der egoistischen Motive und im großen Stil, d. h. möglichst ungefährdet durch Konkurrenz geschieht.

Ich sehe an dieser Stelle von einer Prüfung der Platointerpretation ab[42] und merke nur an, daß der platonische Praxisbegriff im Sinne des »Tuns des Seinigen« alles andere als die Ausführung einer über die Interessen und Chancen der Beteiligten hinweg fremddefinierten Funktion im Dienst der Systemerhaltung meint. Vielmehr wird mit der Aufforderung an einen jeden, seine eigne Sache zu betreiben, die Aufklärung über die genuinen praktischen Interessen und eine Kritik aller aufgeredeten Verhaltensweisen verbunden. Die Besinnung auf die eignen Handlungsmöglichkeiten soll den sophistischen Bann der Entfremdung brechen, der letztlich nur den Sonderinteressen der rhetorischen Sozialtechniker dient. Ein gesellschaft-

39 ebd.

40 a. a. O., 313

41 Plato, *Staat* I 343 f.

42 Es sei verwiesen auf Kapitel II 1 und 5.

licher Zustand, in dem dieser durch öffentliche Rede erzeugte praktische Schein nicht länger herrscht, wäre der ideale Zustand unverstellter Erkenntnis der jeweiligen Lebensziele, ihrer praktischen Verfolgung und realen Erfüllung. Daß dies nur in dem irrealen Paradigma einer von wirklicher Einsicht gelenkten und an der Idee des wahren Guten orientierten Gesellschaft möglich scheint, hängt mit der kritischen Rolle philosophischer Theorie von Politik und Gesellschaft zusammen. Der von Philosophen regierte und eingerichtete Staat ist nicht das Ordnungssystem, das sich funktionalistisch selber erhält, sondern der Staat, den es nicht gibt, weil er Bedingungen erfüllt, die sein *sollen*. Kurz, was an der platonischen Politeia funktionalistisch aussieht, ist der spekulative Tribut an die historische Unrealisiertheit eines gesetzlichen Zusammenlebens, wo jeder das Seinige tun kann.

Dagegen die Moral des Thrasymachos zu preisen, heißt nichts anderes, als den Weltlauf zur Norm erheben. Es soll sein, was schon ist. Die Welt des Wandels durch Konflikt und einseitige Machtausübung ist die Welt, in der wir leben. Den politischen Theorien à la Thrasymachos »liegt die Annahme zugrunde, daß der Mensch für immer in einer Welt der Ungewißheit lebt«[43]. Dagegen bauen die Institutionen Dämme, und es wäre konsequent, unter jener Annahme der Stabilität eines vernünftigen sozialen Systems das Wort zu reden. Wenn das Handeln jedoch nicht an die sedimentierten Normen der Institutionen gebunden werden soll, die kollektive Weiterexistenz unter Bedingungen praktischer Unsicherheit garantieren, dann erscheint die Praxis vollkommen dem Opportunismus preisgegeben. Realistisches Handeln, das aus Utopia herausgefunden hat, kann sich nur auf das eine sichere Gesetz des Wechsels und der unabsehbaren Verwandlungen einstellen. Flexible Anpassung statt normativer Orientierung – so müßte die Parole lauten. Thrasymachos folgte noch einem sophistisch abgedeckten Machtinstinkt. Die antifunktionalistische Bejahung des Wandels kann Handlung nur noch in ständiger Akkomodation an die

43 a.a.O., 312

Unsicherheit der Verhältnisse denken. Auf dieser Ebene ist Handlung nichts als der willige Reflex der Kontingenz.

Niklas Luhmann

In einer wissenschaftlichen Situation, da die aus verschiedenen Quellen gespeiste Kritik am Funktionalismus gang und gäbe geworden war und die langdauernde Herrschaft dieses Leitkonzepts soziologischer Theorie niederging, hat N. Luhmann ihm unter dem Namen der Systemtheorie erneut Reputation verschafft. Das war nur möglich dank einer massiven Aufladung des reichlich abstrakten Grundmodells mit philosophischen Gedanken. Die Breitenwirkung, die Luhmanns komplizierte Systemtheorie zumindest in unserem Lande gezeugt hat, erklärt sich indes gerade aus einer betont wissenschaftlichen Attitüde, die alles Philosophische kühl ableugnet. Im Systembegriff Luhmanns arbeiten kybernetische Ansätze, Kategorien der Phänomenologie Husserls und auch Einsichten aus Gehlens Anthropologie zusammen, um ein analytisches Erklärungsinstrument von solch bestechender Anwendungsvielfalt zu erzeugen, daß der Vergleich mit dem Universalitätsanspruch klassischer philosophischer Theorien naheliegt. Uns haben hier freilich nur die Aussagen der Systemtheorie zum Handlungsbegriff zu beschäftigen.
Luhmann unternimmt es, den Handlungsbegriff in Termini des Systemmodells zu übersetzen. Er verbindet damit einerseits die Überzeugung, die »alteuropäische« Tradition eines am Zweckbegriff orientierten Verständnisses von Handlung zu überwinden und die ontologischen Vorstellungen zu beseitigen, die den Zweck als Ziel einer Bewegung unter dem metaphysischen Präjudiz der Beständigkeit von Substanzen denken[44]. Zum

44 Zweckbegriff und Systemrationalität (1968), Frankfurt 1973², 8 f., 53, 167 u. o. – Daß diese Darstellung zwar eine Grundproblematik der teleologischen Ontologie des Aristoteles bezeichnen mag, am Wesen seines Praxisbegriffs aber vorbeizielt, suche ich weiter unten darzulegen: Praxis und Produktion (II 1).

andern leitet ihn die Sicherheit, den Funktionalismus insofern an ein unüberholbares Ende geführt zu haben, als auch noch die Begrifflichkeit der grundlegenden Handlungskategorien funktionalisiert wird und damit eine Schranke niedergelegt ist, die Parsons' ambivalente Deutung des sozialen Systems im Bezugsrahmen der Handlungstheorie bei gleichzeitiger Auslegung der Handlungstheorie auf Bedürfnisse des Systems behindert hatte[45].

System nennt Luhmann ganz allgemein jene Gebilde, die in bezug auf eine stets komplexere Umwelt Bestand haben, indem sie deren Komplexität reduzieren. Die Leistung der Reduktion von Komplexität beschreibt Systeme und ihre Erhaltung unter funktionalen Gesichtspunkten. Die Beliebigkeit der funktionalen Gesichtspunkte, unter denen man eine gegebene Realität in das Verhältnis System-Umwelt bringen und so als Komplexitätsreduktion deuten kann, erlaubt die breite Fächerung der theoretischen Anwendung des Modells. Handlung erscheint dann als ein systemtheoretischer Anwendungsfall unter anderen. Die praxiskonstituierende Zwecksetzung läßt sich in verschiedenen Modi als Funktion der Depotenzierung von Kontingenzen und Veränderlichkeit, also als eine Leistung der Reduktion von Umweltkomplexität auffassen[46]. Handlung insgesamt tritt mit Erleben auf eine Stufe, insofern beide eine vergleichbare Funktion erfüllen, ein System zu seiner Umwelt in ein solches Verhältnis zu setzen, das die systembedrohende Überlastung mit Kontingenz zwar abbaut, aber als Vielfalt von Möglichkeiten latent bereithält. Für diese spezifische Reduktionsform steht der vertraute Begriff des Sinns[47] ein, der Selektion unter gleichzeitiger Beibehaltung von Alternativen meint.

Man sieht, daß die Deutungsanstrengungen der Systemtheorie sich wesentlich von der Maxime der funktionalen Äquivalenz leiten lassen, d. h. der Austauschbarkeit von Inhalten unter der

45 z. B. Luhmann, *Moderne Systemtheorien als Form gesamtgesellschaftlicher Analyse*, in: Habermas/Luhmann, *Theorie der Gesellschaft oder Sozialtechnologie*, Frankfurt 1971, 13 ff.

46 *Zweckbegriff und Systemrationalität*, 4. Kap.

47 a. a. O., 176 f.

allein relevanten Perspektive der Funktionalität. Es geht dieser Einstellung nicht darum, ob etwas so und so ist, sondern ob es sich so und so mühelos einordnen läßt. Das theoretische Ethos der Wahrheit wird abgelöst durch das Strategem der Verfügbarkeit und Verwaltung. Nicht Erkenntnis interessiert, sondern der Erfolg, mit einem Problem zügig fertigzuwerden. Daher ist es konsequent, daß die Systemtheorie ihren eigenen Theoriestatus nochmals unter Anwendung systemtheoretischer Mittel erläutert. Die Wissenschaft, die mit der Kategorie der Komplexitätsreduktion arbeitet, versteht sich selber als Akt der Bewältigung von Problemkomplexität. Das führt zu der logischen Paradoxie, daß die Systemtheorie zugleich einen ihrer Fälle darstellt[48]. Luhmann bekennt sich ohne Zögern zu dieser Zirkularität, weil er die logischen Prinzipien von deren Kritik nicht akzeptiert[49].

48 Zu dieser Paradoxie vgl. kritische Bemerkungen des Verfassers: *Wissenschaftstheorie und Systembegriff*, in: *Dialektik und Wissenschaft*, Frankfurt 1973, bes. 122 ff.
49 Habermas/Luhmann, 86

4. Sinnbegriff und Systemtheorie

Mit einem programmatischen Aufsatz *Sinn als Grundbegriff der Soziologie*[50] nimmt Luhmann das alte, seit Weber anstehende Thema kategorialer Grundlegung der Sozialwissenschaft auf und führt die Methodologiedebatte zugleich an ein zirkuläres Ende. In der systemtheoretischen Fassung verschwindet die Differenz zwischen allgemeinem Bezugsrahmen und empirischer Anwendung, denn die Kategorienlehre ist ihrerseits nur ein Fall unter anderen. Wir haben soeben rein formale Zweifel an der Sachangemessenheit und damit an dem Erkenntniswert einer Handlungsanalyse im systemtheoretischen Gesamtmuster angemeldet. Es gilt jetzt, die inhaltliche Bestimmung zu prüfen, die Luhmann darüber hinaus einführt, um menschliche Systeme des *Erlebens* und *Handelns* von anderen adaptiven Systemen zu unterscheiden[51]. Er greift dafür, wie bereits angedeutet, auf den Sinnbegriff zurück. Allerdings liegt hierin nur mehr eine verbale Anspielung an Webers Programm. Der Sinnbegriff, den Luhmann benutzt, ist hauptsächlich durch Husserls Phänomenologie geprägt, wenngleich terminologisch die Kybernetik durchklingt. Damit wiederholt sich ein Fehler, den Schütz nach unserer Auffassung bereits begangen hatte: Handeln und Erleben werden gleichgesetzt. Schütz sprach diese Analogie nicht aus, sondern bediente sich ihrer methodisch, weil er Handeln als sinnhaftes nur auf dem Boden der phänomenologischen Thematisierung des Erlebnisstromes meinte erfassen zu können. Luhmann geht an dieser Stelle einen entscheidenden Schritt weiter, da er die Parallelität von Erleben und Handeln ausdrücklich reflektiert und seiner umfassenden Methode zur Ehre anrechnet[52].

Sinn wird in Anlehnung an Husserl als eine Leistung beschrieben, die einen Kern an Bestimmtheit mit einem weiteren Hori-

50 in: Habermas/Luhmann, a. a. O.

51 *Zweckbegriff* ..., 176

52 Habermas/Luhmann, 29 ff., 47, 58 f., 76 ff.; zuletzt wieder pointiert in: *Soziologische Aufklärung 2*, Opladen 1975, 175, 188

zont des Mitgemeinten umgibt. Systemtheoretisch ausgedrückt, reduziert Sinn die Komplexität der Umwelt nicht endgültig, sondern erhält sie in Latenz als Hof alternativer Möglichkeiten. In dieser Perspektive erscheinen Handeln und Erleben gleichberechtigt. Nun ist aber Handeln vor dem Erleben dadurch ausgezeichnet, daß es eine seiner Möglichkeiten wählt und als seinen eigensten Zweck ergreift. Zwecksetzung heißt Ausschaltung von Alternativen und ist nur dadurch der tätigen Realisierung im Handeln fähig. Das Handeln erreicht seinen gesetzten Zweck auch nur in der Konsequenz des aktiven Vollzugs, der seiner Natur nach zeitlich erstreckt ist. Dies scheinen mir wesentliche Punkte einer sachlichen Differenz von Handeln und Erleben, die Luhmann wortreich einzuebnen sucht. Wohl gemerkt: es geht mir nicht darum zu bestreiten, daß man so reden kann, wie die systemtheoretische Handlungsanalyse vorschlägt, weil sie unter gewissen Aspekten funktionaler Äquivalenz es nützlich findet, sinnhafte Reduktion von Komplexität praktisch und erlebnismäßig miteinander zu vergleichen. Ich bezweifle jedoch den Erkenntnisgewinn, den diese Nivellierung fundamentaler Differenzen einbringt. Wo ein der Sache angemessener Handlungsbegriff nottut, wiegt die universale Anwendbarkeit eines wohl balancierten Spiels austauschbarer Kategorien geringer. Luhmanns Programm ist an funktionaler Äquivalenz, der alle Inhalte sich beugen, und weniger an einem gesicherten Handlungsbegriff interessiert.

Die Differenz zwischen Handeln und Erleben, die festgehalten werden muß, läßt sich an den erwähnten drei Punkten herausarbeiten: am Sinnbegriff, an der praxiskonstituierenden Zwecksetzung und an der zeitlichen Erstreckung des Handelns. Solange Sinn bloß als »Komplexität reduzierendes und erhaltendes Verweisungszentrum« definiert wird[53], taugt die Kategorie kaum zur Bestimmung der charakteristischen Struktur von Praxis als Realisierung eines bestimmt gesetzten Zwecks im Vollzug. Denn die Diffusität des Spektrums, auf das die Handlungsenergie verteilt ist, wenn Sinn die Präsenz vielfältig alternativer Möglichkeiten ohne Situationsdruck und

53 zum Folgenden: Habermas/Luhmann, 80 f., 90

ohne die unerbittliche Konsequenz der zu vollziehenden Entscheidung meint, kennzeichnet eher die Lage der *Planung* denn die Praxis selber. Was Luhmann über die praktische Selektion aus einem Umfeld von potentiellen Zielen und Chancen sowie über die Handlungsbedingungen im Fluß wechselnder Konstellationen des je Möglichen sagt, gilt vom Überlegen und von der Strategie, trifft aber nicht die innere Struktur des sich vollziehenden Aktes. Wenn man handelt, überlegt man nicht mehr, wie man handeln könnte oder sollte, im Akt selber ist das Spektrum möglicher anderer Akte, in dessen Mitte das projizierende Bewußtsein steht, versunken. Die Fortdauer von Sinn als Verweisungszentrum auf Alternativen in Praxis hinein bedeutet die Kontinuierung der Phase der Planung in diejenige der Durchführung oder schlimmer noch, die Verhinderung des eigentlichen Tuns gemäß dem Hamletproblem. Die Modellierung von Handlung nach dem Vorbild der Planung spricht Luhmann übrigens offen aus[54].

Mit dem Problem der Selektion hängt aufs engste die praktische Zwecksetzung zusammen. Selektion ist Auswahl unter gleichberechtigten Kandidaten für Handlungszwecke. Die Bestimmung eines Zwecks statt anderer, die definitive Setzung als Ziel der Tätigkeit hat einen eindeutig geordneten Vollzug zur Folge: das Ziel wird tätig verwirklicht. Die Struktur der Zielrealisierung im Vollzug kann nicht mehr umstandslos in den phänomenologischen Termini der aussondernden Konstitution von bestimmtem Sinn im Horizont des Mitpräsenten gedeutet werden. Der praktische Akt ist kein Bewußtseinsproblem wie Zielsetzung und Planung. Er unterscheidet sich davon gerade als die konkrete Durchführung des dort bloß Entworfenen. Ähnlichen Schwierigkeiten sah sich bereits Schützens Definition von sinnhaftem Handeln aufgrund eines Entwurfs der Handlung gegenüber: die frei phantasierte Antizipation des Handlungsabschlusses erklärt nicht wirklich den Prozeß des Tuns.

Aus dem spezifischen Vollzugscharakter von Handeln ergibt sich endlich die unabdingbare *zeitliche* Erstreckung. Handeln

54 a.a.O., 90; *Zweckbegriff* ..., 179 ff.

wird vollzogen, und dies ist ein objektives Geschehen in der Zeit, sei die zeitliche Spanne auch noch so begrenzt. Die Angewiesenheit auf eine von Bewußtseinsleistungen unabhängige Dimension sukzessiven Verlaufs kennzeichnet gerade die Realität des Vollzugs. Die wesentlich zeitliche Erstreckung versucht Luhmann mit Hilfe seiner Sinnkategorie indes zu eliminieren. Die Zeitdimension der Handlung erscheint als vorenthaltene Wunscherfüllung im Dienste der Erhöhung der Belastbarkeit eines Systems[55]. Zeit ist damit nur ein besonderer Faktor der Komplexitätsreduktion und kann nicht mehr in der tragenden Rolle für den praktischen Vollzug gewürdigt werden. Im Prinzip ließe sich dann zeitfreie Handlung denken: unmittelbare Wunscherfüllung hic et nunc. Indes ist die Zeitdimension der Praxis nicht aufzulösen in Grade einer mehr oder weniger aufgeschobenen Erfüllung, die, wäre sie nicht planmäßig verzögert, den gewollten Zweck unmittelbar zuteil werden ließe. Die Vorsetzung des Ziels, das Streben dahin und das sukzessive Verwirklichen gehören untrennbar zum Handlungsvollzug, und darin gründet die Zeitstruktur.

Luhmann zielt auf die systemtheoretischen Umdeutungen klassischer Kategorien des Handelns. Die drei Beispiele, nämlich der auf Funktionsäquivalenz zugeschnittene Sinnbegriff der Phänomenologie, die Programmierung von Zwecken und die Elimination der ursprünglichen Zeiterstreckung, beweisen in meinen Augen die Flexibilität des Ansatzes, nicht aber das analytisch tiefere Eindringen in die Handlungsstruktur.

Jürgen Habermas

Die Sorge um einen Verlust genuin praktischer Aspekte hat Habermas veranlaßt, eine fundamentale handlungstheoretische Dichotomie von Arbeit und Interaktion in der Kontroverse mit dem funktionalistischen Systemmodell zu bewähren. Stein des Anstoßes ist dabei jedoch der zentrale Sinnbegriff und weniger

55 *Zweckbegriff* ..., 303 ff., Habermas/Luhmann, 38 f., 47, 53 f.

die Handlungsdefinition[56]. Denn der Sinnbegriff liefert auch Habermas das entscheidende Distinktionsmerkmal der kommunikativen Interaktion gegenüber der technisch angeleiteten Arbeit und öffnet Praxis einer hermeneutischen Untersuchung der intersubjektiven Verständigung zwischen gleichberechtigten Partnern. Wiederum ist Sinn der Schlüssel des Handelns, nun freilich in deutlicher Absetzung gegen Weber nicht der subjektiv gemeinte und objektiv verstehbare Sinn, sondern der a priori soziale Sinn einer idealen zwischenmenschlichen Gesprächssituation.

In dem Essay *Technik und Wissenschaft als ›Ideologie‹*[57] hatte Habermas jene Dichotomie wie folgt festgelegt: »Ich möchte, um das, was Max Weber ›Rationalisierung‹ genannt hat, neu zu formulieren, den subjektiven Ansatz, den Parsons mit Weber teilt, überschreiten und einen anderen kategorialen Rahmen vorschlagen. Ich gehe aus von der fundamentalen Unterscheidung zwischen Arbeit und Interaktion. Unter Arbeit oder zweckrationalem Handeln verstehe ich entweder instrumentales Handeln oder rationale Wahl oder eine Kombination von beiden. Instrumentales Handeln richtet sich nach technischen Regeln, die auf empirischem Wissen beruhen ... Das Verhalten rationaler Wahl richtet sich nach Strategien, die auf analytischem Wissen beruhen ... Zweckrationales Handeln verwirklicht definierte Ziele unter gegebenen Bedingungen. Unter kommunikativem Handeln verstehe ich andererseits eine symbolisch vermittelte Interaktion. Sie richtet sich nach obligatorisch geltenden Normen, die reziproke Verhaltenserwartungen definieren und von mindestens zwei Subjekten verstanden und anerkannt werden müssen. Gesellschaftsnormen sind durch Sanktionen bekräftigt. Ihr Sinn objektiviert sich in umgangssprachlicher Kommunikation.«

Die wichtige Distinktion, die Habermas für die Handlungstheorie vornimmt, greift verschiedene traditionelle Motive auf, um sie umzuformulieren. Auf den ersten Blick erkennt man die aristotelische Unterscheidung von Poiesis und Praxis wie-

56 Habermas/Luhmann, a. a. O., 155 ff., 186 ff., 205 ff.

57 Frankfurt 1968, 61 ff.

der, auf die wir später genauer eingehen werden. Sodann hat Hegels Schema der wechselseitigen Anerkennung selbstbewußter Individuen als konkret historischer Basis der vernünftigen Einheit des »Geistes« in die Definition Eingang gefunden[58]. Schließlich wird die ideologiekritische Intention weiter verfolgt, die von der Kritischen Theorie in junghegelianischer Manier mit der Tätigkeit der Reflexion verbunden worden war[59].

Der Handlungsbegriff, der Habermas eigentlich beschäftigt, ist offenkundig der zweite innerhalb jener Dichotomie. Die kommunikative Interaktion hat das Erbe der ehemaligen Bestimmung eines mit subjektivem Sinn verbundenen Verhaltens angetreten. Während die zweckrational-instrumentalen Elemente, die der Begriff bei Weber noch undifferenziert umschloß, ausgeschieden und in eine eigne Kategorie verlegt worden sind, muß der verbleibende Begriff eines eigentlich praktisch zu nennenden Handelns ohne sie bestimmt werden. Daraus folgt zweierlei: die realpraktischen Momente eines objektiven Tuns scheinen ganz dem ersten Typ von Handeln, der Arbeit zugeschlagen, so daß die Kommunikation sich auf Sinnvermittlung reduziert. Nachdem der fragliche Sinn nicht länger bedenkenlos als Zweckrationalität ausgelegt werden kann, tritt sodann die Nötigung eines neuen Kriteriums für Rationalität im Rahmen kommunikativen Handelns auf. Der Sinn, der nicht in subjektiver Meinung bloß aufgefunden und je vom Handelnden mit seinem Tun verknüpft werden soll, stellt sich in sozialer Interaktion erst her. Aus dieser Angabe der Bedingungen für Sinn erwächst zugleich das Kriterium der Rationalität von kommunikativem Handeln. Rational ist eine solche Kommunikation zu nennen, die die Bildung und Vermittlung von Sinn erlaubt. Diese Forderung fällt mit der Beschreibung

58 vgl. den Aufsatz: *Arbeit und Interaktion. Bemerkungen zu Hegels Jenenser ›Philosophie des Geistes‹* (ebd.).

59 Ich gehe auf die verschiedenen systematischen Motive und ihren historischen Hintergrund hier nicht weiter ein und verweise statt dessen auf meine Beiträge in dem Sammelband *Hermeneutik und Ideologiekritik*, Frankfurt 1971.

der idealen Dialogsituation zusammen, wo mehrere Teilnehmer redend miteinander verkehren in wechselseitiger Anerkennung als Subjekte.

Das hermeneutische Medium des Sinns legt kommunikatives Handeln von vornherein als dialogisches Miteinandersprechen fest[60]. Die hier im Gegensatz zur Zweckrationalität zuständige Form der Vernünftigkeit scheint gesichert, wenn die Bedingungen des Redeaustausches im Dialog möglichst gut gegeben sind. Der Sinnbegriff, den Habermas in Anschlag bringt, ist weder auf kulturwissenschaftliche Methodologie eingeschränkt, wie bei Weber, noch aus der phänomenologischen Wahrnehmungsanalyse entliehen und auf den Erlebnisfluß für praktische Fälle bezogen wie bei Schütz, oder gar systemtheoretisch ausgeweitet wie bei Luhmann. Obwohl terminologisch an Parsons' Analyse der »normativen Orientierung« abgelesen, ist der Sinnbegriff ursprünglich dem hermeneutischen Modell der Verständigung und historischen Traditionsübermittlung entlehnt. Er enthält von daher eine authentische soziale Komponente der Interaktion, die allerdings auf Rede, Dialog und sprachliches Medium zugeschnitten ist.

Die einschlägige Rationalität hat, wie Habermas zugesteht, den sokratischen Dialog bzw. dessen institutionelle Erneuerung in Humboldts freier Seminardiskussion zum Vorbild. Sokrates redete bekanntlich, um seine Mitbürger zu bessern, und Humboldts Universitätsidee erhob individuelle Bildungsprozesse zum erklärten Ziel. Was ist nun die Intention beim kommunikativen Handeln, wenn das bloße Miteinanderreden und Weiterreden keine ausreichende Zwecksetzung darstellt? Läßt sich noch angeben, worumwillen wir uns in Dialogsituationen be-

60 Dies gilt auch noch nach der neueren Modifikation, der zufolge Habermas »zwei Formen der Kommunikation (oder der ›Rede‹) unterscheidet: *kommunikatives Handeln* (Interaktion) auf der einen Seite, *Diskurs* auf der andern Seite. Dort wird die Geltung von Sinnzusammenhängen naiv vorausgesetzt, um Informationen (handlungsbezogene Erfahrungen) auszutauschen; hier werden problematisierte Geltungsansprüche zum Thema gemacht« (Habermas/Luhmann, 115).

geben? Falls der Dialog den Bedingungen des Handelns genügt, müßte das Worumwillen vom Dialog als solchem unterscheidbar bleiben. Auf diese Frage findet sich, wenn überhaupt, nur eine sehr pauschale Antwort. Als Zweck des kommunikativen Handelns muß man kollektive Bildungsprozesse mit der Absicht historischer Aufklärung der Gattung ansehen.

Man hat in dieser Überzeugung, die eine Seminardiskussion sozusagen auf die Gesellschaft ausweitet, ein idealistisches Vorurteil sehen wollen, das alle auf Materialismus und Praxisbezug lautenden Erklärungen des Autors Lügen strafe. Die Vermutung erscheint nicht ganz unbegründet, wenn man die dem Handlungsdruck enthobene Eingrenzung idealer Sprechsituationen, das Vertrauen in die Rationalität der Wechselrede und die emanzipatorischen Hoffnungen vergleicht, die an die Einrichtung freier Kommunikation per se geknüpft werden. Wie dem auch sei, wenn der Dialog nicht zum Selbstzweck entarten soll, muß seine Praxisbedeutung erkennbar bleiben. Insofern diese allein in der Installierung einer Möglichkeit kritischer Reflexion liegt, erweist sich die wahre Praxis, die Habermas den technisch-instrumentellen Produktionsprozessen entgegenstellt, als soziales, sprachlich verfaßtes Reflexionsinstitut.

Damit ist der Handlungsbegriff, den es zu definieren gilt, wiederum durch eine gewisse Variante des Sinnbegriffs überlagert. Die hermeneutische Fundierung macht das Handeln zum gemeinsamen Reden unter Dialogregeln, wogegen alle Momente der Praxis, die nicht sprachlicher Natur sind, auf die andere Seite der Dichotomie wandern. Arbeit, die im Gegensatz zum eigentlichen Handeln gesehen wird, nimmt daher die Züge tätiger Zweckverfolgung auf, die der Praxis in Wahrheit doch gar nicht abgesprochen werden können. Die an sich richtige Unterscheidung von produktiver Arbeit und Handeln im eigentlichen Sinne, die Aristoteles mit den Titeln Poiesis und Praxis belegt, wird falsch angefaßt, wenn man sie aus dem Gebiet ursprünglicher praktischer Momente in die Sphäre der Reflexion verschiebt.

Statt dessen muß die Unterscheidung an der Bestimmung der Produktorientierung von Arbeit festgemacht werden; dann entfällt die Nötigung, Praxis in letzter Instanz als unendliches Gespräch zu denken. Da es beim kommunikativen Handeln so schwer hält, bestimmte inhaltliche Zwecksetzung und deren Erfüllung im zeitlich erstreckten Vollzug in ein genaues Verhältnis zu bringen, liegt es nahe, die Zwecksetzung der Kommunikation institutionell als Aufklärung zu verselbständigen und einer geschichtsphilosophisch evolutionären Perspektive zu überlassen[61]. Wenn dagegen die objektive Produktorientierung das Distinktionsmerkmal der Arbeit gegenüber der Praxis darstellt, wird es möglich, zusammen mit der Zweckausrichtung auch ein Rationalitätskriterium zu entwickeln, das nicht instrumentalistisch reduziert ist, aber auch nicht unvermittelt aus dem Dialogmodell übertragen wird. Praktische Vernunft erschöpft sich nicht in Technik, sie fällt jedoch ebensowenig mit Gesprächsregeln zusammen, deren eigentlich praktischen Niederschlag man dort vergeblich sucht, wo nicht mehr bloß Worte gemacht, sondern Ziele tätig verwirklicht werden[62].

Ursprünglich hatte Habermas die Unterscheidung von Arbeit und Interaktion eingeführt, um einer Zweideutigkeit Herr zu werden, die aus der marxschen Grundkategorie der Praxis sich herleitete[63] und Versuche einer theoretischen Fundierung der Soziologie auf diesem Boden erschwerte. Praktische Weltveränderung bedeutete für Marx produktive Auseinandersetzung mit den Objekten und gleichzeitig den Akt gesellschaftlicher Befreiung. Da Aspekte der Arbeit und solche sozialen Handelns in dieser Kategorie ungeschieden nebeneinanderlagen, drohte die Gefahr einer Präjudizierung des angemessenen Verständnisses von Praxis durch Momente, die der produktiven Arbeit eigentümlich sind. Habermas hatte diese Gefahr gesehen und suchte ihr durch die genannte Unterscheidung zu begegnen.

61 Es gibt bei Habermas durchaus Anklänge an entsprechende Gedanken aus Kants Geschichtsphilosophie, insbesondere der Schrift *Ideen zu einer allgemeinen Geschichte in weltbürgerlicher Absicht* (vgl. den Beitrag von Habermas in *Das Problem der Ordnung*, VI. Dt. Kongr. Phil., Hrsg. Kuhn/Wiedmann, 1962).

62 s. dazu unten IV 3: Dialogrationalität

63 s. II 4: *Theorie und Praxis*

Während ihm bei diesem Versuch die Realität der Praxis zerrann, um sich in Gestalten des Redens aufzulösen, knüpft ein Soziologe aus einer andern Tradition naiv an Marx an und gibt somit im Resultat die auf dem Niveau der Kritischen Theorie von Habermas erreichte Differenz wieder auf.

Alain Touraine

Ganz auf der Linie Webers eröffnet *A. Touraine* sein Buch *Soziologie als Handlungswissenschaft*[64] mit der lapidaren Feststellung: »Die Soziologie ist die Wissenschaft vom sozialen Handeln.« Er will indessen eine apriorische Kategoriendefinition durch eine historische Blickrichtung ergänzen, die den Sinn des Handelns sozial und geschichtlich verstehen läßt. Ohne die Unkosten einer ausgeführten Geschichtsphilosophie zu tragen, will Touraine dem Abstraktionszwang der in der Soziologie schulbildenden Systemtheorie steuern. Er stützt sich auf Marx, wenn er Handeln eine produktive Auseinandersetzung des Menschen mit der Natur nennt, die ihren Sinn für den Produzenten erst erlangt, wenn nicht nur Werke hergestellt, sondern ihre Verwendung kontrolliert und von den Akteuren selber verantwortet wird. Die klare Folge dieser marxianischen Korrektur Webers ist ein zwischen Praxis und Produktion, kommunikativem Handeln und herstellender Arbeit, Subjektbezug und Objektbezug schwankender Grundbegriff.
»Die Tatsache, daß die Soziologie des Handelns zunächst in der Form einer Soziologie der Arbeit vorgestellt wird, sagt nichts über die objektive oder subjektive Bedeutung der Arbeit als Determinante oder ›Faktor‹ der sozialen Verhaltensweisen aus. Wir hoffen, klargestellt zu haben, daß ein solcher Ausdruck in unserer Perspektive nicht einmal einen Sinn hat. Es ist eine unnütze Frage, ob der Mensch grundsätzlich mehr durch die Arbeit, die Sprache oder seine sozialen Beziehungen definiert wird. Die Arbeit verschafft eine Vorstellung von der

64 *Sociologie de l'action*, 1965, deutsche Übersetzung Neuwied 1974

›condition historique‹ des Menschen. Sie ist eine sinnhafte Erfahrung, die weder natürlich noch metasozialer Art ist«[65]. Es erscheint überraschend, daß nach Verwischung der Grenzen zwischen Natur und Geschichte jener Arbeit, die sich in »Werken« verwirklicht, welche der objektiven Natur abgerungen sind, gerade das geschichtliche Moment zugesprochen wird. Historischer und sozialer Sinn soll in der an Objektivität verlorenen Arbeit stecken, weil diese im Austausch mit Natur »Veränderung« erzeugt. Eine arbeitende Veränderung der Natur bleibt aber auf Dinglichkeit beschränkt, die Veränderung der Menschenwelt kann damit nicht identisch sein. Für sie wird eine Dimension der Werte nötig. »Die Werte sind nichts anderes als Forderungen des Handelns, d. h. des menschlichen Subjekts, das sich in der Arbeit, in der Beziehung zum Andern und in einer ›menschlichen Natur‹ engagiert.«[66]

Solches Engagement unterscheidet gerade Handeln von schlichter Arbeit, denn mit der tätigen Bearbeitung der Dinge muß ein Sinn verbunden werden, der über die immanente Zwecksetzung der Herstellung von Werken hinausreicht. Der Sinn kann als Forderung der Praxis oder als Wert aufgefaßt werden, die Natur zu einer menschlichen zu machen, gerade weil sie das an sich nicht ist. Produktive Arbeit hat es indes, wenn sie erfolgreich tätig sein will, mit der Natur zu tun, wie sie objektiv ist. Eine Tätigkeit, die keine andern Maßstäbe hat als die von der Naturwirklichkeit ihr heteronom vorgesetzten, ist die unfreie Sklavenarbeit, aus der Hegel und Marx den Weg der Emanzipation suchten, indem sie der bloßen Arbeit den sozialen und historischen Sinn zurückgaben.

Touraine nimmt offenkundig für bare Münze, was in der dialektischen Arbeitsanalyse noch Aufgabe und Postulat war. Die Gedanken der Befreiung des abhängig Arbeitenden, der Entfremdung der Arbeit und der Revolution sind unsinnig, wenn Arbeit immer schon und ohne Abstriche »menschliches« Handeln ist. Touraine fällt einem Schein zum Opfer, der insbesondere den marxschen Arbeitsbegriff begleitet. Der Doppel-

65 a. a. O., 14, s. a. 498

66 a. a. O., 16, 28 f. u. ö.

charakter von historisch-gesellschaftlicher Praxis und dinglich orientierter Produktion beläßt die Grundkategorie von Marx in auffälliger Weise unbestimmt. Der Doppelcharakter darf aber nicht unterschlagen werden, wenn die wesentlichen Aussagen der marxschen Theorien nicht hinfällig sein sollen. Marx selber hat versäumt, den Doppelcharakter als einen solchen erkennbar zu machen. Der Doppelcharakter wird jedenfalls unterschlagen, wenn man schlichte Identität in der Sache oder Synonymie der beiden Begriffe behauptet und sagt, Handeln sei doch Arbeit und Arbeit sei schon Handeln.

Wäre das Verhältnis so einfach, dann hätte es großer Teile der philosophisch gewichtigen innermarxistischen Debatten nicht bedurft. Versuche des frühen Lukács oder der kritischen Theorie bis zu Habermas dienen der Aufklärung des Doppelcharakters und der Beseitigung des Mißverständnisses, die Marxens eigne Darstellung hervorgerufen hat. Touraines unreflektierte Übernahme eines in Wahrheit ambiguen, aber konsistent erscheinenden Begriffs von Arbeit = Handeln steht in einer ähnlichen Gefahr wie der Funktionalismus Parsons'. Während Touraine daran beklagt, daß die handlungsorientierten Werte nur aus der bestehenden gesellschaftlichen Ordnung als einem funktionalen System abgeleitet werden, der Soziologe also Vorgegebenes nur feststellt, so gilt umgekehrt, daß die Destillation von Werten aus der Arbeit allein die Sachzwänge des Arbeitsprozesses reproduziert, der nach einer inneren Gesetzmäßigkeit aus Natur Werke macht. Praktischen Sinn und handlungsorientierte Werte auf das Faktum der Arbeit zu gründen, heißt Gegebenes feststellen und macht alle anderslautenden Deklamationen zu bloßen Versicherungen. In der Tat muß alsbald auch zugestanden werden, »daß die Arbeit nicht die allgemeine und einzige Ursache für die normative Orientierung des sozialen Handelns ist«[67]. Damit ist im Prinzip Webers subjektiver und sozialer Handlungssinn rehabilitiert und die ursprüngliche These des Buches von Touraine wieder verlassen.

67 a.a.O., 33, vgl. 50

5. Resultat

Ich fasse das Ergebnis unseres kritischen Überblicks über soziologische Handlungstheorien zusammen. Der Handlungsbegriff wird durchweg durch einen anderen Begriff definiert, dem das eigentliche Interesse gilt. Diese Akzentverschiebung erklärt sich aus der systematischen Stellung der Handlungslehre, die in der Regel im Apparat kategorialer Grundbegriffe oder allgemeiner Bezugsrahmen ihren Ort findet. Der dem Handlungsbegriff substituierte Terminus heißt immer wieder »Sinn«, obwohl damit von Fall zu Fall etwas ganz Verschiedenes gemeint ist.

Weber borgte den Sinnbegriff aus der neukantianischen Methodologie der Kulturwissenschaft und glaubte, dem realwissenschaftlichen Anspruch der Soziologie dadurch zu genügen, daß er dem faktischen Handlungssubjekt zusprach, was der objektiven Erkenntnis des wissenschaftlichen Beobachters in verstehender Methode zugänglich schien. Der Sinn als Gegenstand wertbeziehenden Verstehens war zugleich der vom Handelnden mit seinem Verhalten verbundene Sinn. Schütz bemühte die Mittel husserlscher Phänomenologie, um diese Formel besser zu begreifen. Er landete bei einer besonderen Analyse des subjektiven Erlebnisstroms, in dem sich Sinnkonstitutionen kraft reflexiver Bewußtseinsakte wie Inseln erheben.

Parsons baute die Sinnperspektive als den subjektiv-voluntaristischen Standpunkt in seine Handlungsanalyse ein, die als Grundelement dem funktionalistischen Gesamtaufbau des Systems gesellschaftlicher Ordnung angepaßt ist. Im Blick auf dieses System erscheint die normative Orientierung als das entscheidende Moment des Handlungsbegriffs. Luhmann übernimmt das systemfunktionale Modell und deutet in bezug darauf Sinn als soziologischen Grundbegriff um, wobei wiederum die phänomenologische Wahrnehmungsanalyse Hilfestellung leistet. Sinn bedeutet nun ein Verweisungszentrum reduzierter, aber alternativ bereitgehaltener Komplexität und erlaubt so, Handeln und Erleben in funktionaler Äquivalenz aufzu-

fassen. Beidemal liegt eine vergleichbare Reduktionsleistung zwischen Umwelt und System vor.
Habermas schließlich wendet gegen Luhmanns ideologieverdächtige Systemtheorie einen anders gearteten Sinnbegriff ein, der aus der Hermeneutik stammt und das kommunikative Handeln auszeichnen soll. Sinnvermittelnde Praxis ist nun ein sprachliches Medium und hebt sich gegen das zweckrationalinstrumentale Tun produktiver Arbeit ab. Der kommunikationstheoretische Sinnbegriff drängt Handeln vollends in Dialog und gesellschaftlichen Verkehr durch Sprache ab. Demgegenüber sucht Touraine Webers Grundlegungsprogramm durch treue Übernahme der Marxschen Grundkategorie der Arbeit zu erfüllen, die auf undifferenzierte Weise soziale Praxis und produktive Auseinandersetzung mit der Welt in eins decken sollte. Die weitergetragene Ambivalenz läßt Touraine nicht zu einem wirklich stimmigen Handlungsbegriff vordringen.

II. Ansätze zu einem philosophischen Handlungsbegriff

Die Auseinandersetzung mit den verschiedenen Konzepten einer soziologischen Handlungslehre hatte die Feststellung des Ungenügens jener Vorschläge zum Ergebnis. Man geht nicht zu weit, wenn man behauptet, daß die soziologischen Theorien keineswegs kohärent zueinanderstehen, sondern eine aus der anderen sich eher auf dem Wege der Kontroverse und Kritik entwickelt. Insgesamt vermag daher das Resultat einzelwissenschaftlicher Bemühung um eine angemessene Handlungsdefinition nicht zu befriedigen. Was Handlung wirklich ist, scheint bislang nicht voll begriffen.

Unsere Erörterung belehrt indes auch über den Grund der Insuffizienz einer Begriffsbildung im Rahmen kategorialer Grundlegung der Soziologie. Als der durchgängige Hauptmangel hatte sich die unbemerkte Verschiebung vom Handlungsbegriff auf einen Stellvertreterbegriff erwiesen, den regelmäßig der Terminus des Sinns abgab. Diese Verschiebung, die dem eigentlichen Thema ausweicht und die analytischen Energien auf ein anderes, wenngleich verwandtes Feld ablenkt, war zugleich die Wurzel der Kontroversen. Unangemessenheit und mangelnde Übereinstimmung der Definitionen hängen innerlich zusammen. Sie sind offenbar bedingt durch einen unkontrollierten, sich stets wiederholenden Vorgang der Substituierung eines Begriffs durch einen andern.

Es ist typisch für die soziologische Begriffsbildung, daß diese substituierte Bestimmung sich mit der thematischen Frage zu decken scheint und kein Anlaß gesehen wird, die eventuelle Differenz oder wechselseitige Bedingung beider Begriffe genau zu klären. Wir hatten ausreichend Grund für die Annahme, daß die unbedachte Begriffsverschiebung – das proton pseudos der soziologischen Handlungslehre – aus den fachspezifischen Theorieinteressen erwächst, die eine Handlungsdefinition traditionsbildend in den Apparat der einschlägigen Kategorien für ein empirisches Forschungsprogramm verbannen. Der allgemeine Bezugsrahmen wird immer schon relativ zum Problemfeld der jeweiligen Realwissenschaft aufgestellt. Die hier vorherrschenden Erkenntnisintentionen und Bedürfnisse bleiben daher nie ohne Folgen für die Begriffsbildung im Grundlegungsteil. Fraglos geht man davon aus, daß der generelle Handlungsbegriff tauglich zu sein hat für die Theoriebestimmung in der Einzelforschung. Zwischen dem rein kategorialen Aufwand und einer vorgefaßten Konzeption der besonderen wissenschaftlichen Theorie besteht ein gänzlich ungeklärtes Verhältnis. Darin dürfte der entscheidende Grund für jene schultypische Begriffsverschiebung liegen, der sich in der Suche nach einem überzeugenden Handlungsbegriff fatal auswirkt.

Die Einsicht in die charakteristischen Mängel bei der Aufstellung einzelwissenschaftlicher Kategorien kann nicht von den Wissenschaften selber verlangt werden. Der Fehler, der dem soziologischen Handlungsbegriff gleichsam von Hause aus anhaftete, läßt sich nicht auf der gleichen Ebene korrigieren, auf der er entsteht. Das muß prinzipiell unmöglich sein, wenn die theoretische Anlage jeder einzelwissenschaftlichen Grundlegung und die typische Struktur der entsprechenden Begriffsbildung in der Tat für sachliche Mängel verantwortlich gemacht werden kann. Demgegenüber zeichnet sich die philosophische Reflexion dadurch aus, daß sie an solchen Mängeln und begrifflichen Verkürzungen erst entspringt. Sie legitimiert sich dadurch, daß sie eine Einsicht in den Grund der Mißverständnisse gewinnt, die der Ebene unzureichender Begriffsbildung verschlossen war.

Daher sollte es durchaus nicht als nebensächlich angesehen werden, daß eine philosophisch verstandene Handlungstheorie ein deutliches Bewußtsein ihres Verhältnisses zu bereits vorliegenden Alternativen entwickelt, die der philosophischen Kritik ausgesetzt sind. Philosophische Gedanken fallen nicht vom Himmel und keine ätherische Herkunft enthebt sie der Kontamination mit anderem Wissen und schon erreichten Erkenntnissen. Die Überlegungen, die die Philosophie anzustellen vermag, müssen sich sogar in ihrem Eigenrecht behaupten angesichts all der Weisheit, von der die Welt vermeintlich voll ist. Den Königsweg zu diesem Ziel weist seit eh und je die Kritik. Erst wenn sich zeigen läßt, daß ein gewisser, bereits eingenommener Erkentnisstand unzureichend ist, und weiter, worin der

Grund der Mängel liegt, so daß schließlich Aussicht besteht, dank der Einsicht in den bisher verschlossenen Grund die bislang nicht ausgeräumten Mängel zu beheben, vermag Philosophie nachzuweisen, was ihre eigentümliche Leistung ist. Die Erwartung, Erkenntnis wahrhaft zu fördern, ist die einzige Legitimation der Philosophie.

Diese sehr allgemein gehaltenen Bemerkungen finden leicht Anwendung auf unsere Fragestellung. Die kritische Durchsicht soziologischer Handlungstheorie war nötig, um zu prüfen, ob dem Bedürfnis eines brauchbaren Handlungsbegriffs von wissenschaftlicher Seite bereits Genüge geschieht oder nicht. Allein die Diagnose der Mängel macht ein erneutes Nachdenken nötig und gibt ihm auch sein Recht. Man darf wohl unterstellen, daß ein Versuch zu philosophischer Bewältigung des Handlungsproblems sich von den soziologischen Vorschlägen gerade durch Überwindung der zunächst hinderlichen Schranken unterscheidet. Die Kenntnisnahme der von Soziologen unterbreiteten Vorschläge hat für unsere Aufgabe denn auch mehr als die Funktion, ein Panorama dessen auszubreiten, was es schon gibt. Die inhaltliche Belehrung durch die soziologische Debatte ist für die angestrebte Handlungstheorie insofern wichtig, als die folgenden Schritte auf festem Boden erfolgen können und die vorgetragene Kritik an der Soziologie ihnen via negationis eine erste Richtung weist. Freilich ist mir klar, daß ein ausgeprägtes Bewußtsein über das Verhältnis philosophischer Überlegungen zu soziologischen Theorien allein nicht Brief und Siegel besseren Erfolgs darstellt.

1. Historische Vorerinnerung (Plato, Aristoteles)

Es erscheint nützlich, eine erste prinzipielle Unterscheidung aufzunehmen, der wir bereits im soziologischen Zusammenhang begegnet sind. Die Unterscheidung zwischen Handeln und Arbeit oder Praxis und Produktion[1] legt primäre Distinktionen fest, die zur genaueren Bestimmung des Handelns unerläßlich sind. Dafür spricht sowohl die historische Beobachtung der terminologischen Konfundierung im Umkreis marxistischen Denkens, als auch der neuere hermeneutisch fehlgeleitete Versuch der Soziologie, die Verwirrung durch Rückgriff auf das dialogische Vorbild sprachlicher Sinnvermittlung aufzulösen. Wie es zur Formulierung einer Praxistheorie kommen konnte, die gerade Elemente produktiver Arbeit unterschiedslos in sich aufnimmt, wird weiter unten anhand des Themas »Theorie und Praxis« zu erörtern sein. Daß der gegenläufige Versuch, kommunikative Interaktion von instrumenteller Arbeit abzuscheiden, in der Rückführung von Praxis auf Dialog endet, haben wir soeben gesehen. Wenn eine Verdünnung von Praxis zur intersubjektiven Symbolvermittlung über das Ziel hinaus-

1 In ihrem anthropologischen und kulturkritischen Versuch *Vita activa* hat H. Arendt an die antike Trennung von Praxis und Poiesis erinnert (Stuttgart 1959). Sie hat allerdings im Blick auf die Neuzeit eine weitere Einteilung eingeführt, deren Notwendigkeit für eine Handlungstheorie nicht einleuchtet. Dem praktischen Ideal des ›tätigen Lebens‹ tritt einerseits Arbeit, andererseits Herstellung gegenüber, denen jeweils die Typen des Animal laborans und des Homo faber zugeordnet werden. Hier sind offenbar existenzphilosophische Motive leitend, die auf Marx antworten sollen und eine Überzeichnung zur Folge haben. Auch die beabsichtigte Kontrastwirkung der griechischen Auffassung vom öffentlich Politischen gegenüber dem neuzeitlichen Sieg einer technischen Lebensform der Weltentfremdung reduziert sich erheblich angesichts des Phänomens sophistischer Sozialtechnik. – Diese Einwände tun indes der Hochachtung vor der Meisterschaft H. Arendts keinen Abbruch, die das bei uns im Gegensatz zu Frankreich und den angelsächsischen Ländern nahezu unbekannte Genre politisch-philosophischer Schriftstellerei verkörperte.

schießt, wie ist dann aber eine passende Unterscheidung von Praxis und Produktion anzusetzen? Vor allem muß noch gezeigt werden, worin der behauptete theoretische Gewinn einer solchen fundamentalen Unterscheidung besteht. Dieser Frage kommt man durch eine historische Vorerinnerung näher.

Die Unterscheidung zwischen Produktion und Praxis hat bekanntlich eine Tradition, die bis auf Aristoteles zurückgeht. Nicht ganz so bekannt ist der Hintergrund, vor dem die aristotelische Unterscheidung erst voll verständlich wird. Aristoteles zieht nämlich bloß eine terminologische Konsequenz aus der Auseinandersetzung der platonisch-sokratischen Philosophie mit dem historischen Phänomen der Sophistik. Produktion von Praxis zu unterscheiden erscheint als sachliche Forderung in einer Situation, wo die Differenz faktisch verwischt ist. Die Philosophie bietet ihre theoretischen Möglichkeiten auf, wo die Zeit die Kraft der Gedanken erfordert. Die Sophistik stellt eine historische Wirklichkeit dar, die begriffliche Distinktion ist darauf die Antwort.

Das sophistische Lehrprogramm einer »politischen Wissenschaft« beansprucht Ausbildung in Sachen der Praxis. Wer sich der verwissenschaftlichten Politik anheimgab, sollte instand gesetzt werden, aufgrund einschlägiger Kenntnis und beherrschter Verfahren politisch zu handeln. Die Sophisten waren die ersten, die politische Praxis nicht naturwüchsig sich fortentwickeln ließen und den ewigen Gesetzen des Weltlaufs vertrauten oder überhaupt vor der Kontingenz der Umstände resignierten. Politische Praxis war für sie ein Gegenstand der Wissenschaft wie andere auch.

Wissenschaft bedeutet hier τέχνη und schließt im Sinne der griechischen Auffassung des Wortes theoretisches Wissen und Anwendung dieses Wissens ein. Die Vorliebe der sokratischen Dialoge für Handwerker und Techniker gemäß den notorischen Beispielen aus der Schusterwerkstatt und dem Maleratelier erklärt sich aus der technisch-praktischen Dimension des Wissens. Die Techne wird auf ihren genuinen Wirkungsbereich zurückgeführt, um die sophistischen Prätentionen einer Übertragung des Technemodells auf politisches Handeln an den konkreten

Beispielen zu messen, wo man in der Tat am Ergebnis überprüfen kann, ob jemand etwas weiß und dieses Wissen richtig anzuwenden versteht.
Der Kontrast solch banausischer Verrichtungen wie Lederschneiden und Holzleimen mit dem politischen Betätigungsfeld der freien Bürger Athens enthält fraglos eine zeitbedingte polemische Spitze gegen die Unterwerfung der Praxis unter Maßstäbe des Handwerkers. Hinzu kommt eine konservative Skepsis gegen die meist landesfremden Sophisten, die von Stadt zu Stadt herumreisten, um gegen Geld Unterricht in Politik zu geben. Diese Lehre erfolgt nach den abstrakten, überall gleichen Maßstäben einer Wissenschaft und löst die tätige Verantwortung des Bürgers für seine Stadt von aller Tradition, den angestammten Privilegien und Loyalitäten der herrschenden Familien. Die historische Einfärbung darf aber nicht vom Grundproblem ablenken.
Praxis wird Gegenstand von Wissenschaft. Die wissenschaftlich angeleitete Praxis gehorcht dem Modell der Technik, die ein bestimmtes, eingeschränktes Sachwissen tätig umzusetzen vermag. Welches Wissen ist in diesem Falle nötig und wie sehen die gehörigen Mittel aus? Das Programm einer politischen Wissenschaft oder Sozialtechnik gründet auf der rhetorischen Kunst der Sophistik. Im Felde der Politik geht es ohne Rede nicht ab. Politisches Handeln ist ein Handeln, für das öffentliche Unterstützung erzeugt werden muß, das erklärt und begründet wird, nötigenfalls auch gegen Angriffe verteidigt oder durchgesetzt. Wer daher zu reden versteht, hat die Wirkkräfte der politischen Praxis in seiner Gewalt. Redenkönnen befähigt zum Handeln. Die Kunst der Rhetorik erschließt unmittelbar politischen Einfluß. Die Technifizierung der Praxis läuft also über die wissenschaftliche Disziplin der Mittel öffentlicher Kommunikation. Der Rhetorik als Mittelbeherrschung wird die Effizienz der Praxis selber zugetraut.

Die hier vorliegende Verwechslung von Mitteln mit der Praxis, der die Mittel dienen sollen, ist das eigentliche Thema der platonischen Sophistenkritik. Mittel lassen sich organisieren und wissenschaftlich in einem technischen Arsenal verwalten. Die

Instrumente ersetzen aber nicht die Zielsetzungen, um deretwillen sie eingesetzt werden. Unklarheit herrscht im sophistischen Programm über die Orientierung der Praxis, das Worumwillen des technischen Vermögens (δύναμις). Die Auseinandersetzung mit den Sophisten ist vor allem im Dialog *Gorgias* durch die Frage nach dem praktischen Worumwillen geleitet. Die Unausgewogenheit einer vollendeten Instrumentalisierung des Politischen bei mangelnder Reflexion auf dieses selber führt die Diskussion voran bis zu dem Punkt, wo die technische Überlagerung von Praxis nicht mehr der Bestimmung der Praxis als Zielausrichtung, der Angabe eines ›Worumwillen‹ ausweichen kann[2]. Der Terminus des Worumwillen (οὗ ἕνεκα) ist so gefaßt, daß er die Verselbständigung der Mittel gegen die Zwecke und die Verobjektivierung der Zwecke vor den Mitteln vermeidet. Das Worumwillen oder der Zweck läßt sich allein unter Rückgriff darauf angeben, was um seinetwillen aufgeboten wird, während dies, nämlich die Mittel, ohne solche Zweckausrichtungen sinnlos würde. Eines ist umwillen des andern, das heißt zwei Relate sind zu unterscheiden und zugleich aufeinander zu beziehen. Die Differenzierung gelingt überhaupt nur im Zusammenhang.
Der Dialog *Gorgias* treibt angesichts einer technischen Verkürzung von Praxis oder Vertauschung von Mittel und Zweck die Ansätze zu einem Handlungsbegriff hervor. Die erste Definition von Praxis gemäß der reflexiven Struktur des Worumwillen ergibt sich aus der Debatte mit den Sophisten, die politisches Handeln in den Rang der Wissenschaft erheben wollen, ohne ihren Gegenstand begriffen zu haben. Eine Distinktion des Handelns und des produktiven Tuns deutet sich sogar vorsichtig im Dialog *Charmides*[3] an, der die in der Folge so

2 *Gorgias*, 467

3 163, vgl. *Euthydem*, 284 b/c. – Bruno Snell hat im Blick auf das Drama dieser Distinktion noch eine weitere Unterscheidung angefügt, die im δρᾶν das ursprüngliche Handeln im Vollsinne erkennen will. Die philosophischen Texte bieten für eine solch dramatische Akzentsetzung gerade keine Unterstützung: vgl. Plato, *Phaidros*, 270 d, Aristoteles, *Politik*, 1261 a 22; *EN* 1171 a 24 u. ö.

fruchtbare Unterscheidung ebenfalls im Rahmen eines sophistischen Streitgesprächs entwickelt. Die bei Plato vorhandenen Andeutungen baut Aristoteles konsequent im Rahmen seiner Ethik aus[4].

Die ersten Sätze der »Nikomaschischen Ethik« konstatieren mit der schlagenden Nüchternheit der aristotelischen Philosophie den entscheidenden Unterschied[5]. Alles sinnvolle Tun ist zielgerichtet: diese selbstverständliche Grundvoraussetzung kommt durch Aufzählen vertrauter Tätigkeitsformen (Verfahren, Künste, entscheidungsgeleitetes Verhalten etc.) zum Ausdruck. Bei der allgemeinen Zielgerichtetheit zeigt sich eine entscheidende Differenzierung zwischen den Zielen. Im einen Fall sind die Ziele Werke (ἔργον) oder Produkte jenseits des Tuns, im andern Fall realisiert sich das Ziel im Tun selber (ἐνέργεια). Im Lichte dieser grundsätzlichen Differenz der Ziele als Worumwillen des jeweiligen Tuns unterscheiden sich Poiesis oder produktives Herstellen und Praxis oder Handeln voneinander[6]. Die Poiesis ist an objektiven Produkten orientiert, die sie herstellt, so daß am Ende des Produktionsprozesses Dinge in der Welt als hervorgebracht von der Tätigkeit, aber selbständig gegen diese existieren. Die Praxis konzentriert sich ganz auf den Vollzug an sich, indem sie ihr Ziel im Akt verwirklicht. Die Erreichung praktischer Ziele fällt mit dem Handlungsvollzug zusammen, so daß nach Abschluß der Praxis kein hergestelltes Objekt übrigbleibt. Die Differenz beider Tätigkeitsweisen kann allein aufgrund der Struktur des Tuns in seiner wechselnden Zielausrichtung angegeben werden. Es bedarf keiner zur Realstruktur hinzukommender Rationalitätsmerkmale,

4 Die Sophistenkritik steht für Aristoteles nicht mehr im Zentrum, ist aber durchaus noch präsent, wie der Schluß der *Nikomachischen Ethik* beweist (1180b 33 - 81a 17): Die sophistische Wissenschaft taugt in Sachen der Politik nichts, da die Theoretiker vom Handeln Abstand nehmen und über keine praktische Erfahrung verfügen.

5 *EN* 1094a 1ff.; vgl. zum Worumwillen der Praxis auch: *Politik* I 1, 1252a 3; *de caelo*, 292b 1ff.

6 *EN* VI 4f.

keiner äußeren Verstehensbedingungen für den Betrachter oder sonstiger theorieabhängiger Deutungsmomente.
Aristoteles sucht, der schwierigen Abgrenzung einer sich in sich vollendenden Handlung und einer von außen, nämlich durch das Produkt begrenzten Tätigkeit mit Hilfe der naturphilosophischen Bewegungskategorie (κίνησις) Herr zu werden[7]. Bewegung, rein für sich genommen, kann immer weiter fortlaufen und zwar durch verschiedene Phasen, ohne daß sie aus sich heraus ein Ende zu setzen vermöchte und auch fände. Sie wird daher von außen zum Halt gebracht. Ein schlechthin unendlicher Prozeß wäre ganz sinnlos und kein Vernünftiger (νοῦν ἔχων) würde handeln, wenn es kein bestimmtes Ziel seines Tuns gäbe, das als Worumwillen seine Praxis eingrenzt[8]. Ein Beispiel für fortlaufenden Prozeß sieht Aristoteles etwa in der Abmagerung, die aufgrund ihrer eignen Natur als kontinuierliche Abnahme und Verringerung von Materie an kein vorbestimmtes Ende gelangt (ausgenommen im kontingenten Fall totaler Auflösung), es sei denn, daß hinzukommende ärztliche Diagnose an einem bestimmten Punkte Einhalt gebietet. Dem Produktionsvorgang näher steht das Beispiel des Hausbaus: alle einschlägigen Prozesse der Aufschichtung von Steinen und des Hochziehens von Wänden sind prinzipiell unabgeschlossene Bewegungen, deren Telos erst das fertig konstruierte Gebäude jenseits des Bauprozesses markiert (wiederum ausgenommen den Sonderfall babylonischer Türme, denen immer weitere Stockwerke aufgesetzt werden können).
Die Gegenbeispiele einer immanent terminierten Praxis heißen Sehen, Nachdenken, Leben. Man sieht und hat in eins damit gesehen, man denkt und hat schon gedacht, man lebt und hat damit bereits gelebt. Der Akt trägt sein Ende in sich. Das Lesen eines Buches etwa vollzieht sich auf jeder Seite und mit jeder gelesenen Zeile hat man die Lesepraxis auch je und je vollzogen. Es wäre schief, anläßlich des Schlußwortes zu sagen, nun erst *habe* man gelesen, so als sei die letzte Seite das zu erreichende Ziel. Das Lösen einer Rechenaufgabe beispielsweise

7 vgl. *EN* X, 3, *Metaphysik* IX, 6, 1048 b, 17-36, vgl. 1050 a, 21-b 1
8 vgl. *Metaphysik* 994 b, 13 ff.

geschieht im Vorgang des Nachdenkens, hat also zugleich mit dem Tun schon statt. Nicht ist das Problem dann erst gelöst, wenn man das Überlegen beendet und sich befriedigt im Sessel zurücklehnt oder nach Bleistift und Papier greift, um die Lösung niederzuschreiben.

Das für den aristotelischen Praxisbegriff in Wahrheit aufschlußreiche Beispiel bietet indes der Lebensvollzug, dessen Aktualisierung Ziel in sich ist. Im Aufbau der aristotelischen Ethik bietet die Lebenspraxis den gemeinsamen Fluchtpunkt der Strukturanalyse von Handlung und der ethischen Norm des gelungenen, geglückten Lebens (εὐδαιμονία). Die Eudaimonia, die in der herkömmlichen Übersetzung mit »Glückseligkeit« ihre wahrhaft praktische Substanz aufgegeben hat und sich zu einem vagen Zustand der Harmonie verflüchtigt[9], gründet auf dem Vollzugscharakter der Praxis. Glückseligkeit heißt das »gute Leben« als »gelungenes Handeln«: σχεδὸν γὰρ εὐζωία τις εἴρηται καὶ εὐπραξία[10]. Der Wertmaßstab guten Lebens ist formal betrachtet nichts anderes als die Sicherung der Zielerreichung jeder Einzelhandlung im Vollzug, projiziert auf die gesamte Handlungsfolge in der Einheit eines Lebens. Gut lebt, wer alle Einzelzwecke handelnd so realisiert, daß sie untereinander einen konsistenten Zusammenhang ergeben[11].

Ein Kriterium für »Konsistenz«, das jenseits der Einheit aller Handlungsvollzüge läge, hält die praktische Philosophie des Aristoteles für abwegig. Eine inhaltliche Bestimmung von »Gut«, die von der Handlungsstruktur und dem Blick auf einheitliches Weiterhandeln im Lebenszusammenhang losgelöst wäre, scheint unmöglich und unsinnig, denn sie würden Praxis

9 Dieses Mißverständnis wirkt übrigens bis in Kants Auffassung von Glückseligkeit nach (z. B. *Kritik der praktischen Vernunft*, A 224) und hat in seinem strikt anti-eudaimonistischen Entwurf reiner Pflichtethik Spuren hinterlassen. S. dazu Vf.: *Action and Reason. Aristotle vs. Kant*, in: *Proceed. III. Intern. Kant-Congress*, ed. L. W. Beck, Dordrecht 1972.

10 *EN* 1098, 21 f.

11 Zur aristotelischen Theorie des Glücks vgl. J. Ritters Aufsatz *Das bürgerliche Leben* (in: *Metaphysik und Politik*, Frankfurt 1969).

durch Theorie verzerren. Dies ist der zentrale Streitpunkt des Aristoteles mit der platonischen Ideenlehre in praktischen Dingen. Indes haben uns die im eigentlichen Sinne ethischen Fragen hier nicht weiter zu beschäftigen. Es kam nur darauf an, die paradigmatische Stellung des Beispiels »Leben« für praktische Vollzüge zu erläutern, die ihr Ziel in sich tragen und denen nicht wie den Bewegungen eine äußere Grenze gesetzt werden muß.

2. Praxis und Produktion

Der vorangeschickte Exkurs zur historischen Herkunft der terminologischen Differenz von Praxis und Produktion oder Poiesis erleichtert das Verständnis der systematischen Bedeutung dieser Unterscheidung. Die Unterscheidung wird wichtig, weil sich in der Wirklichkeit zeigt, daß beide Bestimmungen häufig ineinandergehen. Der Anlaß zur Unterscheidung geht also hinaus über das viel beklagte Übel der ungenauen Redeweise des Alltags, das zu kurieren Philosophen sich gern berufen fühlen, ohne daß man immer sieht, wo es der Exaktheit wirklich bedarf. Die Verwischung der Grenze zwischen Handeln und Machen hat reale Folgen im gesellschaftlichen Zusammenleben der Menschen. Der Nötigung zur Differenzierung liegt ein Problem zugrunde und nicht nur das professionelle Interesse an Distinktionen oder Sprachhygiene.

Die fragliche Unterscheidung fußt auf einer Grundthese: Alles menschliche Tun ist zielgerichtet und unterliegt der Struktur des Worumwillen. Das Tun hat sein Sein nur in bezug auf etwas anderes als es selbst, während dasjenige, in bezug worauf das Tun Wirklichkeit besitzt, selber noch keineswegs ist und als unabhängige Gegebenheit angesehen werden kann, sondern kraft des ihm dienenden Tuns erst Existenz gewinnt. Das Tun setzt an sich selbst bereits einen Zweck voraus, dessen Status darin besteht, nichts zu sein ohne das diesen Zweck setzende Tun und mit ihm sich zu verwirklichen.

Es könnte demnach so aussehen, als setzte umgekehrt der Zweck auch das Tun voraus. Doch beruht eine solche Umkehrung des Voraussetzungsverhältnisses auf einer Täuschung, die sich aus der Formalität der Betrachtungsweise ergibt. Zwar tritt Tätigkeit nur auf, wenn ihr jeweiliger Zweck vorausgesetzt ist. Aber niemand wird im Ernste sagen wollen, Zwecke träten so auf, daß ihnen im voraus eine Tätigkeit gesetzt sei. Zwecke treten nämlich nicht auf dieselbe Weise in Erscheinung wie ein praktisches Tun. Mit dem realen Beginn jeder Aktivität sind Zwecke da im Modus der Vorausgesetztheit. In Existenz treten sie aber erst kraft der Realisierung durch Tätigkeit; sie sind wirklich, nachdem der Akt abgeschlossen ist. Das Tun geht dem Zweck als verwirklichtem voraus: damit er ist, muß das Tun ihn erst erreicht haben. Jedoch liegt hier eine prozessuale Ordnung von realem Tun und realisiertem Zweck vor, die nicht mit dem Voraussetzungsverhältnis verwechselt werden darf, das Tun und Zwecksetzung unmittelbar aneinander koppelt.

Die abstrakten Erwägungen zur Grundthese von der Zweckgerichtetheit jeden Tuns bekommen Kontur, wenn man sich überlegt, welch verschiedene Formen tätig zu verwirklichender Zwecke es gibt. An der Eigenart der Zwecke lassen sich dann die zwei Haupttypen von Tätigkeiten gegeneinander absetzen. Entweder nämlich kann das Tun objektive Resultate in der Welt anstreben, die am Ende des Prozesses als selbständige Produkte vorliegen. Ein derartiges Tun heißt Herstellen, Machen oder Produktion (Poiesis). In bestimmten Zusammenhängen wird dafür auch der Begriff der Arbeit eingeführt. Oder aber die Tätigkeit erreicht ihr Ziel, ohne Produkte zu erzeugen: sie verwirklicht ihren Zweck im Tun selber. Die Differenz der Produktorientierung und der praktischen Zweckverwirklichung schlägt sich in einer Differenz der Tätigkeitsstruktur nieder, die ich mit den Termini *Durchführung* und *Vollzug* bezeichnen möchte. Handlungen werden vollzogen, Produktionsprozesse werden durchgeführt. Handlungsweisen realisieren sich ipso actu, während die Herstellung eines Produkts auf ein Objekt jenseits des Arbeitsprozesses zielt, das den gesamten Gang seiner Herstellung dirigiert. Das Ergebnis ist objektiv bestimmbar und legt daher die Weise seiner Durchführung fest.

Produkten ist es eigentümlich, daß sie von zwei Seiten her definiert werden können. Man kann sie als Ergebnisse eines Herstellungsprozesses, aber auch als Dinge in der Welt beschreiben. Ein Tisch oder ein Schuh tragen objektive Merkmale, die sich unabhängig von ihrer Genesis angeben lassen, auch wenn jene Dinge ihre Existenz nicht natürlichen Vorgängen, sondern planmäßiger Produktion verdanken. Handlungszwecke lassen sich nicht auf vergleichbare Weise von zwei Seiten her bestimmen. Als Worumwillen sind sie ganz auf den Handlungsvollzug bezogen. Umgekehrt kann der Handlungsvollzug nicht als Durchführung eines unabhängig existierenden objektiven Ziels aufgefaßt werden, sondern bestimmt sich selber nur im inneren Zusammenhang mit dem erstrebten Zweck als diejenige Aktivität, die um willen seiner in Gang kommt[12]. Losgelöst vom Vollzug ist das Worumwillen auf keine Weise gegeben und objektiv eingrenzbar.

Es hat daher stets einen Zug verfälschender Objektivierung, wenn man von Handlungszielen wie von Weltzuständen redet. Praktische Zwecke sind keine realen Entitäten. Man kann natürlich in einer Perspektive äußerer Betrachtung feststellen, daß nach Vollzug einer Handlung die Welt in gewisser Weise anders geworden ist. Aber war das praktisch bezweckt? Eine erste Schwierigkeit für solche Betrachtung dürften die unterschiedlichen Grade der Sinnenfälligkeit bieten, die vollendete Handlungsziele begleiten, wenn man sie als Weltzustände ansieht. Immerhin macht es für diese Betrachtungsweise doch einen Unterschied, ob jemand Holz hackt oder das Rätsel der transzendentalen Deduktion löst. Wenn man in beiden Fällen von Handlung reden darf, so ist sicher nach dem geregelten Schwingen des Beils der Zweck erreicht, insofern das Holz zerkleinert ist, und auch sieht die Welt anders aus, denn dort, wo Stämme waren, liegen nun Scheite. Fraglos hat auch der begnadete Denker sein Ziel erreicht, wenn das so lange Zeit strittige spekulative Problem gelöst ist. Aber in welchem Sinne

12 J. Dewey hat für diesen Sachverhalt den Ausdruck »end-in-view« geprägt.

Auf der Basis der pragmatischen Tradition von Peirce und Dewey vermag R. Bernstein in einem anregenden Buch den marxistischen Praxisbegriff mitsamt seinem hegelianischen Hintergrund (s. dazu unten: *Theorie und Praxis*) in die angelsächsische Diskussion einzubringen und kritisch der herrschenden sprachanalytischen Handlungstheorie (s. dazu unten: *Sprache und Handeln*) zu opponieren. (*Praxis and Action*, 1971, dt. Übers. Frankfurt 1975)

verändert das die Welt? Wie läßt sich das Ziel »objektiv« fassen?

Man wird der Ungenauigkeit einer Rede von veränderten Weltzuständen im letzten Falle auch nicht durch die wohlfeile Distinktion in physische und psychische Wirklichkeit beikommen. Es ist einfach inadäquat, die Lösung des transzendentalen Rätsels als veränderten Bewußtseinszustand zu deuten, der nach »vorher« und »nachher« durch gewisse Differenzen in den Hirnströmen sich gar messen ließe. Die Verfälschung in der Redeweise von Weltzuständen kann nicht auf die Besonderheit eines Beispiels rein intellektueller Tätigkeit verrechnet werden. Man nehme ein Beispiel, dessen Pointe sich nicht so leicht psychologisch reduzieren läßt.

Wie sehen die objektiven Weltzustände aus, wenn ein Redner seine Zuhörer von seinen Ansichten überzeugt? Er hat das Ziel der Gewinnung der Menge. Er sucht das Ziel durch eine Handlung zu erreichen, die im wesentlichen redend verfährt, aber durchaus nicht darauf beschränkt ist, sondern andere Faktoren des Auftretens, der gestischen Selbstdarstellung, der Inszenierung der Umstände usw. einschließt. Er erreicht sein Ziel im Vollzug seiner Handlung, d. h. durch den Vortrag selber. Fällt deshalb am Ende ein objektives Ergebnis heraus, das sich als veränderter Weltzustand ansprechen läßt, insofern demoskopische Umfragen nach positiven oder negativen Einstellungen der Zuhörer vorher und nachher etwa verschiedene Prozentzahlen ergeben? Das Ziel war: zu überzeugen; dies gelang, indem der Redner den Saal mitriß. Der Effekt mag sich nachträglich in Sympathiekurven und Stimmzahlen niederschlagen. Dies war aber nicht das ursprüngliche Handlungsziel des aufrichtigen Redners. Zwar ist denkbar, daß darin eine Nebenabsicht lag. Dann sind mehrere Zielsetzungen im Spiel, die zu unterscheiden sind. Akademische Bewerbungsvorträge leiden in diesem Punkte häufig an einer gewissen Schizophrenie. Im Rahmen der weitergehenden Strategie, die beispielsweise einen Politiker beim Wahlkampf leitet, wird das objektive Resultat sogar die wahre Absicht sein: einen Stimmbezirk auf seine Seite zu bringen. In dem Fall liegt jedoch ein anderer Typ von Zwecksetzung vor, als diejenige es ist, die ein am Überzeugen interessierter Redner verfolgt. Es hat sich dann nämlich eine Art poietischer Herstellungsabsicht der praktischen Zwecksetzung unterschoben: es wird ein Meinungsergebnis erzeugt statt eine Rede gehalten. Die Rede ist zu dem poietischen Zweck ein Mittel, dem auch andere äquivalent zur Seite treten, etwa Wahlgeschenke, populäre Auftritte bei Festen oder Stimmenkauf.

Die Auffassung von Zweckverwirklichung nach dem Vorbild veränderter objektiver Gegebenheiten in der Welt verdeckt den Vollzugscharakter von Handlung. Unverstanden bleibt der Handlungsablauf selber, in dem gerade das Ziel erreicht wird. Statt dessen fixiert man zwei Zeitstellen in der relativen Ordnung vorher – nachher und nennt die beobachtbare Differenz im Kontext der Dinge das Handlungsergebnis. Die Sichtweise vermag nicht zu begreifen, wie es zu jener Veränderung kam. Sie stellt nur Differenzen fest und verlegt deren Grund irgendwie in die Handlung. Damit ist aber nicht erklärt, was zu erklären war, nämlich praktische Zielverwirklichung. Die wird vielmehr unterstellt und entzieht sich so der Analyse. Zwischen den Zeitpunkten vorher und nachher sowie den objektiven Konstellationen in der Wirklichkeit liegt die Tat. Es bleibt eine schlichte Wahrheit, daß Stämme nur durch Hacken zu Kleinholz werden, ein Publikum nur durch Einsatz zu gewinnen ist, und die Geheimnisse der Transzendentalphilosophie, wenn überhaupt, durch Nachdenken gelöst werden.

Die Übertragung einer Betrachtungsweise gilt es abzuwehren, die für den Fall der Produktion zuständig ist, im Falle der Praxis aber merkwürdig blind bleibt. Die Vergegenständlichung von Handlungszwecken zu Weltzuständen kann durchaus als illegitime Anwendung des poietischen Herstellungsmodells gedeutet werden. Die Resultate sind zwar keine Produkte planmäßiger Arbeit, aber die Quasiprodukte der veränderten Weltzustände. Diese Redeweise geht völlig an der ersten grundsätzlichen Unterscheidung von Praxis und Produktion vorüber. Die wesentliche Differenz in der Eigenart der jeweiligen Ziele wird aufgegeben und damit ist es unmöglich, die Struktur der entsprechend differenzierten Tätigkeitsformen festzuhalten. Offenbar ist also am ehesten dem Handlungsbegriff näherzukommen, wenn man den klar umrissenen Produktionsbegriff dagegenhält. Diese Methode soll im folgenden noch weiter angewandt werden, um drei Distinktionsmerkmale herauszuarbeiten.

Die Produktorientierung der herstellenden Tätigkeit oder der Arbeit hat ein vorgängiges Wissen um das herzustellende Produkt in seiner objektiven Bestimmtheit zur Bedingung. Man stellt einen Schuh, einen Tisch, den ausgewogenen Gesundheitszustand oder eine günstige Marktlage her. Die inhaltliche Besonderheit des Produkts tut dabei nichts zur Sache. Die plastischen Beispiele aus der Handwerkersphäre haben nur den Vorzug der Deutlichkeit. Es wäre ein Irrtum, darin einfache soziale Verhältnisse zu sehen und den Rückgriff auf das antike Problemmaterial der archaisierenden Idyllik zu verdächtigen. Bei genauem Zusehen kann niemand zweifeln, daß Sokrates in Wahrheit auf kompliziertere politische und soziale Strukturen zielt. Die Manipulatoren der Öffentlichkeit und die Sozialtechniker sind gemeint. Das Problem der Sophistik ist für unsere ideologiekritisch aufgeklärten Zeiten und eine in der Tat viel komplexere Gesellschaft keineswegs überholt.

Ob man alltägliche Geräte oder soziale Verhältnisse produziert – ein vorgängiges Wissen um das Produkt leitet vollkommen das Tun. Man muß wissen, was ein Schuh ist im Unterschied zu einem Tisch oder dem gesunden Körper, um die Tätigkeit folgerichtig ausüben zu können, die das Erzeugen der bestimmten Produkte zum Ziel hat. Das Wissen um die Sachbestimmtheit der jeweiligen Produkte hebt die verschiedenen herstellenden Tätigkeiten spezifisch von einander ab. Zugleich liefert das beherrschte Sachwissen die Sicherheit bei der Ausübung der jeweiligen Tätigkeit.

Die herstellende Tätigkeit als »Durchführung« im Gegensatz zum »Vollzug« weist aufgrund der eindeutigen Produktorientierung, die sich als Herstellungswissen ausdrückt, die folgenden typischen Merkmale auf. Erstens ist die Produktion einer *technischen Anleitung* fähig. Das Wissen um die objektive Bestimmung des Produkts gestattet eine Reglementierung des auf jenes Produkt gerichteten Tuns im Sinne strenger technischer Vorschriften. Es läßt sich genau angeben, wie schrittweise zu verfahren ist, damit ein Schuh oder die körperliche Gesundheit erzeugt werden kann. Das Wissen um die objektive Bestimmung des Produkts zusammen mit der Technifizierbarkeit der herstellenden Verfahren ermöglicht die *Lehrbarkeit* der besonderen Produktion[13].

Das technische Wissen kann weitergegeben werden. Daher kommt seit eh und je allen Meistern in ihrem Fach die Ausbildungsfunktion zu. Die Lehrbarkeit technischen Produktionswissens impliziert die *Prüfbarkeit*. Anhand der bekannten Sachbestimmungen des Produkts läßt sich zweifelsfrei feststellen, ob die Produktion gut oder schlecht durchgeführt wurde. Die Qualität des hergestellten Objekts erlaubt sichere Rückschlüsse auf die technische Regelkonformität des Herstellungsprozesses. Der feststellbare Unterschied zwischen einem guten und einem schlechten Schuh ist die Voraussetzung der Prüfung eines Könners gegenüber einem Stümper.

Angesichts der klaren Kennzeichnung des poietischen Herstellens, der Arbeit oder der Produktion fällt eine ebenso eindeutige Charakteristik der Praxis oder des Handelns im eigentlichen Sinne schwer. Von Praxis gilt all das nicht, was von Poiesis gilt[14]. Als Ziel praktischen Handelns sind zumindest keine objektiven Produkte angebbar, die Rückschlüsse auf die Struktur des ihrer Herstellung dienenden Tuns zuließen. Wir wissen also bislang nur negativ über Praxis Bescheid. Wegen der mangelnden Produktbestimmtheit ist Praxis keiner Technifizierung fähig. Keine Regeln der Herstellung, keine strikten Anweisungen schrittweisen Verfahrens sind für Praxis verfügbar. Es wäre ein abwegiger Einfall, sich Handbücher für die Alltagspraxis vorzustellen. Wo derartige Anleitungen existieren, haben sie stets für gewisse ritualisierte Verhaltensformen in einer genau umschriebenen gesellschaftlichen Lage gegolten. Das trifft auf die mittelalterlichen Traktate der Prinzenerzie-

13 vgl. Aristoteles, *Metaphysik* 981 b, 7 ff.

14 vgl. Aristoteles, *EN* 1140 a 30

hung ebenso zu wie die Einführung in das Renaissanceideal des Höflings (*Il Cortegiano* von Castiglione). Die neueren Benimmbücher, die in die festgelegten Umgangsformen der bürgerlichen Gesellschaft einführen, solange diese noch verbreitete Achtung genießen, sind die Erben solcher Schulung im Zeremoniell. Die Beispiele zeigen, daß quasi-technische Anleitung zum Handeln nur unter den Bedingungen sklerotisch gewordener Verhaltensweisen möglich ist. Für die Praxis als solche kann der Zugang nicht technisch geregelt und erleichtert werden.

Dieselbe Einsicht schließt auch jede Lehre in Sachen der Praxis aus, die nicht im Rahmen der Erziehung und Sozialisation vorgenommen wird, sondern einen selbständigen theoretischen Status beansprucht. So muß man wahrscheinlich die eigentümliche Warnung verstehen, die Aristoteles am Beginn der *Nikomachischen Ethik* abgibt, ethische Vorlesungen seien im Grunde nichts für junge und unerfahrene Leute[15]. Die Anfängerausbildung in Disziplinen wie Mathematik oder Logik erscheint problemlos. Die Ethik aber, die es mit dem Handeln zu tun hat, muß ein gewisses Maß praktischer Erfahrung einfach voraussetzen, um richtig aufgefaßt zu werden. Die Theorie der Praxis kann nicht ab ovo anfangen, sie würde sonst als ein sophistisches Lehrprogramm in politischem Handeln mißverstanden. Was theoretisch sich über Praxis sagen läßt, setzt bereits Vertrautheit mit der Realität von Praxis voraus. Die Weigerung, ethische Einführungskurse im Handeln zu geben, bringt demnach die Grundeinsicht in die Differenz von Poiesis und Praxis zum Ausdruck. Praxis ist keiner Lehre fähig – davon muß die Theorie ausgehen[16].

Dementsprechend kann auch das dritte und letzte Kennzeichen der herzustellenden Produktion für freie Praxis keine Geltung beanspruchen. Handeln ist nicht prüfbar. Da es kein an feste Produkte gebundenes, einschlägiges Wissen gibt, das die Lehre weiterreichen könnte, stehen auf dem Boden der Praxis rein

15 *EN* 1095 a, 2 ff., vgl. 1142 a, 12 ff.

16 Zur zeitgenössischen Vorstellung einer konstruktivistischen Ethik als methodischer Einführung in die Anfangsgründe des Praktischen s. u. (IV 3).

als solcher keine Maßstäbe der Beurteilung zur Verfügung. Schulen, die praktische Diplome ausstellen, hat es noch keine gegeben. Die Praxis bleibt, auch was ihre Prüfbarkeit angeht, ganz sich selbst überlassen. Das Handeln, das in seiner Zielsetzung auf den bloßen Vollzug konzentriert ist und aller objektiv-dinglichen Ergebnisse entbehrt, ist in der Frage nach Kriterien vollends auf sich gestellt. Die Regeln, die das Handeln für sich selbst verantwortet und die das tatsächliche Verhalten in seiner ganzen Variationsbreite und Wechselhaftigkeit auch abdecken, heißen üblicherweise *Maximen.* Die Maximen sind Lösungen, die eine Praxis findet, um den Mangel auszugleichen, der sie gegenüber einer Produktion kennzeichnet, die mit dem Objektwissen über lehrbare und prüfbare Techniken verfügt. Die Untersuchung der Rolle der Maximen gehört freilich in den systematischen Zusammenhang von Sprache und Handlung, den das dritte Kapitel behandelt.

Das Bedürfnis nach Prüfungsmöglichkeit des Handelns und die Forderung nach objektiven Kriterien hat zum Aufstellen der verschiedenen Moralen geführt. Falls man ein moralisches Gesetz aufstellen kann, ist die ihrer Realstruktur nach auf sich selbst verwiesene Praxis weniger orientierungslos, ihre Beurteilung weniger vage. Soziologisch oder ideologiekritisch betrachtet haben die meisten Moralen wesentlich der Stützung des Selbstbewußtseins des Handelnden oder der Etablierung eines historisch bedingten Normenkodex innerhalb einer gewissen Gesellschaftsordnung gedient, wobei nach dem durchschlagenden Einfluß der Vorschriften auf das Alltagsverhalten durchaus noch zu fragen ist. Sehen wir einmal von dem unstillbaren Zweifel ab[17], wie viele der in der Geschichte der Menschheit aufgetretenen moralischen Kanones mehr jener Aufgabe der Stabilisierung von Ich-Identität und der Sanktionierung gesellschaftlicher Ordnungen dienten, als daß sie auf praktische Verwirklichung hin angelegt waren. Für eine Untersuchung des Praxisbegriffs im Interesse praktischer Philosophie muß jedenfalls die Erwartung ausgesprochen werden, daß moralische Vor-

17 vgl. M. Scheler, *Das Ressentiment im Aufbau der Moralen*, in: *Vom Umsturz der Werte* I, Leipzig 1919

schriften auf die Realstruktur des Handelns bezogen bleiben[18]. All jene Normen, die gar nicht gemünzt sind auf das Wesen von Praxis, hängen notwendig in der Luft. Wenn Praxis dank der Unfähigkeit zu technischer Anleitung, Lehre und Prüfung ganz auf sich gestellt ist, so müssen alle ernsthaft erklärten praktischen Regeln diesen Umstand in Rechnung stellen. Das Problem praktischer Vernunft entscheidet sich hier. Wir werden darauf im vierten Teil der gesamten Untersuchung eingehen.

Nachdem Praxis ausführlich gegen Produktion abgegrenzt worden ist, wird eine weitere Abgrenzung nötig, die von anderer Seite her noch deutlichere Konturen herausarbeitet. Der Vollzugscharakter von Praxis war der poietischen Struktur des Durchführens gegenübergestellt worden. Dabei hatte sich gezeigt, daß dem Handeln all jene Züge abgehen, die für Herstellen typisch sind. Nun könnte es scheinen, als nähere sich Praxis damit einem Verhalten, das seit langem die Aufmerksamkeit von Anthropologen, Linguisten und Sozialwissenschaftlern auf sich gezogen hat: dem *Spiel*. Ist Praxis nicht nach allem, was gesagt wurde, spielerischer Tätigkeit zu vergleichen?

Beginnen wir zunächst wieder mit Beispielen, die auf der Grenze zwischen Praxis, Produktion und Spiel liegen. Ein einfaches Beispiel einer Praxis dürfte das Reisen[19] sein, wenn man

18 Kants Vorschlag eines Prüfungskriteriums für ethische Normerfüllung, der kategorische Imperativ, bezieht sich nicht auf Praxis, sondern auf die Maxime für Praxis. Auf diesem Wege vorausgesetzter Maximen ist er mit der Realsphäre des Handelns verbunden. Die Prüfung ergeht jedoch nur an die Einstellung des Subjekts zum Handeln unter dem Titel des »guten Willens«, nicht aber an das empirische Verhalten.

19 Zielgerichtetes Reisen ist vom bloßen Bewegungsprozeß des Gehens und Weitergehens zu unterscheiden, worauf der oben erörterte aristotelische Vergleich der Handlung mit natürlicher Bewegung abhob. (S. dazu die kritische Auslegung von J. Ackrill, *Aristotle's Distinction between Kinesis and Energeia*, in: Bambrough (Ed.), *New Essays in Plato and Aristotle*, London 1965.)

nicht auf die mit dem Reisen möglicherweise verbundene, weiterführende Zwecksetzung blickt. Man kann ins Blaue fahren, um sich durch ziellose Ortsveränderungen zu entspannen. Für eine solche Zwecksetzung könnten aber auch andere Unternehmungen dienlich sein, etwa ein Kinobesuch oder Romanlektüre. Desgleichen kann man geplant zu einer bestimmten Zeit an einen bestimmten Ort fahren, um dort etwas Bestimmtes zu erledigen, eine Verabredung einzuhalten oder ein Geschäft abzuwickeln. Sieht man von diesen äußeren und weitergehenden Zwecksetzungen ab, so ist der Zweck des Reisens allein in der konkreten Distanzüberwindung zu sehen. Dieser Zweck realisiert sich im Tun selber und ist realisiert, wenn das Tun abgeschlossen ist. Wenn ich Samstag nach München fahren will, d. h. zu einer bestimmten Zeit eine bestimmte räumliche Distanz überwinden, so realisiere ich mein Ziel im planmäßigen und konsequenten Fortbewegungsprozeß selber mit jedem Kilometer. Daher hat, wenn ich angekommen bin und keine Strecke mehr zu überwinden ist, mein Zweck unmittelbar als erreicht zu gelten. Ganz und gar spielerisch wird die Ortsbewegung im Kreise, wie sie auf Rennbahnen oder bei Rallyes üblich ist, aber auch bei Tänzen. Eine solche Bewegung könnte unendlich fortgesetzt werden, wenn nicht Ermüdung einträte oder eine formale Festlegung bestimmter Rundenzahlen ein willkürliches Ende setzte.

Ein ähnlicher Fall liegt im Sport vor. Verbindet man mit sportlichen Übungen nicht ein besonderes Klassifikationsziel, das vom Ehrgeiz diktiert ist oder von professioneller Verpflichtung zum Trophäenerwerb, so kann man als Ziel des Sports etwa die körperliche Ertüchtigung annehmen. Dies Ziel erreicht man im Training selber und das Erreichen einer bestimmten Marke oder eines angesehenen Ranges indiziert bloß die in der Tat erreichte Körperbeherrschung. Betreibt man die Übung jedoch, um Ehrenzeichen zu sammeln oder Prämien einzustreichen, so wandelt sich die im Sport realisierte Zwecksetzung in ein jenseits des Tuns verobjektiviertes Produkt. Es gilt dann, einen objektiv wohl umschriebenen Standard zu erzeugen, einen Titel zu »machen«. Hier werden ganz andere Strategien erforderlich als nur sportliches Training. Ausspähung des Gegners, Bereitstellung günstiger Ausgangsbedingungen, bis hin zu Abwerbung, Bestechung oder künstlicher Aufputschung gehören zu den Techniken für die Durchführung solcher Produktionsziele. Schließlich kann man Sport weder zum Zwecke der Ertüchtigung noch mit Produktionsabsichten, sondern bloß zum Vergnügen betreiben: solcher Sport ist Spiel.

Ein weiteres Beispiel führt in den Grenzbereich zur Kunst. Man kann Fingerübungen auf dem Klavier betreiben, um eine gewisse Perfektion des Instrumentbeherrschens zu erreichen. An das Ziel gelangt man allein im Üben der Etüden selber. Dies wäre praktischer Vollzug. Man kann mit dem Klavierspielen die Teilnahme an einem Pianistenwettbewerb oder eine Schallplattenaufnahme vorbereiten; dann ist das Üben Teil eines Produktionsprozesses. Schließlich kann man allein aus Liebe zur Musik vor sich hinspielen. Dann wird weder ein praktischer noch ein produktiver Zweck mit dem Tun verbunden. Es ist vielmehr Selbstzweck und gehört daher dem Tätigkeitsfeld des Spiels zu.

Im vorliegenden Zusammenhang genügen einige Andeutungen zum Phänomen des Spiels, denen wiederum die Funktion einer Klärung durch Kontrast zukommt. Der Bereich des Spiels fällt insofern aus unserer Betrachtung heraus, als er *gar nicht durch Zwecksetzung* charakterisiert ist. Gewöhnlich bringt man diese Besonderheit dadurch zum Ausdruck, daß man sagt, das Spiel sei Selbstzweck. So zu reden, heißt aber, die Differenz eines Tuns und der Zwecksetzung, worumwillen etwas getan wird, überhaupt aufzugeben. Man mag zum Zwecke der Entspannung oder Ablenkung spielen, dann gilt aber eine von außerhalb des Spiels definierte Zwecksetzung, die den Spielprozeß in die Interessensphäre der aktiven Lebensbewältigung einbaut. Das Spiel selber nennt solche Zwecke nicht sein eigen. Die Zwecklosigkeit des Spielens ist es sogar, die es dafür tauglich macht, der zweckbeherrschten Alltagspraxis zur entlastenden Alternative zu dienen.

Die spielerische Tätigkeit verfolgt keinen Zweck, der sich unabhängig von ihr angeben ließe. Man spielt nicht umwillen von etwas anderem, man spielt, um zu spielen. Das bedeutet aber, daß die Struktur des Worumwillen hier im Prinzip aussetzt. Mit der Zweckfreiheit oder Ziellosigkeit des Spiels hängt dessen *potentielle Unendlichkeit* ab. Man kann immer weiterspielen, weil nie ein Zweck als erreicht gilt und auch nie ein Ziel angestrebt war. Das Ende eines Spiels wird stets von jenseits des Spiels determiniert durch physische Abspannung oder einen gewissen Zeitablauf, in dem sich nun der alltägliche Lebenszusammenhang kontinuierlicher Zwecksetzung und Bedürfnisbefriedigung wieder meldet. Die prinzipielle Unendlichkeit des Spielens und Weiterspielens macht abstrakte Grenzziehung nötig, denen zufolge nach einer gewissen Zeit oder Punktzahl das Ende erreicht sein soll. Man ersetzt kraft freier Absprache die Ziellosigkeit durch willkürliche, aber konventionell bindende Zwecke, die gern quantitativ definiert werden (Meter, Punkte, Zahlen etc).

Die Zweckfreiheit des Spiels, also der Charakter, der das Spiel aus allen praktischen und poietischen Abläufen heraushebt, erklärt schließlich die *Regelbedürftigkeit* des Spiels. Gemeinhin gelten Spiele als Paradefälle von geregelter Aktivität. Das trifft freilich in ausdrücklicher Form vornehmlich für Gemeinschaftsspiele zu. Ein Einzelner kann ohne feste Regel spielen, oder besser gesagt, die jeweils befolgte Regel nicht ausdrücklich machen oder beliebig die Regeln wechseln. So verfährt in Wahrheit das freie Sichüberlassen der musikalischen Improvisation oder triviale Spielereien wie gedankenloses Gekritzel. Die Freiheit ist nicht Regellosigkeit, sondern Impräzision der je befolgten Regel.

Spiele, an denen mehrere teilnehmen, bedürfen dagegen der einvernehmlichen Regelfestsetzung. Soll gespielt werden, so müssen die Teilnehmer sich auf Regeln einigen. Nichts hindert, die Regel zu ändern, wenn alle beistimmen und entsprechend verändert weiterhandeln. Denn nichts schreibt diese statt jener Regel für das Spiel vor. Die bekannten Gesellschaftsspiele stellen das Ergebnis tradierter Regelfestsetzungen dar. Die Gleichgültigkeit der besonderen Aussage der Regel, sofern nur überhaupt Regeln bestehen, ermöglicht das Erfinden immer neuer

Spiele. Das Thema der Regel wird uns später noch ausführlich beschäftigen.

Nach dem Gesagten halte ich es für ausgemacht, daß Handlung nicht mit Spielverhalten gleichgesetzt werden kann. Die für Handlung konstitutive Zwecksetzung, die dem Tun sein Worumwillen zuordnet, fehlt im Spiel grundsätzlich. Spielerische Tätigkeit lebt gerade aus dem Kontrast zur durchgängigen Zweckbestimmtheit der Alltagspraxis. Spielen ist zweckfrei oder sich selbst genug. In Spielen wird nichts vollzogen und nichts durchgeführt, keine unabhängig vom Spiel selber angebbaren Ziele werden erreicht und keine Resultate produziert. Spiele laufen ab in beliebigen Graden von Geregeltheit. Da sie zu nichts nütze sind, kommen sie auch von sich aus an kein Ende, sie bewegen sich grundsätzlich in der Dimension des Unendlichen. Handlung stellt keinen Seitenzweig des Spielverhaltens dar. Historisch gesehen ist die umgekehrte Wahrscheinlichkeit viel größer, daß Spielen sich als Kontrast aus zweckgebundenem Handeln entwickelte: eine Befreiung auf Zeit vom ständigen Druck der Zweckverfolgung, die ihre Funktion freilich nur unter der Voraussetzung jenes Bereichs praktischen Ernstes erfüllt.

Ein letztes wichtiges Ereignis unserer Analyse des Handlungsbegriffs im Rahmen der ersten grundlegenden Distinktion gegenüber Produktion, Herstellen oder Arbeit sei noch hervorgehoben. Die Untersuchung von Praxis verfuhr ohne Rückgriff auf Bedingungen der *Intersubjektivität.* Es kennzeichnete den soziologischen Streit um Handlungstheorie, daß die Intersubjektivitätsfrage ständig Zündstoff lieferte. Das hängt einmal mit dem Selbstverständnis einer Wissenschaft vom Sozialen zusammen, die ihre Grundbegriffe in der Fluchtlinie ihres theoretischen Interesses definiert. Zum anderen hat der ominöse Sinnbegriff die Intersubjektivitätsdiskussion in Gang gehalten. Für Schütz war Sinn ein apriori soziales Phänomen, das der anonym konstituierten Lebenswelt angehört, in der wir immer schon stehen. Habermas wollte Sinn unter hermeneutischen Vorzeichen nur in Kommunikationssituationen entstehen lassen, die durch einander anerkennende Gesprächspartner gebildet werden, während die Charakterisierung instrumenteller Arbeit als »monologisch« das Sozialdefizit deutlich anmahnt. Der Voreingenommenheit durch den Sinnbegriff hatten wir uns entledigt, weil er von der Handlungsanalyse allzu leicht ablenkt.

Die Anknüpfung an das Begriffspaar Poiesis – Praxis, von dem wir statt dessen ausgingen, kann wohl kaum der fälschlichen Abblendung sozialer Horizonte verdächtigt werden, wenn man sich der Herkunft jener Unterscheidung aus der praktischen Philosophie der Antike erinnert. Die für Plato wie Aristoteles selbstverständliche Leitvorstellung der Polis als ursprünglichen Handlungsraums von Praxis und insbesondere das sophistische Problem der Sozialtechnik, das zur Differenzierung von Machen gegenüber Handlung getrieben hatte, wirken einer subjektivistischen Verkürzung von vornherein entgegen. Produzieren wird im Zusammenhang einer arbeitsteiligen Gesellschaft angesetzt und Handeln findet seine Rahmenbedingungen in der richtigen politischen Ordnung[20]. Die Eingliederung von Produktion und Praxis in eine im weiten Sinne politische Perspektive bedeutet jedoch keineswegs, daß soziale Elemente in die Strukturanalyse von produktiver Durchführung und praktischem Vollzug der jeweiligen Ziele direkt integriert werden müssen.

Es ist dem Herstellen von Schuhen als solchem nicht wesentlich, daß der Schuster mit dem Verkauf der Produkte an andere sein Leben fristet, da er sich nun einmal aufs Schusterhandwerk verlegt hat und nicht alles zu seinem Leben Nötige auch selber erzeugt. Schuhproduktion wird primär von der objektiven Sachbestimmtheit des herzustellenden Produktes dirigiert und nicht von dessen Weiterverwendung innerhalb anderer Zwecksetzungen. Auch die mögliche Vermittlung technischen Wissens an andere durch Lehre ist Folge der Produktorientierung und kein Wesensmerkmal der Arbeit als solcher.

Ebensowenig ist zu sehen, wieso alles Handeln, wenn man es allein auf seine Struktur als Zweckrealisation durch Vollzug

20 s. dazu etwa Plato, *Politeia* 369 f., 433 f.; Aristoteles, *Politik* I, 8 f.

prüft, allgemein soziale oder ausdrücklich intersubjektive Momente aufweisen muß. Man kann sehr wohl für sich Holzhacken, Etüden üben und das Probelm der transzendentalen Deduktion lösen, ohne daß »die Anderen« für dies Tun eine spezifische Rolle spielen. Es macht nicht einmal Sinn, hier von »für sich« in irgendeinem Gegensatz zu den Anderen zu reden. Zwecke werden handelnd vollzogen. Es liegt allein an der Art der Zwecke, ob ihnen eine Bezugnahme auf andere Subjekte oder die soziale Welt gesetzt ist. Ich halte daher die viel umstrittene Unterscheidung Webers von Handeln überhaupt und Handeln in bezug auf andere für ganz unanstößig und einleuchtend, wenn man von der methodologischen Konstruktion über den vertrackten Sinnbegriff absieht.

Die Abwehr voreiliger Sozialisierung allen Handelns hat einzig den methodischen Grund schrittweiser Begriffserklärung. Keineswegs soll damit behauptet sein, de facto gäbe es autochthon subjektive Praxis frei von jedem sozialen Kontext. Eine radikal a-soziale Praxis gehört in den Bereich der literarischen Fiktion à la Robinson Crusoe. Auch nicht bestritten wird, daß in Ausgangsbedingungen, Mittelbereitstellung usw. eine fundamentale Abhängigkeit von der Gesellschaft für größte Bereiche der Praxis besteht. Und schließlich ist es selbstverständlich wahr, daß im Rahmen weiterführender Zwecksetzungen solche Handlungszwecke, die sich inhaltlich zunächst ohne Rekurs auf Soziales bestimmen lassen, wieder sozialen Sinn bekommen, indem eine gesamte Handlungsstrategie notwendig andere Subjekte berücksichtigt. Unbeschadet all dessen scheint es um der begrifflichen Präzision und Übersichtlichkeit willen erforderlich, Handlung als Verwirklichung gesetzter Zwecke im Vollzug zunächst neutral hinsichtlich intersubjektiver Bedingungen zu verstehen. Andernfalls gerät man in Gefahr, eindeutig sozial gerichtete Zwecksetzungen, Ausgangsbedingungen für die Praxis, Mittelbedürfnisse für den Vollzug, gesamtstrategische Funktion, Stellung in Werthierarchien und anderes mehr, das sich theoretisch differenzieren läßt, unter einem Rubrum des Sozialen zusammenzuwerfen, das begrifflich ebenso unscharf wie appellativ wirksam ist. Im Zuge der hier vorgenommenen Untersuchung treten Fragen der Intersubjektivität erst auf der analytischen Ebene des Verhältnisses von Sprache und Handlung sowie der praktischen Vernunft auf.

3. Basishandlungen

Innerhalb der sprachanalytisch geprägten Handlungstheorie ist ein sehr brauchbares Konzept entwickelt worden, dessen ich mich im folgenden bediene, um den Handlungsbegriff weiter einzugrenzen. Arthur Danto hat elementare Akte als »Basishandlungen«[21] untersucht und dabei eine Deutung vorgelegt, die Licht auf unsere erste, bislang reichlich abstrakte Bestimmung von Praxis als Vollzug zu werfen verspricht. Unsere analytische Grundunterscheidung lautete auf die klassischen Termini Praxis und Poiesis. Praxis war im wesentlichen aus dem Gegensatz zur Struktur produktiv herstellender Arbeit begriffen worden. Die Auskünfte waren entsprechend negativer Natur gewesen: von Praxis gilt nicht, was von Produktion gesagt werden kann. Praxis erfüllt ihren Zweck rein im Vollzug. Sie ist daher ganz auf sich gestellt und muß der Möglichkeit einer Anleitung durch technisches Wissen ebenso entraten wie aller objektiven Prüfungskriterien, die aus der Sachbestimmtheit eines Produkts fließen. Wie sieht nun genauer die Struktur des ursprünglichen Vollzugs aus, in dem gesetzte Zwecke sich praktisch verwirklichen?

Die Annahme von Basishandlungen als den analytisch einfachsten Einheiten der komplexeren Zusammenhänge, die wir pauschal mit dem Namen Handlung belegen, arbeitet sichtlich mit einer reduktionistischen Vorstellung, die aus der Erkenntnis- und Wissenschaftstheorie des Empirismus stammt[22]. Basis*handlungen* werden in Analogie zu Basis*sätzen* konstruiert, die seit den Tagen des Wiener Kreises zu den Hauptpfeilern der neopositivistischen Lehre von den sinnvollen Sätzen als dem einzig ernstzunehmenden Gegenstand philosophischer Analyse zählen. Basissätze heißen die einfachsten, nicht weiter in Elemente

21 *Basic Actions* (*Amer. Phil. Quarterly* 2, 1965; dt. Übers. in: Beckermann/Meggle, Hrsg., *Analytische Handlungstheorie*, Frankfurt 1976); *What We Can Do* (*Journ. of Phil.* 60, 1963)

22 vgl. Danto, *Analytical Philosophy of Action*, Cambridge 1973, 1 ff.

auflösbaren Aussagen, die dem wissenschaftlichen Satzsystem das empirische Fundament liefern, aus dem nach der Auffassung physikalischer Einheitswissenschaft alle anderen Sätze durch logische Konjunktion aufgebaut sind. Die Rückführung zusammengesetzter Sätze auf letzte Elemente erfolgt nach rein logischen Regeln und bestimmt diejenigen Sätze als Basis, die in keine unterscheidbaren Elemente mehr aufgelöst werden können.

Es leuchtet nicht auf den ersten Blick ein, wieso das Modell logischer Reduktion innerhalb eines Systems wissenschaftlicher Aussagen auf die Klärung der Struktur des Handelns umstandslos soll Anwendung finden können. Danto geht von »vermittelten Handungen« (mediated actions) aus, die dadurch gekennzeichnet sind, daß man etwas tut, indem man etwas anderes tut. Beispielsweise stoße ich den Stein, indem ich den Arm bewege. Vermittelte Handlungen enthalten also unterscheidbare Elemente. Das analytische Verfahren des Unterscheidens würde hingegen sinnlos, wenn immer neu unterschieden werden könnte und man nie bei letzten Elementen anlangte. Daraus folgt, daß alle vermittelten Handlungen zusammengesetzt sind und ein Element der vermittelten Handlung eine unvermittelte Handlung sein muß. Unvermittelte Handlungen heißen dann Basishandlungen.

In vermittelten Handlungen wird etwas getan dadurch, daß etwas anderes getan wird. Zwei Elemente treten in Verbindung auf, um die Handlung auszumachen. Das Verhältnis beider Elemente denkt Danto kausal, worauf ich hier nicht eingehen will. Die kausale Interpretation des Handelns wird später ausführlich zur Sprache kommen. Immerhin bietet der Kausalnexus Anlaß, den unendlichen Regreß auszuschließen. Die Ursache einer verursachten Wirkung darf nicht ihrerseits durch eine fernere Ursache verursacht sein und so fort, bis eine unendliche Kausalkette dem Schema von Ursache und Wirkung jede erklärende Funktion raubt. Die Annahme einer Basishandlung setzt dem ein Ende.

Die Zerlegung komplexer Handlungen oder Handlungssysteme in die Basiselemente ist eine wichtige Methode, die unüberschaubare Mannigfalt konkreter Praxis begrifflich zu ordnen. Allerdings muß man bei den wirklichen Elementen einer praktischen Basis anlangen und nicht bei Konstrukten, die einer vorschnellen Gleichsetzung mit Satzsystemen entspringt. Ich versuche daher, die Theorie der Basishandlungen aufzunehmen, aber in passender Weise umzudeuten. Welche Struktur haben einfachste Handlungseinheiten, die noch Handlung sind und nicht bloß logische Desiderate eines abstrakten analytischen Modells?

Die zusammengesetzte vermittelte Handlung wurde so beschrieben: Man tut etwas, indem man etwas anderes tut. Ich stoße den Stein etwa den Abhang hinab, indem ich den Arm hebe. Das Bewegen des Steins erfolgt nur kraft der Armbewegung und nicht umgekehrt. Die reine Armbewegung heißt in dieser Zusammensetzung vermittelten Handelns dann das Basiselement. Die Beschreibung des Aktes scheint mir falsch. Man bewegt keinen Stein, indem man noch etwas tut, nämlich den Arm zu bewegen, dergestalt, daß sich die bestimmte Armbewegung vom Steinstoßen noch einmal unterscheiden ließe. So wie der Arm zum Steinstoßen bewegt wird, wird er sonst überhaupt nicht bewegt, und diese genau beschreibbare Bewegung eines Arms ist dann das Stoßen eines Steins.

Das Steinstoßen ließe sich nur isolieren, wenn sich die Armbewegung isolieren ließe. Nun erscheint es aber ganz unsinnig, von einer so und so gerichteten, mit der und der Geschwindigkeit geführten und von dem und dem Kraftaufwand begleiteten Bewegung eines Armes zu reden, wenn dieser Arm nicht bewegt wird, um einen bestimmten Stein von bestimmtem Gewicht und bestimmter Größe aus einer bestimmten Lage wegzustoßen. Man bewegt eben den Arm nicht in jener Weise, wenn die Armbewegung nicht den Stein stößt. Die einschlägige Bewegung läßt sich vom Akt des Stoßens überhaupt nicht trennen und das Stoßen ist gar nichts anderes als eben diese genau gezielte Armbewegung. Um einen Ball zu werfen oder einen Schmetterling zu fangen, macht jedermann ganz andere Armbewegungen, anders geführt, anders gerichtet, mit differenter Geschwindigkeit und Dynamik.

Die abstrakte und anonyme Rede vom Bewegen des Arms ist das Resultat einer irreführenden Distinktion von körperlicher Motorik überhaupt und gewissen dadurch auszuführenden Akten. Man hebt nicht den Arm und bringt dadurch eine Glokke zum Läuten, denn dann müßte es möglich sein, statt die Glocke zu läuten, den Hut zu lüften, sich am Kopf zu kratzen etc. – alles Handlungen, die getan werden, indem man den Arm hebt. Die Häufung ähnlich aussehender Beispiele für das, was man tun kann, indem man den Arm hebt, soll verdeutlichen, daß man all diese verschiedenen Akte nicht durchführen kann, indem man auf eine immer gleiche Weise den Arm hebt. Das Lüften des Huts geschieht durch Armbewegung, aber die Bewegung ist praktisch nicht vom Hutlüften unterscheidbar. Das Glockeläuten geschieht durch eine Armbewegung, die allein deshalb von den anderen Fällen der Armbewegung abgehoben werden kann, weil sie vom Akt selber gerade nicht abzulösen ist. Die einschlägige Bewegung ist hier das Läuten, dort das Lüften, dann das Werfen etc.
Nehmen wir trotzdem für einen Augenblick an, die Armbewegung ließe sich für den praktischen Fall wirklich isolieren von dem ausgeführten Akt. Dann müßte so etwas wie das bloße Armheben als solches denkbar sein, ohne daß darunter ein physiologischer Reflex oder ein Prozeß der Muskelanspannung verstanden werden soll, also Ereignisse oder Vorgänge ohne unmittelbare Praxisbedeutung. Es dürfte aber unmöglich sein, diejenige Handlung plausibel zu beschreiben, die nichts als das Armheben ist. Handlung im praktischen Vollsinne wird doch beansprucht, auch wenn es um die einfachste Elementargestalt praktischer Aktivität geht. Niemand hebt nämlich einfach seinen Arm, es sei denn, um damit etwas zu tun. Man hebt etwa seinen Arm zum Gruß oder um Zeichen zu geben. Allerdings stellt hier das zweite Element, das der Armbewegung zuzuordnen ist, keinen so handfesten Akt dar wie das Ballwerfen oder Steinstoßen, das dann eine weiterlaufende Kausalfolge von Wirkungen in der Körperwelt auslöst. Der Stein rollt beispielsweise einen Hang herab, der Ball schlägt eine Scheibe ein usw.

Nichts kausal ähnlich Determiniertes tritt beim Gruß oder Handzeichen ein. Dennoch steht die Armbewegung nicht nackt da. Der Gruß gilt einem Gast, der entsprechend reagiert, sonst hat man eben nicht gegrüßt.

Normalerweise wird der Gegrüßte wieder grüßen oder sonstwie reagieren. Übersieht er den Gruß oder zieht es vor, aus welchen Gründen auch immer nicht zu reagieren, so folgt aus dem Gruße nichts weiter in der Welt. Daraus wird man indes kaum folgern können, dann habe auch kein Gruß stattgefunden. Ähnlich liegen die Dinge beim Zeichengeben. Das Zeichen informiert etwa über Verkehrsbewegungen und hat bei anderen in der Regel ein eindeutiges Verhalten zur Folge. Ohne solche Umstände hebt man eben nicht den Arm auf die besondere Weise der Signalisierung im Verkehr. Wenn man mit der reinen Armbewegung weder grüßt noch Zeichen gibt noch sonst vergleichbare Akte vollzieht, hebt kein normal Handlungsfähiger den Arm.

Es mag Sonderfälle geben, wo das Armbewegen um seiner selbst willen geschieht. Sie müssen indes richtig interpretiert werden. Ein Arzt kann etwa verlangen, einfach nur den Arm zu heben, um normale Körperbeherrschung oder Muskelkraft zu prüfen. Dann hebt man den Arm nicht schlechthin, sondern demonstriert physiologische Kapazitäten. Vor Spiegeln mögen Leute den Arm einfach heben, ohne mit der Bewegung etwas auszuführen. Sie heben den Arm gleichwohl nicht um seiner selbst willen, sondern um eine Pose einzuüben, Grimassen zu veranstalten usw.

Mir scheint, die Beispiele zeigen, daß eine isolierte Basishandlung wie das Armheben eine künstliche Abstraktion darstellt. Die reine Körperbewegung als solche besitzt noch gar keine praktische Qualität, wenn sie nicht verbunden wird mit dem anderen Element der Analyse, das ihre konkrete Tätigkeit, den spezifisch unterscheidbaren Akt beschreibt. Basishandlungen im Sinne Dantos können demnach noch gar nicht als Handlungen gelten. Erst in der Zusammensetzung der sogenannten »vermittelten Handlung« ist Praxis gegeben. Daraus folgt, daß man den Titel der Basishandlung reservieren muß für die einfachste

Gestalt vermittelter Handlungen. Zwar wird damit die Terminologie verändert, aber der plausible Versuch, die Komplexität des Handelns auf einfachste Elemente zu reduzieren, wird aus der irreführenden erkenntnistheoretischen Analogie gelöst und der Struktur praktischer Vollzüge angemessen[23].

Zu Basishandlungen gehören dann zwei Elemente: das, was man tut, und das, wodurch man das tut, was man tut. Es bereitet nunmehr keine Schwierigkeit, diese korrigierte Analyse auf die oben entwickelte Struktur des praktischen Vollzugs zu beziehen. Wir haben gesehen, daß Praxis im Unterschied zur Produktion nicht durch Verweis auf ein objektives Resultat, sondern ganz aus sich als Realisierung einer Zwecksetzung im Akt selber bestimmt werden muß. Handlungsziel und Handlungsvollzug sind wechselseitig auseinander zu erläutern. Die Handlung gilt der Verwirklichung des gesetzten Ziels und tritt um dessentwillen überhaupt nur ein. Von Ziel kann im Ernst nur gesprochen werden als demjenigen, worauf Handlung sich richtet. Die Struktur der Wechselbeziehung war »Worumwillen« genannt worden. Handlung geschieht umwillen eines Zieles, das als solches die Bedeutung des Worumwillen der jeweils bestimmten Handlung hat.

Es bietet sich an, die neu interpretierte Basishandlung nach der Struktur des Worumwillen aufzufassen. Die elementare Handlungsgestalt weist die Vermittlung zweier Elemente auf, da eine rein für sich genommene, auf Selbstidentität reduzierte Handlung wie ein isoliertes Armheben und weiter nichts ein Unding wäre. Die praktisch geleistete Vermittlung der beiden Elemente war daraufhin angesehen worden, daß man etwas tut, indem man etwas anderes tut. Die Unterscheidung des einen Elements vom andern behält jedoch nur innerhalb der Vermittlung Sinn: das, was man durch etwas anderes tut, kann nur im Bezug auf jenes andere, wodurch es getan wird, als ein Handlungsinhalt gedeutet werden. Genau dieses Verhältnis war aber in der Struktur des Worumwillen gedacht worden.

23 Eine gewisse Bestätigung meiner Auffassung glaube ich aus Bemerkungen von G. H. v. Wright herauslesen zu dürfen (*Erklären und Verstehen*, Frankfurt 1974; 70, 83, 173 u. ö.).

»Man tut etwas, indem man etwas anderes tut« heißt dann, daß das eine umwillen des anderen geschieht. Man stößt den Stein, indem man den Arm in ganz bestimmter Weise hebt. Das Armheben erfolgt umwillen des Steinstoßens und ist nur in dieser Hinsicht vom Steinstoßen seinerseits unterscheidbar; denn an sich vollzieht das Steinstoßen sich eben durch eine passende Armbewegung. Der Akt als Ganzer baut sich aus diesem Verhältnis einer immanent nach der Worumwillen-Struktur wechselweise bezogenen Identität auf. Das Armheben läßt sich vom Steinstoßen deshalb nicht trennen, weil die eine wohl definierbare Weise der Ortsveränderung von Steinen, die man Stoßen anstelle von Anheben, Fallenlassen, Werfen etc. nennt, nur kraft einer genau entsprechenden Armtätigkeit stattfindet. Der einzige Grund, den einheitlich vollzogenen Akt dennoch nach zwei Elementen im Sinne des Worumwillens zu unterscheiden, besteht im Bedürfnis, den Vollzugscharakter dieser einfachen Einheit des Praktischen aufzuweisen.

Der Vorteil, der einer Theorie des Handelns aus solcher Analyse erwächst, hat zwei Seiten. Die Handlung kann ohne Ausgriff auf außer ihr liegende Gegebenheiten, auf objektive Ergebnisse oder ein leitendes Produktwissen strukturimmanent begriffen werden. Diese Bedingung ergab sich aus der Distinktion zwischen Praxis und produktivem Herstellen. Des weiteren kann Handlung von irgendeinem in der Welt eintretenden, kontingenten und »sinnlosen« Ereignis als ein praktischer Vollzug abgehoben werden. Es mag in gewissen Zusammenhängen nützlich oder nötig sein, Handlungen als Ereignisse in der Welt deuten zu können. Unerläßlich bleibt aber die begriffliche Möglichkeit, Handlungen von Ereignissen, die in der Welt irgendwie auftreten, spezifisch zu unterscheiden. Andernfalls wäre jede Aussicht auf einen vernünftigen Handlungsbegriff verbaut und Handlungstheorie bildete einen Teil physikalischer Lehre von der Körperbewegung. Welche Prämissen hingegen dem expliziten Versuch zugrundeliegen, Handlung zwar Handlung sein zu lassen, aber kausal zu interpretieren, auf diese Frage ist noch näher einzugehen[24].

24 siehe unten: Kausale Erklärung der Handlung (III 2)

Ein wichtiges Problem, dem die analytisch-reduktionistische Theorie der Basishandlungen zu Leibe rücken wollte, ist noch unerwähnt geblieben: das Problem der exakten Identifikation eines Aktes. Es macht oft erhebliche Schwierigkeiten, genau anzugeben, welche Handlung vorliegt, da mehrere Beschreibungsmöglichkeiten sich anbieten, die nicht notwendig äquivalent sind[25]. Was geschieht eigentlich, wenn ich einen Vertrag unterzeichne? Führe ich eine Feder in bestimmter Weise an einer bestimmten Stelle über ein besonderes Blatt Papier? Oder unterschreibe ich ein Dokument? Oder vollziehe ich einen Kaufakt? Oder lege gar mein Geld erfolgversprechend an?

Die Zergliederung aller »vermittelten« Handlungen auf die basalen Elemente versprach hier Klarheit. Die Akte, die man vollzieht, ohne daß man damit etwas anderes tut, lassen sich als letzte Einheiten aussondern bzw. umgekehrt können alle komplexen Handlungen aus ihnen übersichtlich aufgebaut werden. Im genannten Beispiel wäre die Basishandlung der Federstrich, mit dem ich das Dokument unterzeichne, das einen Kauf rechtskräftig macht, der mir eine profitable Geldanlage verspricht, die meiner Altersvorsorge dient usw. Die Ausweitung der Horizonte, innerhalb deren der Akt beschreibbar ist, verläuft parallel zur Aufstufung von Zwecksetzungen. Es klingt zwar ungewohnt, wenn man sagte, mit einem Namenszug habe man das Ziel der Altersvorsorge befördert, aber im Prinzip unterscheiden sich die Dimensionen weitergehender Zwecksetzungen nicht mehr voneinander. Man kann mit jedem Zweck fernere Zwecke verbinden, so daß der erste in den Dienst des letzten tritt. Die Zweckhierarchie, die Oberzwecke von Unterzwecken unterscheidet und Unterzwecke unter Oberzwecke bis hin zu letzten Zwecken subsumiert, bringt ein Ordnungsverhältnis in eine Vielfalt praktischer Zielsetzungen, die ohne solche Hierarchisierung in Konkurrenz lägen. Ein ordnungsloses Zielchaos würde schlimmstenfalls mit der Verhinderung

25 An dieser Frage knüpft A. Goldmans Untersuchung an (*A Theory of Human Action*, Englewood Cliffs 1970), die allerdings eine entschiedene Kausalerklärung des Handelns favorisiert, derzufolge das Tun durch Wünsche und Überzeugungen ursächlich bedingt ist.

jedes sinnvollen Tuns enden. Die Zweckhierarchie ist das typische Erklärungsmittel einer teleologischen Deutung des Handelns[26].

Kann der Zweifel ausgeräumt werden, was in Wahrheit als Handlung zu bezeichnen wäre, wenn alternative Betrachtungsweisen und nach Aspekten engerer und weiterer Zwecksetzung gestaffelte Deutungen ein und desselben Vorgangs möglich sind? Ich gehe davon aus, daß der fragliche Vorgang eine Handlung sein soll und nicht eine Körperbewegung. Das heißt: es soll nicht in Frage gestellt werden, daß mit einem Schreibgerät ein Namenszug ausgeführt wird, weil man andernfalls in eine Inflation ununterscheidbarer Fälle geriete. Dieselbe Körperbewegung kann durchaus mit dem Stock im Sand, mit einer Nadel im Stoff oder ohne jedes Instrument in der Luft durchgeführt werden. Sie mag von nervösem Gliederzittern, dem lästigen morbus Parkinson oder einer seismographischen Erderschütterung ausgelöst sein. Ohne zusätzliche Information über empirische Umstände und Bedingungen von teilweise komplizierter Art ist in diesem Wirrwarr keine Übersicht zu schaffen.

Wenn nun feststehen soll, daß der Vorgang als Handlung angesprochen werden darf, entsteht erst die Nötigung zwischen einfachstem und vermitteltem Akt zu trennen. Dann reduziert sich die Frage auf die zuständige Zwecksetzung: Altersvorsorge, Geldanlage, Hauskauf, Leistung der Unterschrift. Die letzte Einheit in dieser Kette ist erreicht, wo kein ferneres Worumwillen mit dem Tun verbunden wird und die Tat nicht-tautologisch beschreibbar ist. In unserem Fall dürfte diese Kennzeichnung auf das Signieren des Dokuments zutreffen. Man unterschreibt ein Dokument eben, indem man seinen Namen an die dafür vorgesehene Stelle setzt. Jede andere, von der praktischen Zwecksetzung der Unterschrift losgelöste Charakterisierung des Aktes würde ins Unbestimmte zielen. Man schreibt den eigenen Namen nicht an eine gewisse Stelle eines ganz besonderen Papiers, wenn es nur darum geht, den Namenszug elegant einzuüben oder die Beweglichkeit des Handgelenks

26 s. unten III 1

zu trainieren oder eine neue Feder auszuprobieren oder sich durch Kritzelei einfach von der Langeweile einer Sitzung abzulenken. Hier liegen andere Zwecksetzungen vor, denen nicht dieselben Akte entsprechen, obwohl die oben herausgearbeitete, allgemeine Struktur der modifizierten Basishandlung erhalten bleibt, daß etwas Bestimmtes getan wird, indem man etwas anderes tut. Ein Worumwillen wird jeweils durch einen zugehörigen Vollzug tätig verwirklicht.

Es bleibt noch der Ausweg, dem Dilemma eines bestimmten inhaltlichen Zwecks, der mit einer bestimmten Handlung verknüpft ist, dadurch zu entgehen, daß man die Ausführung der Handlung selber den Zweck heißt. Dann würde nicht der Name an die vorgesehene Stelle gesetzt, um eine Unterschrift zu leisten, sondern um den Namen just dorthin zu schreiben. Eine solche tautologische Zweckbestimmung wird aber offenkundig sinnlos. Dergleichen läßt sich stets sagen und erzeugt nur verbale Verdoppelung. Die analytische Eingrenzung des zu identifizierenden Aktes scheitert auf diese Weise; denn aus der Pluralität vermeintlich äquivalenter Handlungsbeschreibungen im Lichte engerer und weiterer Zweckaspekte kann nicht mehr die unmittelbar zutreffende ausgesondert und in klare Vermittlungsverhältnisse zu den umfassenderen Beschreibungen im Rahmen einer Zweckhierarchie versetzt werden. Die tautologische Zweckbestimmung gibt die eigentliche Pointe der unmittelbaren Verknüpfung von Worumwillen und Vollzug auf, die wir in der Struktur der Basishandlung zu erfassen hofften.

4. Theorie und Praxis

Der Zusammenhang zwischen Theorie und Praxis gehört zu den ältesten Topoi öffentlicher Argumentation. Der Streit um Theorie und Praxis entbrennt regelmäßig an ihrer Diskrepanz. Die Nichtidentität von Theorie und Praxis bietet den Anlaß, über die Verbindung zwischen beiden zu räsonieren, und der Zusammenfall des in der Welt Getrennten gibt den Fluchtpunkt für Spekulationen ab. Der griechische Sprachgebrauch kannte durchaus unterhalb der philosophischen Ebene die Differenz von Wort (λόγος) und Tat (ἔργον). Kant knüpfte an jene noch uns vollkommen geläufige Alltagsweisheit an, als er auf populäre Einwände gegen seine Moralphilosophie erwidert: *Über den Gemeinspruch: das mag in der Theorie richtig sein, taugt aber nicht für die Praxis.* Erst in der nachhegelschen Periode gewinnt die Theorie-Praxis-Debatte eine neue Dimension, die über den Anklang an einen Gemeinspruch hinaus ins Grundsätzliche weist[27].

Die Philosophie nach Hegel steht unter dem Eindruck der Vollendung eines abschließenden Systems von enzyklopädischem Ausmaß. Die Hegelsche Philosophie meinte, alle Wirklichkeit begrifflich erfaßt zu haben, insbesondere weil es ihr gelungen war, die Reflexion auf die Historizität des Gedankens nicht in historische Relativierung ausarten zu lassen. Das entwickelte Bewußtsein über die Interferenz von Gedanken und Geschichte war vielmehr die Voraussetzung des Absolutheitsanspruchs der Hegelschen Dialektik. Das von der Dialektik eroberte Geschichtsverständnis erlaubte, alle bisherige Philosophie genealogisch in eine Evolution zu dem mit Hegel erreichten Standpunkt einzugliedern und so dem Ende der geschichtlich bedingten Philosophie auch systematische Endgültigkeit zuzuerkennen. Das absolute Wissen ist erstmals in der Lage, Geschichte zu begreifen, statt ihrem Gesetz bloß unterworfen zu sein, und dieser Vorzug sollte die dialektische Wissenschaft absolut machen.

27 Zum Folgenden s. Vf., Theorie und Praxis – eine nachhegelsche Abstraktion, Frankfurt 1971.

Die Überzeugung von der Absolutheit des nun erreichten Wissensstandes teilen die Nachfolger Hegels mit dem Meister. Sie haben keinen Zweifel daran, daß die Hegelsche Philosophie gerade im Blick auf Geschichte und Gesellschaft unüberholbare Wahrheiten ausgesprochen hat. Im Licht dieser Überzeugung läßt sich die junghegelianische Opposition zum spekulativen System nur voll verstehen. Die absolute Philosophie krankt nämlich in den Augen der Kritiker an einem inneren Widerspruch. Sie ist absolut bloß in Gedanken, das Reich historischer Wirklichkeit, über das sie spekulativ regiert, entzieht sich ihrem konkreten Einfluß. Die theoretisch bewährte Absolutheit im Sinne totaler Vermittlung des Begriffs mit allem Gehalt muß auch praktisch eingelöst werden. Die praktische Verwirklichung der Hegelschen Philosophie steht noch aus, sie ist aber aus dem Grundprinzip dieser Philosophie selber gefordert. Die theoretische Wahrheit der Dialektik würde unwahr, wenn sie sich nicht auch die historisch-soziale Praxis unterwürfe[28].

Das Praxiskonzept der Junghegelianer stellt eine konsequente Folgerung aus dem Zentrum des hegelschen Denkens dar. Die intendierte Praxis leidet denn auch in der Folge unablässig an dem Präjudiz der Theorie. Die ausgerufene Praxis ist theorieüberlagert. Im einzelnen sieht die Praxis der Theorie so aus, daß das von der Theorie erworbene Wissen auf die Wirklichkeit angewendet wird. Für die Wirklichkeit wird das positiv Bestehende genommen, mithin bereits ein Derivat des Selbstverständnisses der Theorie. Die Wirklichkeit wird nicht unbefangen beobachtet und als sie selbst akzeptiert. Die Wirklichkeit wird von vornherein als Antipode der Theorie gedeutet. Die Wirklichkeit als das Feld potentieller Anwendung von Theorie ist das Untheoretische, gegen das Theorie sich zu wenden hat. Das positiv Bestehende engagiert nicht die Kräfte der Theorie in die Substanz der Wirklichkeit, sondern lenkt den Praxisbezug der Theorie von Anbeginn in bestimmte Bahnen. Theorie hat sich negativ-kritisch zu wenden gegen das ihr

28 vgl. Marx, *Vorarbeiten zur Dissertation* (1841), in: *Frühe Schr.* I (ed. Lieber), 1962, 70ff.; kritischer noch in den *Ökonomisch-philosophischen Manuskripten* (1844), a. a. O., 655

fremd Gegenüberstehende. Die negative Anwendung der Theorie auf das positiv Bestehende heißt für die Junghegelianer radikale Kritik und dies gilt als die eigentliche Form praktischer Verwirklichung von Theorie.

In der Kritik setzt sich die Theorie reflexiv um, denn nur auf dem Wege reflexiver Akte ist die Wahrheit der Theorie in Kontakt mit der Wirklichkeit zu bringen. Die Reflexionsakte wiederholen sich ihrer Natur gemäß unablässig und ohne Ende. Jeder auf das Bestehende gerichtete Reflexionsakt negiert das Bestehen des Bestehenden, die nackte Wirklichkeit als solche. Die Negation erfolgt als Reflexionsakt, d. h. in Gestalt der Kritik. Die Junghegelianer bringen reflektierend philosophische Ideen in negative Beziehung zur Wirklichkeit, indem sie kritisch feststellen, daß beide nicht übereinstimmen. Die Feststellung, daß die Wirklichkeit der Idee nicht entspricht und umgekehrt, ist der Kern der kritischen Praxis.

Marx hat nach anfänglicher Parteigängerschaft mit den Junghegelianern den blutleeren Begriff von Praxis bald durchschaut. Er hat mit der Arroganz jener schriftstellernden Weltverbesserer als einer »Heiligen Familie« abgerechnet und mit der Täuschung gebrochen, die die Weltgeschichte von der Feder des Philosophen abhängig glaubte. Die »deutsche Ideologie« der junghegelianischen Kritik ist ohne ihr Wissen mit den Verhältnissen, die sie bekämpft, verbündet; denn in jedem Akt kritischer Reflexion auf das Bestehende wird das Bestehende besiegelt als die unabdingbare Voraussetzung des pseudopraktischen Geschäfts. Will man im Ernst von Praxis reden, so muß damit die reale Tätigkeit der arbeitenden Vielen gemeint sein, statt der Reflexion der wenigen Denker. Die Leistung der Arbeiter, der Masse der Produzenten im Dienste der materiellen Reproduktion der Gattung stellt die wirkliche Basis historischer Veränderung dar.

Es kommt mir nicht darauf an, die marxsche Polemik gegen die Junghegelianer zu wiederholen oder seinen theoretischen Rückgriff auf die Erkenntnisse der Nationalökonomie zu referieren. Für eine angemessene Interpretation des Marxschen Praxisbegriffs bietet die Erinnerung an die Theorie-Praxis-

Kontroverse nach Hegel nur die Folie. Die Ambivalenz des Praxisbegriffs, den Marx vor diesem Hintergrund entwickelt, erwächst nämlich einmal aus der Frontstellung gegen die ideologischen Momente einer auf reine Theorie gegründeten Praxis, zum anderen aus der unbezweifelt fortgeltenden Annahme der nachhegelschen Position, daß Praxis notwendig kritisch zu sein habe. Der zwischen Arbeit und Weltveränderung schwankende Praxisbegriff von Marx[29] wirft erneut Licht auf die Notwendigkeit der von uns anfänglich eingeführten Unterscheidung von Praxis und Produktion.

In der Tat zeigen beispielsweise die bekannten Feuerbachthesen, daß Marx, wenn er gegen den anschauenden Materialismus der Objektivität im Sinne Feuerbachs den tätigen Materialismus der Praxis fordert, im gleichen Atem von »gegenständlicher Tätigkeit« und »›revolutionärer‹ praktisch-kritischer Tätigkeit« spricht. Marx denkt sowohl an das tätige Bearbeiten der gegenständlichen Wirklichkeit als auch an das revolutionäre Verändern der gesellschaftlichen Umstände. Beides geht in den Praxisbegriff ein. Vor allem die emphatische Schlußthese, die zugleich ein Aufruf zur Tat ist, schillert in diesem Doppelsinn. Wenn es darauf ankommt, die Welt nicht nur verschieden zu interpretieren, sondern sie zu verändern, so kann das heißen, die natürliche Objektivität der Welt durch produktive Arbeit zu formen und in diesem gegenständlichen Sinne zu verändern, oder auch die gesellschaftlichen Umstände, unter denen solches Produzieren sich vollzieht, umzustürzen und also die soziale Welt der Praxis kritisch zu revolutionieren. Eins ist sicher nicht schlechterdings identisch mit dem andern. Beides soll vielmehr erst zusammenfallen. »Das Zusammenfallen des Änderns der Umstände und der menschlichen Tätigkeit kann nur als *umwälzende Praxis* gefaßt und rationell verstanden werden«

29 Die Interpretation von M. Riedel (*Hegel und Marx. Die Neubestimmung des Verhältnisses von Theorie und Praxis*, in: *System und Geschichte*, Frankfurt 1973) begrüßt die Vermischung von Arbeit und Praxis bei Marx m. E. zu undifferenziert als Fortschritt im philosophischen Begreifen von Praxis.

(3. These). Den Schlüssel zu diesem rationellen Verständnis hat Marx nicht geliefert.

Das ist noch im *Kapital* nicht anders. Eingangs des 5. Kapitels über den Arbeitsprozeß heißt es: »Die Arbeit ist zunächst ein Prozeß zwischen Mensch und Natur, ein Prozeß, worin der Mensch seinen Stoffwechsel mit der Natur durch seine eigene Tat vermittelt, regelt und kontrolliert. Er tritt dem Naturstoff selbst als eine Naturmacht gegenüber. ... Indem er durch diese Bewegung auf die Natur außer ihm wirkt und *sie* verändert, verändert er zugleich seine eigene Natur. Er entwickelt die in ihr schlummernden Potenzen und unterwirft das Spiel ihrer Kräfte seiner eigenen Botmäßigkeit.«

Marx zufolge bedeutet die arbeitende Veränderung der objektiven Natur zugleich die Veränderung des arbeitenden Subjekts aus dem Stande einer bloßen wirkungsfähigen Naturmacht zur vollen Selbstentwicklung und autonomen Kontrolle des Tuns. Was wir als Produktion und Praxis voneinander unterscheiden, greift hier just ineinander. »Am Ende des Arbeitsprozesses kommt ein *Resultat* heraus, das beim Beginn desselben schon in der *Vorstellung* des Arbeiters, also schon *ideell* vorhanden war. Nicht daß er nur eine Formveränderung des Natürlichen *bewirkt*; er *verwirklicht* im Natürlichen zugleich *seinen Zweck*, den er weiß, der die Art und Weise seines Tuns als Gesetz bestimmt und dem er seinen Willen unterordnen muß«[30]. Mir scheint die fragliche Kontamination aus dieser Stelle besonders deutlich zu sprechen. Wenn am Ende eines Arbeitsprozesses im Sinne der Produktion ein Resultat herauskommen soll, so geht sicher eine Vorstellung voran, in der das Resultat seiner Sachbestimmtheit nach ideell antizipiert ist. Darin zeigt sich die Produktorientierung herstellenden Tuns, das sich auf einen Schuh, ein Bauwerk, eine Marktlage etc. richtet. Wieso nennt

30 Es ist wichtig festzuhalten, daß Marx bei dieser Beschreibung nicht historische Verhältnisse vor Augen hat, sondern die »ewige Naturbedingung des menschlichen Lebens ... unabhängig von jeder Form dieses Lebens, vielmehr allen seinen Gesellschaftsformen gleich gemeinsam«, *WW* (ed. Lieber) IV, 186.

der Arbeiter die den Produktionsprozeß leitende sachliche Vorstellung aber *seinen* Zweck?

Marx hat eine Antwort bereit. Im Produzieren eines Produkts reproduziert der Arbeitende zugleich sich selber. Er verbindet also ein praktisches Ziel der Lebensführung mit dem technischen Ziel der Produktherstellung. Die Beschreibung liefert das Bild einer harmonischen Vermittlung beider Tätigkeitsformen. Nun ist aber die Pointe der gesamten Marxschen Philosophie, daß die Vermittlung nicht so harmlos ist, wie sie aussieht, daß das praktische Ziel der Lebensführung, in Marxscher Terminologie die Selbstreproduktion der Gattung, eben nicht problemlos über das Produzieren von Sachen läuft. Zu den Produktivkräften treten die Produktionsverhältnisse, unter denen produziert wird. Gemäß den historischen Bedingungen der Arbeitsteilung hat sich ein Markt entwickelt, auf dem auch die Ware ›abstrakte Arbeit‹ getauscht wird. Nicht tut jeder das Seinige, sondern jeder tut etwas sachlich Bestimmtes und tauscht es gegen anderes. Er produziert objektive Gebrauchswerte, die aber für ihn selber den Charakter eines Gebrauchswerts nicht mehr direkt realisieren, sondern auf dem Umwege über den Tauschwert nur subjektive Wertbedeutung bekommen. Der Tauschwert steckt im Gebrauchswert, denn nichts Unbrauchbares läßt sich eintauschen. Aber den Tauschwert entfaltet die Ware erst unter Absehung vom unmittelbaren Gebrauch, weil nur das, was ich nicht selber verbrauche, in Tauschbeziehungen eintreten kann.

Die Doppelung einer Ware in Gebrauchswert und Tauschwert ist seit der aristotelischen Ökonomie bekannt[31]. Für die Kernfrage der Marxschen Philosophie werden die Tauschverhältnisse erst relevant, wo sie auf die Produktionssphäre zurückschlagen, indem die produktive Arbeit, die poietisches Herstellen einer Sache und praktische Zwecksetzung der Lebensführung vermittelt, selber in den Markt hineingezogen wird und als getauschte Ware ihre ursprüngliche Rolle verändert. Unter den Bedingungen des Kapitalismus wird Arbeit Tauschobjekt und damit ihrer ursprünglichen Funktion entfremdet. Die abstrakte Arbeit, die gegen Lohn stundenweise getauscht wird und dem fremden

31 *Politik* I, 8 ff.

Nutzen des Kapitals dient, erfüllt nicht länger die eigenen Zwecke der Arbeitenden.

Die *Entfremdungs*kategorie, unter der Marx seit den *ökonomisch-philosophischen Manuskripten* die Arbeit thematisiert, greift gerade, weil in Arbeit jener Doppelaspekt von Produktion und Praxis versteckt war. Denn neutrale Produkte werden unter allen Produktionsverhältnissen, folglich auch im Kapitalismus hergestellt, verlorengegangen ist hier nur der Praxisaspekt der Arbeit. Sie wird auf Objektveränderung reduziert und jener subjektverändernden Implikationen beraubt, die die Potenzen des Arbeitenden entwickeln und sein Tun seiner eigenen Botmäßigkeit unterstellen.

Entfremdete Zustände können Marx zufolge nur revolutionär verändert werden. Der Begriff einer *Revolution* ist wiederum aus dem Doppelaspekt der Arbeit zu entwickeln. Revolution heißt nichts anderes als die Aufhebung jener Entfremdung, der die Arbeit unterliegt, sofern sie auf Objektveränderung reduziert, ihrer Praxisbedeutung beraubt und unter fremde Botmäßigkeit geraten ist. Aufheben läßt sich die Entfremdung nur, indem die Praxisbedeutung der Arbeit zurückerobert wird, also der ursprüngliche Doppelcharakter unverzerrt in sein Recht tritt. Erst dann nämlich kann das Problem der Selbstkontrolle der Arbeitsprozesse im Sinne praktischer Autonomie gelöst werden. Nicht-entfremdete Zustände vermag Marx gar nicht anders zu definieren als durch Übernahme und Verwirklichung der eigenen praktischen Zwecksetzung, die die Produzenten mit ihrer produktorientierten Arbeit verbinden. Jeder Leser des ›Kapital‹ weiß, daß die wenigen und knappen Bemerkungen über nachrevolutionäre Gesellschaftszustände sich darauf reduzieren. Die befreite Gesellschaft ist die, wo Produktion und Praxis, Objektherstellung und Lebensführung in Übereinstimmung stehen.

Immer wieder ist betont worden, daß Marx in der Schuld *Hegels* steht. Der hatte in der *Phänomenologie des Geistes* die Überwindung eines fixen Verhältnisses von Herrschaft und Knechtschaft vollkommen an lebendige Arbeit gebunden. Der Knecht emanzipiert sich, indem er arbeitet. Er formt ein Material, verändert die objektive Natur und wird auf diesem Umwege der eigenen Kräfte gewärtig. Er erfährt in der Arbeit seine Subjektivität, die ihn dem Herrn gleichstellt. Das freie Subjektsein, das der Herr für sich allein in Anspruch nimmt und dem Knechte vorenthält, indem er ihn auf pure Arbeit verpflichtet, gewinnt der Knecht nicht durch bloße Reflexion, ebensowenig fällt ihm sein Subjektsein in einem Akt der Auflehnung zu, wo er sich das ihm vorenthaltene Recht spontan nimmt. Das Subjektsein wird dem Knecht vielmehr auf dem Umwege über die Arbeit, bei der er sich in tätiger Veränderung der Objektwelt verliert, wiedergegeben, da erst eine erfolgreiche Betätigung seiner Kräfte auch eine verläßliche Bestätigung seiner Kräfte abgibt. Das objektive Resultat des Tuns spiegelt dem Arbeitenden sein Subjektsein gleichsam wider. Damit steht er im Prinzip dem Herrn auf gleichem Fuße gegenüber, dessen Überlegenheit nur darin bestand, das Subjektsein für sich zu reservieren, indem der Knecht an Objektivität gefesselt wurde. Mit der wechselseitigen Anerkennung freier Subjekte läßt Hegel die Sphäre des Geistes beginnen, die freilich über Arbeit an Objekten erhaben ist und die substantielle Sittlichkeit der antiken Polis repräsentiert[32]. Arbeit erscheint so als Durchgangsstadium zum freien Selbstbewußtsein.

Es ging mir im vorigen nicht um eine ausführliche Erörterung des marxschen Revolutionsbegriffs oder um einen neuen Beitrag zu der alten und ausgebreiteten Debatte um den Arbeitsbegriff, die unter einer scholastischen Kruste immer noch ideologischen Zündstoff verwahrt. Es ging ausschließlich um die, wie ich meine, schlüssige Einfügung der Marxschen Theorie in die Hauptdifferenz eines philosophischen Begriffs von Praxis, der technisch anleitbares Herstellen eines Produkts von eigentlich praktisch zu nennenden Vollzügen im Rahmen der selbst verantworteten Lebensführung unterscheidet. Marx hat beides ohne jeden Zweifel im Auge, er operiert sogar an den entscheidenden Schaltstellen seines Systems ganz wesentlich mit jener Doppelung. Freilich führt er beide Typen menschlicher Tätig-

32 *Phänomenologie des Geistes* (ed. Hoffmeister), Hamburg 1952, 256ff.

keit in dem einen umfassenden Begriff der Arbeit zusammen, worin der skizzierte Doppelaspekt anregend oszilliert, ohne voll geklärt zu sein.

Diese Beobachtung gab insbesondere der Kritischen Theorie den Anstoß, die Differenz genauer zu artikulieren und Marx' Intentionen gegen die eigne Durchführung zu wenden. Das definitive Ergebnis dieses Versuchs liegt in der Dichotomie vor, die *Habermas* zwischen Arbeit und Interaktion oder instrumentalem und kommunikativem Handeln vorgenommen hat. Was die neomarxistische Kur der marxschen Orthodoxie der Sache nach beinhaltet, zeigt vor allem das einschlägige Kapitel seines Buches *Erkenntnis und Interesse*[32], wo Marx vorgehalten wird, er habe über dem objektivistischen Produktionsprozeß das reflexive Bildungswissen vergessen. Habermas stellt in Wahrheit neben die produktive Arbeit ein ideologiekritisches Wissen der Reflexion, das sich in intersubjektiven Dialogen oder Diskursen auf der Basis wechselseitiger Anerkennung niederschlägt. Er argumentiert dabei auf der Linie all jener, die seit dem jungen Lukács den szientifischen Objektivismus der marxschen Ökonomie mit Hilfe der hegelschen Reflexionskategorie beleben wollen.

Die Assoziation des Gangs der *Phänomenologie des Geistes*, die Habermas vornimmt, trifft nun gerade nicht den Kern der Aufhebung eines Herr-Knecht-Verhältnisses in wechselseitiger Anerkennung. Wie wir sahen, steckt darin keine Leistung der freien Reflexion, sondern ein Nebenergebnis produzierender Arbeit. Der Hegelianismus führt hier doppelt in die Irre: nicht nur hat Hegel selbst Emanzipation keineswegs der Reflexion übertragen, es dürfte auch inhaltlich nicht überzeugen, daß Praxis auf ein Miteinanderreden auf der Basis wechselseitiger Anerkennung von Subjekten reduziert werden kann. Interaktion, die den ganzen Raum menschlichen Handelns ausfüllen soll, den die Produktionstätigkeit nicht abdeckt, muß mehr sein als intersubjektive Reflexion oder sprachlich vermittelte Kommunikation. Die genuine Praxisbedeutung der Arbeit erfüllt sich nicht in Phäno-

33 Frankfurt 1968, bes. 58 ff., 81 ff.

menen eines Bildungswissens, die man gegen technische Produktionsprozesse hält.

Ein besonders verwickeltes Problem im Übergangsfeld von technischer Herstellung zu praktischer Zweckverfolgung ergibt sich dort, wo nicht bloß ein praxisfremdes, neutral in seiner Sachbestimmtheit festgelegtes Podukt in unklare Verwicklung mit dem Handeln gerät. Es sind ja Produkte denkbar, deren Sachbestimmtheit nur praktisch angegeben werden kann. Diese Produkte besäßen reine Praxisbedeutung, Handlung würde eine Art Herstellungsziel. Die Realisierung des marxschen Revolutionsprogramms durch Lenin hat in der nachleninschen Diskussion tatsächlich zu Vorstellungen einer quasi-technischen Herstellung eines durch und durch praktischen Geschehens geführt.

Marx selber hat eine historisch-pragmatische Revolutionslehre nach Strategie und Taktik nicht wirklich ausgeführt. Auf dem Niveau der »Kritik der politischen Ökonomie« stellt sich Revolution als eine Zukunftsperspektive dar, die aus den Widersprüchen und Krisen des Kapitalismus die vernünftige Konsequenz zieht. Revolution ist die tätige Veränderung eines irrationalen Zustands, in dem sich historisch ein höchst rationales Produktionssystem befindet. Die Ökonomiekritik stellt die Unvernünftigkeit von Herrschaftsverhältnissen in einem rationalen System durchorganisierter Produktion heraus. Die Behebung dieses prinzipiellen Widerspruchs als revolutionäre Veränderung liegt an sich in der Logik einer unvermeidlichen Entwicklung. Sobald sich eine solche Zukunftsperspektive zu einem wohldefinierten Ereignis bestimmt – und das geschieht in der Debatte nach Marx –, nimmt Revolution das Aussehen eines hervorzubringenden Resultates an, und die seiner Erzeugung dienenden Aktivitäten sind taktische Schritte und organisatorische Beiträge zu einem Prozeß besonderer Produktion.

Unter den Titeln der Taktik und der Organisationsfrage ist die technische Umsetzung des Revolutionsprogramms vor allem von *Lukács* klarsichtig begriffen worden[34]. »Die Organisa-

34 z. B. *Taktik und Ethik* (1919), *Zur Frage des Parlamentarismus* (1920) in: G. L., *Schriften zur Ideologie und Politik*, hrsg. v. P. Ludz, Neuwied 1967, bes. 19, 124

tion ist die Form der Vermittlung zwischen Theorie und Praxis« läßt sich behaupten[35], wenn die Revolutionstheorie eindeutig ein Ziel bestimmt, das, obwohl selber praktischer Natur, vorwiegend in der Kategorie des »Machens« betrachtet wird. Die Partei »macht« die Revolution, indem sie sie vorbereitet. Lukács konstatiert: »Die die Revolution vorbereitende Funktion der Partei macht aus ihr zu gleicher Zeit Produzent und Produkt«[36]. Die Parteiautorität beruht unter anderem auf der allgemeinen Verfügung über das Wissen und die Mittel, die für die Herbeiführung des anzustrebenden Ergebnisses nötig scheinen. Der Neomarxismus etwa der Kritischen Theorie oder der existenzialistischen Variante Sartres[37] – um nur diese Beispiele zu erwähnen – hat dagegen erneut das ursprüngliche Recht der unverkürzten und unverzerrten Praxis eingeklagt. Die Spannung zwischen einem Praxiskonzept der Befreiung und dessen Unterwerfung unter die festen Regeln einer welthistorischen »Produktion« hat die marxistische Diskussion intellektuell am Leben gehalten.

35 *Geschichte und Klassenbewußtsein*, Berlin 1923, 302
36 *Lenin* (1924), Neuwied 1967, 29 f.
37 z. B. *Matérialisme et Révolution*, 1946

5. Das Problem der Sophistik

Als ein Paradigma einer vollständig mit Theorie verschmolzenen Praxis ist gern Platos Staatsutopie angesehen worden. Man hat in ihr auch den fatalen Ursprung jener Idee »gemachten Glücks« entdeckt, die im totalen Zwang endet[38]. Ich möchte für die Bedürfnisse eines philosophisch begründeten Handlungsbegriffs den platonischen *Staat* nur unter der eingeschränkten Fragestellung einer Abgrenzung von Praxis gegen Produktion, Technik und Theorie betrachten. Die Entstehung der begrifflichen Distinktion von Handeln und Machen im Zusammenhang der Auseinandersetzung mit der Sophistik hatten wir bereits oben vor Augen geführt. Das historische Phänomen einer Verwissenschaftlichung der Politik durch die rhetorische Disziplin der öffentlichen Rede stand am Beginn und nötigte zu einer Differenzierung der analytischen Mittel im Dienste seiner theoretischen Erfassung.

Das Festhalten am althergebrachten und durch Erziehung weitergereichten Verständnis der politischen Praxis freier Bürger gegenüber der Banausie handwerklicher Fertigkeiten bot keinen verläßlichen Boden mehr für eine Auseinandersetzung mit jener fortschrittlichen und durch Erfolg überzeugenden Wissenschaft. Die Verwissenschaftlichung und Technifizierung der öffentlichen Praxis ersetzte jedoch nicht allein Tradition durch Rationalität, sie beförderte unter dem rationalen Schein auch Macht und Willkür, sie vertauschte unterderhand das Allgemeininteresse mit dem privaten Egoismus. Es ist das Verdienst der Platonischen Sophistenkritik, diesen schwer zu durchschauenden und um so leichter ausnützbaren Zusammenhang aufgeklärt zu haben. Dafür sind die Dialoge mit den Sophisten

38 Unter dem Eindruck der historischen Ereignisse unseres Jahrhunderts hat Karl Popper Plato zum Ahnherrn aller Feinde des Liberalismus ernannt, die sich je nach rechts oder links ausschlagend später auf Hegel und Marx berufen (*Die offene Gesellschaft und ihre Feinde*, 1945, 1. engl. Auflage). Die Sophisten vertreten dagegen authentisch die Freiheit des Einzelnen.

Gorgias und Thrasymachos (*Staat*, 1. Buch) die Hauptdokumente. Das historische Recht oder Unrecht der Polemik zwischen Sokrates, Plato und ihren Zeitgenossen soll hier gar nicht abgewogen werden.

Die Politik zum Gegenstand einer Techne, d. h. eines anwendbaren, lehrbaren und prüfbaren Spezialwissens zu machen, hat zur Folge, daß Handeln unter die Kategorie des Produzierens gerät. Die Redekunst unterwirft das öffentliche Wohl einer scheinbar wertneutralen Technik. So erwirbt sie breite Zustimmung, da die rhetorischen Mittel jedermann einleuchtend zu machen wissen, auch sein Interesse werde befördert auf dem Wege wachsender Rationalisierung der öffentlichen Entscheidungsprozesse. Die rhetorisch erzeugte Zustimmung schlägt als Machtgewinn bei der Ausübung des sophistischen Geschäfts zu Buche. Insgeheim schwebt den sophistischen Sozialtechnikern die Willkürfreiheit der Tyrannis vor, die zum eigenen Nutzen und zu fremdem Schaden schalten und walten kann[39]. Damit gehört die methodische Täuschung zu den eigentlichen Intentionen bei der Ausübung der sophistischen Kunst.

Ersichtlich beruht das ganze verwickelte Gewebe aus Wissen und Schein auf der fundamentalen Unklarheit praktischer Zielsetzungen. Die Interessen der als Zuhörer manipulierten politischen Subjekte bleiben ebenso undiskutiert wie die Eigeninteressen der Techniker. Gerade weil jedermann glaubt, das allgemeine Gute werde verhandelt, und durch die Überzeugungskraft von Argumenten und Plädoyers in dem Vertrauen bestärkt wird, mit dem allgemeinen Guten seien auch seine eigenen Interessen gedeckt, steht die Frage, was eigentlich ein praktisches Ziel sei, nie zur Erörterung. Die Rhetorik perfektioniert nur technische Mittel, während das herzustellende Resultat vollkommen gemäß der Struktur der Produktion als vorausgesetzt gilt. Was zu produzieren sei, muß ein Produzent schon wissen, um daran orientiert den Herstellungsvorgang glatt durchzuführen. Was als Worumwillen einer Praxis fungieren soll, wie ein Handlungsziel sich inhaltlich bestimmt

39 z. B. *Gorgias*, 452 d/e, 466; das Motiv findet sich schon bei Euripides (*Hecuba*, 816: Πειθὼ δὲ τὴν τύραννον ἀνθρώποις μόνην).

oder welche Zwecke man verfolgt und welche nicht – diese Frage muß Praxis dagegen immer erst entscheiden. Die Zwecksetzung kann dem Handeln nie abgenommen werden, da es selber mit seinen Zwecken sich gebiert. Losgelöst von praktischen Vollzügen und vergegenständlicht in Analogie zur objektiven Bestimmtheit von Produkten stehen Zwecke niemals zur Verfügung.

Das sophistische Mißverständnis beruht auf der Vorausgesetztheit von Zwecken und damit ineins auf der Reduktion von Handeln zu Machen. Das Mißverständnis schlägt sich als Täuschung auf die politischen Subjekte nieder, die Objekte der sophistischen Technik sind. Es wirkt sich zuträglich auf seiten der Sophisten selber aus, insofern die Übung ihrer Technik unkontrollierte Einflußnahme auf die Öffentlichkeit zum Nebenergebnis hat. Freilich setzt sich die Verblendung durch jenes Mißverständnis noch bis in die politische Praxis der sophistischen Sozialtechniker hinein fort. Denn die perfekte Öffentlichkeitsbeherrschung verkehrt sich ihnen zum Selbstzweck. Wozu der politische Einfluß gut sei und was man mit der Macht anfangen soll, wissen die Sophisten nicht mehr zu sagen. Die Unklarheit über praktische Zwecksetzungen schließt sogar den Privategoismus ein, den die Könner hinter den Worten vom Gemeininteresse zurückhalten, um ihm ungestört frönen zu können. Die platonische Diagnose deckt im geheimen Zentrum der sophistischen Machination eine eigentümliche Praxisschwäche auf, die das gesamte Programm pervertiert, insofern die Rhetoren noch dem Banne erliegen, unter den sie andere stellen.

Was folgt aus der philosophischen Diagnose der Sophistik für den Philosophen selbst? Da Praxis nicht durch Produktionstechnik ersetzt werden kann, genügt keine bloße Mittelperfektion unter objektiv vordefinierten Zielen. Das Handeln muß sich selber um seine eigenen Zwecke kümmern. Die philosophische Theorie des Handelns muß Licht in den Punkt bringen, den die Sophistik planmäßig im dunkeln beließ, nämlich die Prinzipien der Zwecksetzung. Als einen Versuch, diese Aufgabe zu lösen, darf man das Herzstück der platonischen Politeia lesen: die Lehre von der Idee des Guten[40]. Die provozierende These von den Philosophenkönigen ist primär als *kritischer* Kontrapost zu den beherrschenden Gegebenheiten der Zeit gemeint, wo die Meister des Scheins das Sagen haben[41]. Eine Gesellschaft als politische Handlungsgemeinschaft ist dann nicht in Ordnung, wenn durchgängig Unklarheit über die wahren Ziele sowohl des Handelns aller als auch der Einzelnen vorwaltet und dieser Zustand noch von vermeintlichen Fachleuten im politischen Metier sanktioniert wird. »Was doch jedermann erstrebt und worumwillen er all das tut, was er in seiner Praxis tut ..., sollen darüber etwa die Besten im Staat im dunkeln bleiben, in deren Hände wir alles legen?«[42] Das Gute nimmt den obersten Rang im Wissen ein, weil alles Handeln darauf aus ist. Dem letzten Worumwillen der Praxis hat sich alles andere unterzuordnen. Hier stößt die Autonomie philosophischer Theorie an ihre eigene Grenze, sofern Theorie sich im Dienst politischer Praxis weiß.

Die Idee des Guten zum Thema der Theorie zu erheben, heißt daher zunächst einmal, die Grundfrage richtiger Praxis aufzuwerfen. Zwar steht außer Zweifel, daß von der komplizierten Ideendialektik im *Staat* noch andere erkenntnistheoretische und spekulative Probleme berührt werden, die wir hier vernachlässigen. Es wäre aber mit Sicherheit falsch, die Idee des Guten zu einem rätselvollen Gegenstand transzendenter Schau zu sublimieren, worin alle Bezüge zur Praxis sich verflüchtigten. Man kann dann nämlich weder verstehen, wieso die oberste Idee die des Guten sein soll, noch warum der Gipfel der Spekulation im Zentrum eines Staatsentwurfs sich erhebt, und auch nicht, welche Unterscheidungsmerkmale daraus für die kritische Konkurrenz mit den politisierenden Sophisten folgen sollen.

Viele Beobachtungen lassen es weiterhin fraglos erscheinen, daß Plato ein deutliches Bewußtsein von den Schwierigkeiten einer Vermittlung zwischen Theorie und Praxis besaß. Die The-

40 *Staat*, 504 ff.

41 *Staat*, 473 ff.

42 s. 505 d - 506 a

se von den Philosophenkönigen erlaubt in der Tat zwei Alternativen: entweder die Denker übernehmen die Macht oder die Regierenden beginnen nachzudenken. Beides wäre für die Wirkung der Vernunft in politischen Dingen gleichberechtigt. Die Verpflichtung zu politischer Praxis kommt die Denker hart an, denn die Anwendung ihres Wissens stellt ein eigenes Vermittlungsproblem. Das Höhlengleichnis drückt dies so aus[43], daß die Theoretiker sich sträuben und genötigt werden müssen, aus der Helle reiner Schau wieder hinunter in die Höhle zu steigen, um das Leben mit den unaufgeklärten Mitgefangenen zu teilen. Schließlich ist das ganze Bild in die ambivalente Dimension der Utopie gerückt. Nicht die ungebrochene Hoffnung wird beschworen, sondern der kritische Gegenentwurf hält dem Bestehenden den Spiegel der Wahrheit vor. Erwägt man all dies, so spricht nichts für einen platonischen Kurzschluß, der Theorie und Praxis vermittlungslos zusammenfallen ließe.

Die Vergegenwärtigung des Problems der Sophistik als Folie des detailliert ausgemalten Staatsideals erlaubt es, das Verhältnis zwischen Theorie und Praxis im Rahmen der *Politeia* richtiger zu beurteilen. Die praxisverkürzenden Interpretationen der obersten Idee im Sinne reiner Theorie überwiegen nämlich immer noch[44]. Dieser im Vergleich mit dem Text überraschende Umstand dürfte sich im wesentlichen daraus erklären, daß die durchaus zeitkritische Zielrichtung der Staatstheorie gegen die sophistische Schule unterschätzt wird, so daß man glaubt, gleichsam philosophische Aussagen im Klartext fassen zu können. Deutet man die Aussage des *Staates* hingegen im Blick auf das Phänomen der Sophistik, so relativieren sie sich. Man wird philosophisch in ein Problem eingeführt, man bekommt keine Antworten, die sich mit Händen greifen ließen.

In dem Sinne schien mir die Rückwendung auf Plato für unsere Untersuchung förderlich. Über die notwendige Richtigstellung

43 *Staat*, 519 ff.

44 Ich nenne nur beispielhaft: G. Bien, Das Theorie-Praxis-Problem und die politische Philosophie bei Plato und Aristoteles, Phil. Jahrbuch 76, 1968/9.

am Platobild hinaus wird mit der Sophistik ein Grundproblem praktischer Philosophie sichtbar, daß in der zeitgenössischen Sozialwissenschaft unter den Stichworten der Ideologiekritik, der Technokratie, der Herrschaft des Spezialistentums usw. behandelt wird. Der bewußt gewählte Titel der Sophistik soll hingegen deutlichmachen, daß dies Problem keineswegs mit der hochentwickelten Gesellschaftsform der Gegenwart erst entsteht und daher auch in den spezifisch zeitgenössischen Kategorien nicht voll erfaßt wird.

Das Problem der Sophistik ist das Problem der Ungeklärtheit der Struktur von Praxis gerade unter Bedingungen ihrer Rationalisierung. Nichts sonst als die immer weiter sich ausbreitende theoretische Beschäftigung mit Praxis erzeugt jene tiefreichende Dunkelheit. Die Paradoxie ist anderer Art als die vom gängigen Ideologieverständnis identifizierten Zustände, wo etwas verborgen bleibt, weil darüber planmäßig geschwiegen wird. Wir stoßen auch nicht auf eine Vorform des seit Weber ventilierten Dilemmas wissenschaftlicher Wertfreiheit, das durch saubere Trennung der zwei Bereiche theoretischer Erkenntnis und praktischer Wertung gelöst werden kann. Am ehesten trifft auf die Sophistik das von Horkheimer und Adorno geprägte Wort von einer *Dialektik der Aufklärung* zu.

Die Verwissenschaftlichung von Handlung unterwirft sich nicht einfach fremden Interessen, weil sie als neutrale Technik entweder der befestigten Macht des Bestehenden ohnehin dient oder äußerem Herrschaftszugriff nicht zu widerstehen vermag. Sie deckt kraft ihrer wissenschaftlichen Reputation auch nicht auf äußerliche Weise ungute Verhältnisse begütigend zu. Sie verfehlt ganz ursprünglich ihr eigenes Thema. Was sie will, kann sie so, wie sie es will, gar nicht erreichen, aber dieser Sachverhalt muß ihr entgehen, solange sie das ist, was sie ist. Die Verwissenschaftlichung des Handelns, die nach dem Vorbild von Technik und Produktion verfährt, dringt zum Handeln überhaupt nicht mehr vor und ihre Impotenz wird dadurch endgültig gemacht, daß ein anderer Typ von Rationalität im Praktischen für sie nicht auszudenken ist. Das ist die Lehre, die aus dem alten Problem der Sophistik gezogen werden muß.

Es gibt eine handlungstheoretische Position, die aus dieser Not eine Tugend zu machen weiß und die faktische Unvermitteltheit von verfügbarer Technik und undurchschauter Zielsetzung für eine prinzipielle Vermittlungsunfähigkeit erklärt. Diese Position nimmt der *Dezisionismus* ein, der neuerdings in Verbindung mit der Technokratie- und Planungsdiskussion wieder intelligent verteidigt worden ist[45]. Wie sieht der Zusammenhang zwischen Sophistik und Dezisionismus aus? Die Sophisten üben ein Handwerk im Dienste von Interessen, die nicht nur von der Rationalität der angewandten Technik abgespalten sind, die vielmehr nur in dem Grade effektiv werden, wie die Wissenschaft sich ihnen gegenüber blind macht. Egoismus und Technik sind deshalb so eng verknüpft, weil zwischen ihnen gar kein Übergang besteht. An einem gewissen Punkte technischer Perfektion greifen kontingente Zielsetzungen von rückwärts her ein, denn die universale Täuschung durch die politischen Wissenschaften erlaubt deren sophistischen Vertretern unkontrollierte Willkürfreiheit. Der Dezisionismus rückt diesen Komplex in das nüchterne Licht eines pragmatischen Umgangs mit der Realität.

Die Grundkategorie des Dezisionismus kann am Beispiel parlamentarischer Politik erläutert werden. Auf Debatten folgen Abstimmungen, das »endlose Gespräch« wird durch die Nötigung zur Entscheidung abgebrochen. Wer handeln will, muß vom Reden zur Tat schreiten. Der Schritt ist eher ein Sprung, ein dezisionistischer Akt. Der Abbruch des Austauschs von Argumenten ist nicht schlechterdings irrational, denn man debattiert in der Absicht der Handlungsvorbereitung. Aber wann die Debatte als abgeschlossen gilt, daß und warum zu einem bestimmten Zeitpunkt die Entscheidung fällt, läßt sich nicht aus dem Gang der Rede schlüssig ableiten. Da es keine in der Sache zwingende Überführung von Wort in Tat gibt, werden in parlamentarischen Institutionen äußere Grenzen gesetzt, wo die Entscheidung fällig ist. »Die Debatten haben ihre Fristen, und nie reichen sie aus, um einen Fall auszudiskutieren, d. h. um

45 H. Lübbe, *Theorie und Entscheidung. Studien zum Primat der praktischen Vernunft*, Freiburg 1971

alle am ›Gespräch‹ Beteiligten über der Sache zu einigen. Eine jede Debatte endet damit, daß statt Gründe Hände aufgezeigt werden. Die Stimmen werden nicht mehr gewogen, sondern gezählt. Die Abstimmung ist der ›dezisionistische‹ Akt, mit dem in der Demokratie die Debatte beendet wird.«[46]

Der Dezisionismus bringt gegenüber der Stilisierung des idealen, bis zum schlüssigen Konsens zwangsfrei fortlaufenden Dialogs im Sinne der Kommunikationstheorien die nötige Rückkoppelung mit der Praxis wieder zur Geltung. Es fragt sich indes, ob der parlamentarische Spezialfall wirklich das Grundmodell praktischer Entscheidung abgibt. Die parlamentarische Ordnung des Prozedierens setzt gewisse Regelungen ein, die sicherstellen, daß unter den besonderen Bedingungen einer Verteilung der Entscheidungskompetenz auf Stimmen und Gruppen, die prinzipiell zur Opposition verpflichtet sind, überhaupt entschieden wird, weil sonst ein untunlicher Handlungsstau entstünde. Der Dezisionismus erhebt eine prozedurale Mechanik für Sonderfälle zur Norm[47]. Mit Emphase hatte Carl Schmitt, dem jedoch dabei nicht das parlamentarische Modell vorschwebte[48], als erster den Begriff der Dezision in bezug auf den politischen Ausnahmezustand als den »Extremfall« for-

46 a.a.O., 29

47 Das gilt übrigens auch für ein Lieblingsbeispiel Lübbes aus der Philosophiegeschichte. Dem im Wald Verirrten hatte Descartes die Verhaltensmaßregel auf den Weg gegeben, wenn er sich schon nicht mehr auskenne, wenigstens überhaupt in einer Richtung konsequent weiterzugehen. Die methodische Anweisung ist freilich weniger ein dezisionistisches Plädoyer für praktische Entschlußfreudigkeit, obwohl sie unter den Maximen der ›morale par provision‹ auftaucht (*Discours de la Méthode, pour bien conduire sa raison et chercher la vérité dans les sciences*, III). Sie dürfte mindestens auch gemünzt sein auf die pragmatische Situation einer Forschungsaporie, wo die Regel einer planmäßigen »Leitung der Vernunft« Folgerichtigkeit auch unter Bedingungen der Ungewißheit und des bloß Wahrscheinlichen sicherstellen soll. (Vgl. dazu auch die vierte Maxime ebd.)

48 Dessen Prinzipien sind vielmehr Diskussion und Öffentlichkeit, vgl. C. Schmitt, *Die geistesgeschichtliche Lage des Parlamentarismus*, 1921, Berlin 1961³.

muliert[49]. Nur wenn anders Praxis nicht in Gang kommt, sondern verhindert wird, gilt die Regel, um jeden Preis irgendwie zu entscheiden. Die Entscheidung um der Entscheidung willen fällt ausnahmsweise aufgrund einkalkulierter Blindheit.

Lübbe stellt sich offenbar einen dezisionistischen Ausweg aus dem Problem der Technokratie vor, indem ein Sonderfall die Spannung zwischen entwickelten Technologien und willkürlichen Entscheidungen legitimiert. Entscheidungen sind zu fällen in komplexen und nicht voll überschaubaren Situationen. Die Unvollständigkeit der Information und der objektive Zeitdruck wirken zusammen, um gleichwohl jene riskanten Akte zu erzwingen, die nötig sind, damit überhaupt gehandelt wird. Die Dezision nimmt diese Verantwortung auf sich im klaren Bewußtsein, daß eine praktische Alternative nicht besteht – daß ein Ausweichen vor der fälligen Entscheidung nur den unguten Schein der Pseudopraxis des Weiterredens bestärken würde.

Insofern besiegelt aber der Dezisionismus jenes sophistische Paradox, dem gemäß alles verfügbare Handlungswissen der Fachleute Praxis weder zur Folge hat, noch auch faktisch anleitet, sondern nur den Schutzmantel allgemeiner Zustimmung um die kontingenten Akte der Machtausübung breitet. Gegen die dezisionistische Problemlösung nach dem Vorbild des gordischen Knotens läßt sich zwar nicht mit Überzeugungskraft ein idealistisches Vertrauen in den Selbstlauf aller praktischen Kommunikation zum Besseren setzen[50]. Daß zwischen Reden, Argumentieren, Planen, Beraten und dem Verfügen über Technologien einerseits und dem Handeln andererseits ein Graben klafft, ist nicht zu bezweifeln. Wohl aber ist Skepsis hinsichtlich der dezisionistischen Konsequenz am Platze, die jene Kluft entschlossen in ihr Praxiskonzept einbaut. Das empfohlene Perfektionieren von Technologie läuft ins Leere, wenn ein solcher Dauerzwang zur Entscheidung herrscht, daß im Prinzip gleichgültig wird, unter welchen Bedingungen von geringerem

49 *Politische Theologie*, 2. Ausg. 1933, 11 ff.

50 so Habermas, Dogmatismus, Vernunft und Entscheidung, in: Theorie und Praxis, 1963, bes. 256

oder perfekterem technologischen Wissen man den Sprung zur Tat wagt, weil man jedenfalls sicher sein kann, nie genug zu wissen.

Die Kontingenz der Entscheidung definiert sich aber nicht nur rücksichtlich der stets unvollständig bleibenden Information, d. h. einer nie sinnvoll zu vermittelnden Diskrepanz zwischen Technologie und Tat. Die Kontingenz hat allem Pathos freier Setzung und verantwortlicher Übernahme von theoretisch unbefriedigenden Lagen zum Trotz auch die schlichte empirische Seite, daß die Entscheidung, wenn sie nicht aus Überlegung fließt, in Wahrheit von äußeren Faktoren gelenkt ist. Debatten bricht man gern ab, wenn Müdigkeit sich ausbreitet, vitale Bedürfnisse sich melden, das Gebäude geschlossen wird oder äußere Geschäfte drängen. Die Kontingenz der Dezision untersteht sachfremden Einflüssen, die nie voll reflektiert werden, da auch theoretisch keine Nötigung besteht, sie zu thematisieren. Der Dezisionismus leiht das gute Gewissen, daß irgendwie in jedem Falle zu entscheiden sei. Welche Umstände biologischer, psychologischer, sozialer oder dinglicher Natur dabei jeweils eine bestimmende Kausalrolle spielen, braucht nicht zu kümmern. Der Dezisionimus unterwirft, genau besehen, die souveräne Entscheidung, worin die Praxis ihre vermeintliche Ehre besitzt, der objektiven Macht der Umstände. Schon Plato hatte den Sophisten ins Gesicht gesagt, die tyrannische Freiheit, mit der die Könner liebäugeln, sei Sklaverei gegenüber den lauten Launen der Menge und dem stillen Ablauf der Wasseruhr, die die Redezeit begrenzt[51].

51 *Theaitetos*, 172 f.

III. Sprache und Handlung

Bis zu diesem Punkt haben wir auf eine gleichsam naive Weise gefragt, was Handlung ist. Die soziologischen Definitionsvorschläge hatten sich als unzureichend erwiesen, weil sie entweder dem Handlungsbegriff einen anderen Begriff unterlegten oder die ganze Analyse unter die Heteronomie fremder Beweisinteressen brachten. Die Kritik an der soziologischen Begriffsbildung verstärkte das Bedürfnis, unbeirrt zu erfahren, was Handlung sei. Die Grundunterscheidung von Praxis und Produktion grenzte den Typ von Aktivität genauer ein, den wir Handeln nennen und erlaubte eine elementare Untersuchung seiner Struktur. Hierfür war der Terminus Basishandlung modifiziert übernommen worden, während Ausblicke auf andere Praxiskonzepte, die in Opposition zu Theorie entwickelt wurden oder den dezisionistischen Schlußpunkt von Technologien bezeichnen, der Präzisierung unserer ursprünglichen Einsichten dienten.

Handeln richtet sich auf Zwecke oder Ziele als sein Worumwillen. Der Reflexionsbegriff des Worumwillens stellt eine intime und unauflösliche Verbindung her zwischen dem Akt, der umwillen eines Ziels statthat und dem Ziel, das nur rücksichtlich des ihm geltenden Akts bestimmt werden kann. Den Prozeß, der kraft der inneren Verknüpfung von Akt und Worumwillen entsteht, hatten wir als Vollzug im Unterschied zur Durchführung bei der Herstellung einer Produktion beschrieben. Handlung ist der Vollzug, in dem ein gesetzter Zweck tätig realisiert wird. Im Verlauf der Handlung erfüllt sich der Zweck, so daß er am Ende der Handlung erreicht ist, ohne daß ein Produkt herausfiele, das jenseits der Tätigkeit objektiven Bestand hat.

In diesem unmittelbaren Sinne ist von Handlung geredet worden. Handlung war ein theoretischer Gegenstand im Sinne philosophischer Begriffsbestimmung. Ich sehe nicht, was es gegen ein solches Verfahren methodisch verschlägt, wenn man darauf hinweist, die Untersuchung sei doch im Medium der Sprache vor sich gegangen. In der Tat ist Sprache als Mittel der beabsichtigten Klärung benutzt worden. Es wurde aber nicht über Sprache geredet, sondern über Handlung. Andernfalls hätte sich das Mittel an die Stelle des Themas gedrängt. Sprachlich über Handeln zu reden heißt immer noch über Handeln zu reden. Über Handlung zu reden ist keineswegs identisch mit einem Reden über unsere Rede vom Handeln, so als ließe sich ein bestimmter Gegenstand nur dann begreifen, wenn man die Mittel seiner Thematisierung mitthematisiert. Methodenreflexion ist nützlich, sofern sie gegen verbreitete Methodenblindheit angeht. Methodenreflexion muß aber, wenn sie sich selbst ernst nimmt von Sachbehandlung getrennt gehalten werden. Ein gleitender Übergang von Mittel und Thema darf nicht ihr Ergebnis sein, da dies jede Methodenreflexion in sich aufheben würde. Es macht guten Sinn und ist meines Erachtens auch unproblematisch zu sagen, daß man sprachlich oder begrifflich über Handlung redet, ohne daß damit gesagt sein muß, daß man über das Reden redet, sei es auch das Reden über Handlung.

Die methodische Bemerkung erscheint nötig zur Vorbereitung der nächsten Schritte. Es gibt nämlich Handlungstheorien, die den Begriff der Handlung nicht glauben bestimmen zu können, ohne auf gewisse Sätze oder Aussagen zurückzugreifen. Einer solchen Auffassung zufolge kann Handlung nur begriffen werden, wenn man zugleich über gewisse Sätze verfügt, die das Handeln vollgültig erklären. Solche Erklärungen verlangen im Gegensatz zu unserer bisherigen Analyse der elementaren Handlungsstruktur noch zusätzliche Informationen. Handlung als Vollzug des Worumwillens kann ganz aus sich heraus begriffen werden, wenngleich man zugeben muß, daß die analytische Basis noch schmal und die Auskünfte gering sind. Man erfährt zunächst nicht mehr, als daß Handlung und Zwecksetzung sich gegenseitig definieren, weil Handlung und Worumwillen aneinander entstehen.

Mit der elementaren Strukturanalyse geben sich die erwähnten Handlungsmodelle allerdings nicht zufrieden. Ich unterscheide der Deutlichkeit halber drei Typen einer Auffassung, die den Handlungsbegriff durch eine auf Sprachformen gegründete

Erklärung ersetzt oder erweitert. Natürlich sind mancherlei Mischformen und Übergänge möglich. Ich denke an die *teleologische*, die *kausale* und die *intentionale* Erklärung des Handelns. Die teleologische Erklärung will von Handlung nur dann sprechen, wenn gewisse Aussagen über ein Verhältnis von Zweck und Mitteln sich aufstellen lassen. Die kausale Erklärung läßt einen Handlungsbegriff erst aufgrund einer Aussage über Ursache und Folge zu. Die intentionale Erklärung schließlich nennt erst das Handlung, was mit einer Aussage über Intentionen verbunden werden kann.

Alle drei Modelle versprechen eine Erklärung des Handelns, die über die grundlegende Aufhellung der opaken Vollzugsstruktur von Praxis umwillen eines Ziels hinausgeht. Die Erklärung arbeitet mit Verhältnisbestimmungen, die auf unterschiedliche Weise an das Handeln herangetragen werden. Die teleologische Erklärung benutzt ein Verhältnis der Unterordnung von Mitteln unter Zwecke, die kausale Erklärung bringt das Folgeverhältnis von Ursache und Wirkung in Anschlag, die intentionale Erklärung unterstellt ein Verhältnis von Grund und Begründetem. Die Verhältnisbestimmungen lassen sich satzweise aussagen und festhalten. All diese Sätze sind aber Aussagen, die von einem Betrachtungsstandpunkt außerhalb des Handelns möglich werden. Es sind nicht die Aussagen, die das Handeln selber träfe. Die dem Handeln eigentümliche Form der Aussagen, die nicht von außen herangebracht werden und eine Betrachterperspektive mit der praktischen Struktur verwechseln, sollen später unter dem Titel der Maxime verhandelt werden.

1. Teleologische Erklärung des Handelns

Den Ausdruck ›teleologisch‹ beziehe ich hier wesentlich auf Zweck-Mittel-Relationen. Dieser Gebrauch schränkt einen weiteren Wortsinn, der im Schwange ist, tunlich ein. Zwar ist es üblich, ›teleologisch‹ in allgemeinen Zusammenhang mit Sinnproblemen, Wertsetzungen und Rationalitätskriterien zu setzen. Auch die schlichte Zweckhaftigkeit des Handelns überhaupt kann man ›teleologisch‹ nennen[1]. Im Rahmen unserer Untersuchung würde gerade die letztere Bedeutung jedoch paradoxe Folgen nach sich ziehen. Wenn man nämlich von behavioristischen Vorstellungen absieht, kann Handlung nur so erklärt werden, daß sie und ihr Zweck aneinander gemäß der Struktur des Worumwillen entstehen. Beide lassen sich dann nicht streng gegeneinander isolieren, da sie wechselseitig vermittelt sind. Nun taugt solch immanenter Zusammenhang aber nicht zur Erklärung, für die logisch gefordert ist, daß eines durch ein anderes erklärt wird. Explanans und Explanandum müssen bei Strafe der Tautologie oder der petitio principii voneinander unterschieden sein. Um diese Verwirrung im Erklärungskonzept zu vermeiden, wird die Bedeutung von Teleologie hier allein auf das besondere *Verhältnis von Zwecken und Mitteln* eingeschränkt.

Der teleologischen Auffassung zufolge ist nun die angebbare Zweck-Mittel-Beziehung konstitutiv für den Handlungsbegriff selber. Handlung im strengen Sinne gibt es nur dort, wo sich Aussagen über eine Relation von Zwecken und Mitteln treffen lassen. Freilich fällt die bestimmt aussagbare Zweck-Mittel-Relation nicht völlig mit der Handlung zusammen, aber die Handlung ist nichts anderes als die Übernahme oder Durchführung jener Relation. Handlung wird begriffen in Bezug auf etwas ihren reinen Vollzug Überschreitendes. Eine sol-

1 In dieser Richtung argumentiert Ch. Taylor (*Explanation of Behaviour*, London 1964, bes. Teil 1; s. a. *Erklärung des Handelns*, in: *Erklärung und Interpretation in den Wissenschaften vom Menschen*, Frankfurt 1975).

che Zweck-Mittel-Relation wird indes immer von einem äußeren Standpunkt aus aufgestellt, wobei es keine Rolle spielt, ob der dem Handlungsvollzug äußerliche Standpunkt der des Handelnden ist, bevor er in die Handlung eintritt und noch Chancen kalkuliert, oder aber derjenige eines unbeteiligten Beobachters, der in die Handlung gar nicht einbezogen ist. Jedenfalls dürfte im Handeln als einem auf das Worumwillen konzentrierten Vollzug die Relation, die zwischen Zweck und Mitteln herrscht, nicht auf dieselbe Weise und in derselben Neutralität präsent sein, wie sie sich dem Beobachter darstellt.

Zwecke werden gesetzt und Mittel werden eingesetzt. Es gilt dabei ein Verhältnis der Voraussetzung und Unterordnung. Über Zwecke muß schon entschieden sein, damit überhaupt Mittel in Frage kommen. Die Zwecksetzung ist die Bedingung des Mitteleinsatzes. Der Einsatz von Mitteln dient einzig den im voraus gesetzten Zwecken. Die Benutzung von etwas im Blicke auf und im Dienste von etwas anderem kann erfolgen, wenn die eindeutige Ordnung des Primären und des Sekundären hergestellt ist. Die Unterscheidung zweier Elemente derart, daß das eine vorausgesetzt und primär gilt, so daß das andere sekundär eingesetzt wird, kann beschrieben werden als die hierarchische Ordnung mehrerer Zwecke.

Das Zweck-Mittel-Verhältnis erscheint dann als die Differenzierung und Subsumtion von *Oberzweck* und *Unterzweck* oder -zwecken. Da Mittel im Dienst eines Zweckes stehen und nur Mittel heißen, wenn sie zu dessen Beförderung eingesetzt werden, sind sie in gewisser Weise auch Zwecke, sofern die Voraussetzung des zunächst gesetzten Zwecks besteht. Soll dies Gültigkeit besitzen, so haben auch sie Anspruch, als Handlungsziele gewürdigt zu werden, denn die leitende Zweckverfolgung geschieht durch Mitteleinsatz. Allerdings entsteht in der Zweck-Mittel-Relation keine Konkurrenz unter gleichberechtigten Zwecken, die einander ausstechen und die Wahl erschweren. Vielmehr hat die eindeutige Relation auch immer schon eine Hierarchie des Primären und Sekundären etabliert. Dank der hierarischen Ordnung, die Unterzwecke unter Oberzwecke subsumiert, läßt sich die Zweckverfolgung wirksamer gestalten.

Sofern die Zweck-Mittel-Relation als Ordnungsschema von Ober- und Unterzwecken interpretiert wird, läßt sich nach der Regel oder dem Kriterium der Ordnung fragen. Der bloße Vorgang der Subsumtion ist formaler Natur. Ihm müssen die Zwecksetzungen gegeben sein, damit die Einordnung des sekundären Elements unter das primäre gelingt. Was jeweils zu Unterzwecken ernannt wird, stellt das inhaltliche Problem der Mittelwahl dar: wie determiniert die Ausgangssituation das Mittelpontential, welche objektiven Sachlagen oder Zustände werden konkret in Richtung auf das Ziel ausgenutzt, welche dinglichen Realitäten der umgebenden Welt erlauben eine Ausdeutung im Sinne des Zweckdienlichen, welche Zwischenhandlungen müssen eingeschoben werden, um Mittel verfügbar oder passend zu machen, welches Präferenzgefälle ist strategisch effizient? Von den inhaltlichen Fragen ist der formale Aspekt der Erstellung eines Zweck-Mittel-Verhältnisses überhaupt als ein Schema der Subsumtion gestaffelter Zwecke zu unterscheiden. Angesichts eines zumeist weitherzigen Gebrauchs des teleologischen Modells tut man gut daran, beides nicht durcheinander zu werfen. Das Kriterium der Ordnung von Zwecken und Mitteln bezieht sich nun aber auf Inhalte, es kann dem Formalschema nicht entnommen werden. Zusätzliche Gesichtspunkte werden nötig. Genau darum geht es im Problem der sogenannten Zweckrationalität[2].

Zweckrationalität wird über die Subsumtionsleistung hinaus in einem quantitativ bestimmten Verhältnis von Mittel und Zwecken gesucht. Rational heißt innerhalb des Ordnungsschemas eine pragmatische Vernünftigkeit der geringsten Mittelaufwendung für den größtmöglichen Nutzen. Die Zweckrationalität wird dadurch zur *Mittelökonomie*. Die Grundvorstellung ökonomischer Nützlichkeit hat den klassischen Konzepten der Zweckrationalität ihren Stempel aufgedrückt. Die unaus-

2 Luhmann hat entgegen der Lehre von der Zweckrationalität mit dem systemtheoretischen Instrumentarium des Funktionalismus das formale Ordnungsschema als solches mitsamt seinen Variationsmöglichkeiten auf praktische Bedeutsamkeit hin überprüft (*Zweckbegriff und Systemrationalität*, a. a. O., bes. Kap. V).

gesprochene Leitfunktion dieser Vorstellung beweist, in welchem Maße die teleologische Handlungserklärung auf den Standpunkt des äußeren Betrachters und Beurteilers zugeschnitten ist.

Von *Paretos* Dichotomie ›logischer‹ und ›nichtlogischer Handlungen‹ bis zu *M. Webers* idealtypischer Konstruktion zweckrationalen Verhaltens und den spieltheoretischen Kalküls für ökonomisch ideale Entscheidungen unterliegt die Vorherrschaft der Methodologie keinem Zweifel[3]. Gesucht wird, was dem Betrachter einleuchtet, wobei die Beobachtung klar in ökonomischer Perspektive erfolgt. Die auf diese Weise aufgestellte Relation von Zweck und Mittel wird im teleologischen Modell auf die Handlung selber übertragen. Die unleugbare Differenz zwischen der idealen Betrachtung und der realen Praxis kann nur als defizienter Modus verbucht werden. Die wirklichen Handlungen sind eher und meist nicht logischer Art, sie liegen auf einer Skala des Abfalls vom Idealtypus.

Unter dieser Akzentuierung verkehrt sich vollends der Untersuchungsgegenstand. Untersucht worden ist offensichtlich etwas ganz anderes als die Handlung. Thema war ein methodenbedingtes Konstrukt, eine heuristische Fiktion, deren Bedeutung für die soziologische Kategorienlehre und die Bedürfnisse der Wissenschaftstheorie anhand von M. Weber früher bereits erörtert worden ist. Die Verzerrung, die im Modell teleologischer Handlungserklärung unmittelbar droht, zeigt sich jedenfalls in aller Kraßheit dort, wo das zu Erklärende, nämlich Handlung, a priori nur als Abweichung von dem Erklärten aufgefaßt werden kann. Eine solche Erklärung scheitert an dem Widerspruch, daß sie ihrem Gegenstand genau in dem Maße

3 Pareto besitzt ein ausgeprägtes Bewußtsein davon, daß seine Systematisierung der Handlungen nach subjektiv bzw. objektiv logischen und nicht logischen auf dem Prinzip beruht, die Gegenstände auf ihre Entsprechung zur »logisch-experimentellen Theorie« des Wissenschaftlers hin anzusehen. (V. Pareto, *Trattato di Sociologia generale*, 1916, §§ 150ff.; in: N. Bobbio, Ed., *Pareto e il sistema sociale*, Florenz 1973, 48ff.; vgl. schon die Frühschriften: V. P., *Ausgewählte Schriften*, ed. Mongardini, Frankfurt 1975, 58, 124.)

gerecht wird, als er ihrem Modell nicht entspricht. Der Grund ist nicht schwer zu finden. Im Extremfall der auf den theoretischen Betrachter zugeschnittenen und von einem ökonomischen Wertesystem determinierten rationalen Relation von Zweck und Mittel ist von Praxis gar nicht mehr die Rede.

Ein letztes Mißverständnis gilt es noch auszuräumen. Es könnte jemand vermuten, die Teleologie von Zweck und Mittel beträfe gar nicht ein Verhältnis von Ober- und Unterzwecken, das zudem einer ökonomischen Beurteilung ausgesetzt wird. Vielmehr sei das Verhältnis von Zweck und Mittel identisch mit dem Verhältnis von Zweck und Handlung. Die Handlung selber mußte das Mittel zum Zweck genannt werden. In der Tat klingt diese Redeweise an die gegebene Beschreibung der Basishandlung an, wo gesagt wurde, man tue etwas, indem man etwas anderes tue. Man stoße beispielsweise einen Stein, indem man den Arm auf eine bestimmte Art bewege.

Mindestens drei Gründe sprechen gegen eine solche Deutung. Für Mittel ist die Möglichkeit der *Wahl* charakteristisch. Bei der Identität von Mittel und Handlungsvollzug entfiele diese Möglichkeit der Selektion, denn, wer handeln will, hat dem Handeln gegenüber keine Wahl. Mit der Wahlmöglichkeit hängt die *Pluralität* von Mitteln zusammen. Nicht in jedem Falle, aber sehr häufig stehen für einen bestimmten Zweck in einer gegebenen Handlungssituation mehrere Mittel zur Verfügung, insbesondere dann, wenn man sich von einem ökonomischen Diktat befreit, das den geringsten Aufwand vorschreibt. Diese Vorschrift tritt von außen an die Praxis heran, denn auch aufwendige und umständliche Vollzüge, die vielleicht ästhetische Vorzüge aufweisen oder ethischen Erwartungen Genüge tun, können nicht aus der Klasse der Handlungen ausgeschlossen werden. Sie entsprächen nur nicht einem besonders festgelegten Rationalitätsmaßstab. Die Pluralität möglicher Mittel macht jedoch die These unplausibel, Mittel und Handlung fielen zusammen. Es sei denn, man entschlösse sich dazu, all den verschiedenen Mitteln verschiedene Handlungen zuzuordnen.

Unter dieser Bedingung wird aber schwer verständlich, wie man den Gedanken der Pluralität festhalten will. Eine Mehrzahl von Mitteln bestimmt sich in Relation zu einem einzigen Ziel. Bei mehreren Zielen stünden nämlich die jeweils zuständigen Mittel untereinander nicht in der Beziehung der Pluralität. Sollen nun Mittel gleich Handlungen sein und dennoch Pluralität bestehen, dann folgte notwendig, daß mehrere Handlungen ein und demselben Ziel dienten und zwar nicht im Rahmen einer Mittel-Zweck-Überlegung, sondern in alternativer Pluralität. Was das heißen soll, versteht man nun noch weniger, denn wie sollen die differenten Handlungen, die einem einzigen Ziel gelten, sich überhaupt noch voneinander unterscheiden. In der Zwecksetzung liegt die Differenz nicht, denn die vielen möglichen Handlungen sollen einem Ziel gelten. In der Mittelwahl kann die Differenz nicht liegen, nachdem die Handlung sich mit dem Mittel deckt, und keine Distinktionsmöglichkeit mehr bleibt. Die vielen Handlungen in Richtung auf dasselbe Ziel müßten strenggenommen für ihrerseits identisch erklärt werden und das wäre widersinnig. Eine gegenüber Ziel und Handlung unabhängige dritte Instanz, die Differenzierung erlaubte, gibt es aber nicht. Jede Handlung läßt sich im Sinne der Struktur des Worumwillen nur durch die ihr eigene Zwecksetzung bestimmen.

Dies Argument leitet zum letzten Einwand über. Wo findet der *Zusammenschluß* von Ziel und Mittel eigentlich noch statt, wenn die Handlung bereits an die Stelle des Mittels tritt. Es muß doch noch angebbar sein, auf welche Weise das gesetzte Ziel durch das eingesetzte Mittel = Handlung erreicht wird oder umgekehrt wie die Handlung die Zwecksetzung befördert, deren Mittel sie ist. Wenn darauf die einzig mögliche Antwort lautet: die Handlung befördert den Zweck durch sich selber, dann entsteht die Trivialität, daß das Mittel den Zweck durch das Mittel befördert.

Die letzte Überlegung macht deutlich, daß Handlung als der Ort der Vermittlung von Mittel und Zweck gedacht werden muß. Andernfalls werden die relativen Begriffe Mittel und Zweck funktionslos, da ihr Zusammenhang nirgends hergestellt wird. Die Handlung muß, wenn sie den Rahmen für die Zweck-Mittel-Relation abgibt, als unterschieden vom Mittel angesetzt werden. Die zu leistende Vermittlung der analytisch aufeinander bezogenen Elemente Zweck und Mittel liegt im Handlungsvollzug vor. Als Vollzug verstanden ist die Handlung die Realisierung eben des Zusammenhangs, in den die äußere Betrachtung Zweck und Mittel bringt, indem sie sie voneinander sondert. In dieser eigenen Rolle des tätigen Zusammenschlusses jener Beziehung ist Handlung sowohl vom Zweck als auch von dem Mittel unterscheidbar.

Mit der herausgestellten Selbständigkeit des Handelns als des tätigen Zusammenschlusses von Zwecken mit geeigneten Mitteln ist aber erwiesen, daß Handlung nicht aus einer vorgefaßten Zweck-Mittel-Relation erklärt werden kann. Die Relation wird immer erst praktisch hergestellt. Es »gibt« sie nicht unabhängig vom jeweiligen Fall in irgendeiner außer- oder vorpraktischen Objektivität. Was für einen so und so intendierten Zweck überhaupt Mittel heißen kann, determiniert die konkrete Situationsdeutung des Handelnden. Welches Element aus dem bereitliegenden Potential zum Mittel wirklich erhoben wird, entscheidet sich ebenfalls im Handeln. Wie dann der gesetzte Zweck durch das eingesetzte Mittel faktisch befördert oder erreicht wird, ist wiederum ganz Sache des Vollzugs. Unabhängig von der je besonderen Praxis und im Range objektiver Theorie stehen nur Schemata der Beurteilung zur Verfügung, die ein Zweck-Mittel-Verhältnis nach ihren eigenen Gesichtspunkten des Besten, ökonomisch Adäquaten, Logischen oder Rationalen einschätzen. Ein Beurteilungs- und Bewertungsschema des Betrachters, ganz unbesehen seiner spezifischen Präferenzannahmen, eignet sich aber im Prinzip nicht als Erklärungsgrund der praktischen Realität.

2. Kausale Erklärung des Handelns

Anstelle eines ökonomisch imprägnierten Teleologiemodells bietet sich eine andere Erklärungsform geradezu an, die in den Naturwissenschaften die seit langem gültige ist und sich über jeden Zweifel bewährt hat: die kausale Erklärung. Statt nach Zwecksetzung und Mittelwahl das Handeln aufzuschlüsseln, denkt man es in der strengen Relation von Ursache und Wirkung. Handlung stellt dann nur einen Sonderfall der im objektiven Naturgeschehen allenthalben herrschenden Kausalabläufe dar. Diese Erklärung des Handelns ist üblich geworden seit dem Aufkommen des frühneuzeitlichen Wissenschaftsbewußtseins, das in der Natur nur mehr Kausalursachen und keine Zweckursachen zulassen wollte.

Die naturwissenschaftlich begründete Skepsis gegen die vierte Ursache der aristotelischen Ontologie, die causa finalis, hat direkte Rückwirkungen auch auf den Handlungsbegriff gehabt. *Hobbes* ist einer der ersten, der Handlung wesentlich als durch innere Ursache effiziierte Bewegung versteht[4]. Die wirksamste Position in der Tradition kausaler Handlungsauslegung war freilich *Hume*, der nicht nur in der Anlage des kantischen Handlungsbegriffs als der empirischen Grundlage für Moralität seine Spuren hinterlassen hat, sondern auch der gegenwärtig im Rahmen der Sprachanalyse geführten Debatte über Handlung noch eine wesentliche Richtung weist.

Im VII. Abschnitt des *Enquiry concerning Human Understanding* behandelt Hume die berühmte Frage, ob wir allein aufgrund sinnlicher Erfahrung von der Notwendigkeit einer Verbindung zwischen einer bestimmten Erscheinung als Ursache und einer bestimmten andern als Wirkung ein sicheres Wissen haben können. Die Frage ist zu verneinen: wir beobachten nur tatsächliche Abfolgen, aus denen wir aber nie auf das gesetzmäßige Eintreten zukünftiger Ereignisse als Wirkungen der gegebenen schließen können. Was uns bei Beobachtung äußerer

4 *Leviathan*, I, 6

Sinnesobjekte verwehrt ist, so fährt Hume fort, könnte aber doch möglich werden, wenn wir in uns blicken und reflektierend die Tätigkeiten des Geistes (operations of the mind) bzw. die innere Kraft (internal power) prüfen. »Let us see whether this idea (of necessary connection) be derived from reflection on the operations of our own minds and be copied from any internal impression.« Das eigene Bewußtsein vermittelt uns jederzeit ein Wissen von der Kraft des Willens, der die Glieder des Körpers zu bewegen vermag oder Gedanken zu lenken. Dem Bewußtsein vom Willen scheint also die Idee einer notwendigen Verbindung zwischen zwei Ereignissen zu entspringen.

Hume erwägt einen Moment lang die Vorstellung, der Wille sei die untrügliche Ursache notwendig darauf erfolgender Wirkungen, so daß das Kausalgesetz ursprünglich an der Handlung abgelesen sei, weil wir hier dank der Unmittelbarkeit des Bewußtseins ein direktes Wissen haben, das über die unsichere sinnliche Wahrnehmung hinausreicht. Er erhebt aber sogleich zwingende skeptische Einwände gegen den Vorschlag. Wir könnten der körperlichen Wirkung eines Willensaktes im Sinne der Handlung keineswegs sicher sein, weil hier das Prinzip der Einheit von Körper und Geist zugrundliege, das völlig unbegreiflich und mysteriös sei. Weiterhin erstrecke sich die mögliche Wirkung des Willens nicht auf alle Organe gleichermaßen und vollziehe sich zudem über eine Kette anatomisch zwischengeschalteter Ereignisse in Nerven und Muskeln, die wir nicht genügend kennen und die etwas ganz anderes sind als die intendierte Wirkung selber. Hume schließt, daß der Versuch scheitert, die Idee notwendiger Verknüpfung von Ursache und Wirkung aus der inneren Erfahrung zu begründen. Wenn wir den Beweis auch nicht in der nötigen Strenge zu führen vermögen, so scheint doch die ursächliche Folge der Körperbewegung auf einen Willensakt »a matter of common experience, like other natural events«.

Die Absicht der humeschen Überlegung geht darauf, das Prinzip des Kausalnexus in Frage zu stellen und Skepsis gegen jedes sichere Wissen notwendiger Verknüpfung anzumelden, so daß schließlich eine Lösung in der Psychologie eingewöhnter Assoziation faktischer Ablauffolgen gesucht wird. Die selbstver-

ständliche Umkehr der Vorstellung einer Naturkausalität in eine innere Kausalwirkung des Willens auf äußere Körperbewegungen stellt ein Nebenergebnis des skeptischen Arguments von Hume dar. Auf die Weise ist aber nachdrücklich die Analogie von Naturabläufen und Handlungen zur Doktrin erhoben. Handlung kann unter den Vorzeichen der herrschenden naturwissenschaftlichen Erklärungsform gar nicht anders denn als Kausalität besonderer Art gedacht werden. Die Besonderheit besteht nur darin, daß hier die Ursachen »innen« und die Wirkung »außen« liegt.
Dabei wird ein Wille angenommen, der wesentlich als Prinzip der Kausierung gedacht werden darf und in dieser Rolle grundsätzlich nicht von den exemplarischen Billardkugeln unterschieden ist, von denen die eine die andere anstößt und in Bewegung versetzt. Hume beweifelt nicht eigentlich diese Parallele, sondern nur den vermeintlichen Vorzug zweifelsfreier Einsicht in innere Verursachung. Die psychischen Ursachen sind den physischen vielmehr darin gleich, daß in beiden Fällen über die Notwendigkeit einer Verknüpfung mit der jeweiligen Wirkung nichts Verbindliches gesagt werden kann. Hume trägt bei aller Skepsis somit zur Befestigung einer Auffassung bei, die Ryle später als »ghost in the machine« kritisierte[5].
Auf die akzeptierte, wenngleich unbewiesene Vorstellung einer Kausalität des Willens bezieht sich noch klar die kantische Auflösung der Antinomie innerhalb einer Dialektik der reinen Vernunft. Alle empirischen Erscheinungen stehen unter der Regel des Kausalgesetzes, das die notwendige Verknüpfung einer Erscheinung als Ursache mit einer anderen als Wirkung angibt. Die transzendentale Ableitung der Kategorien soll das humesche Problem endgültig lösen. Die Skepsis wird dadurch überwunden, daß man auf Aussagen über die Dinge an sich verzichtet und nurmehr die zur Ordnung unserer menschlichen Erfahrungserkenntnis unerläßlichen Verstandesregeln ableitet. Deren Gültigkeit wird bewiesen, indem man die Unsinnigkeit einer einheitlichen Verstandestätigkeit erweist, die solcher Regeln und Ordnungsschemata entraten müßte.

5 *The Concept of Mind*, 1949

Eine neue Schwierigkeit tut sich mit der transzendentalen Dialektik auf, indem der einheitliche Vernunftbegriff, aus dem die Geltung der Verstandesregeln sich legitimiert, diese Regeln unerbittlich an Grenzen treibt, wo sie wiederum unsinnig zu werden drohen. Vernunft fordert Totalität und das bedeutet für die Verstandesregeln des Kausalnexus das unendliche Weiterschreiten von einer Ursache zur sie bewirkenden nächsten Ursache und so fort, bis daß die gesamte Kausalkette vollständig präsent ist. Die Totalität aller Bedingungen ist aber unter den Voraussetzungen endlicher Erfahrungserkenntnis nie herzustellen. Daraus erwächst die Antinomie einer auf Unbedingtheit dringenden Vernunft, die zugleich die Geltung der Verstandesregeln auf die Bedingtheit der Sinnenwelt eingeschränkt hatte.

Die Schlichtung der Antinomie erfolgt durch einen Begriff der *Handlung*[6], der *Kausalität durch Freiheit* bedeutet. Als intelligibles Vernunftwesen ist der Mensch zum bedingungslosen Setzen des Anfangs einer Kausalkette in der Welt befähigt. Das freie Anfangen einer Kausalkette empirischer Erscheinungen führt die theoretische Vernunft freilich über ins Gebiet der praktischen Vernunft. Handlung liegt auf der Grenze zwischen dem empirisch unter Weltbedingungen stehenden Subjekt und dem sich aus reiner Vernunft bestimmenden, d. h. freien und moralischen Subjekt. Auf die Rolle der Vernunft bei Annahme einer Kausalkette der Freiheit werden wir anhand des Problems der praktischen Vernunft zurückkommen.

Einmal gesetzt, es gebe so etwas wie praktische Vernunft, dann muß sie in der Handlung »die Stelle einer Naturursache vertreten«[7]. In der Verfolgung der bei Hume etablierten Vorstellung eines Kausalbezugs von »innen« nach »außen« ist eine Ursache besonderer Art anzusetzen, die beobachtbare Wirkungen zur Konsequenz hat. Die Besonderheit jener Ursache wird durch die Trennung der empirischen von der intelligiblen Sphäre ausgedrückt. Die metaphysische Lehre vom homo phaenomenon und noumenon kann durchaus so gelesen werden, daß die Besonderheit einer »inneren« Ursache darin zum Aus-

6 *Kritik der reinen Vernunft*, A 538-58; s. a. 205

7 *Handschriftl. Nachlaß*, Refl. 5612, Akad.-Ausg. Bd. XVIII

druck kommt. Die Ursache darf nicht ihrerseits wieder bedingt sein, also die Wirkung einer ferneren Ursache darstellen, weil damit die Forschung in die Unendlichkeit immer weiterer Kausalbeziehungen verwiesen wäre. Die Unbedingtheit jener Ursache gründet in der Freiheit, deren Möglichkeit – nicht Wirklichkeit – sich nur moralphilosophisch dartun läßt. Wenn es sinnvoll ist, den kategorischen Imperativ aufzustellen, so muß mit der Möglichkeit von Freiheit gerechnet werden. Deren Wirklichkeit auch zu beweisen, hieße, sie wieder in die empirische Sphäre zurückzustellen, während sie sich als Freiheit doch gerade nur in der Absonderung von der Empirie definierte.
Die Besonderheit einer Ursache, die nicht empirischen Charakters ist, darf indes nicht hindern, daß diese Ursache Ursache im uneingeschränkten Sinne ist. Während die Begründung einer so besonderen Ursache einem andern thematischen Feld, nämlich der Moralphilosophie überlassen bleibt, muß die Ursachenfunktion sich real empirisch zeigen. Sie darf sich nicht in einem moralischen Appell verlieren. Es müssen Wirkungen nachzuweisen sein, deren Ursache nur in jenem besonderen Status gedacht werden kann. Die Wirkungen erscheinen auf rein empirischer Ebene stets als Wirkungen empirischer Ursachen. Hier steht Handlung restlos unter den Bedingungen der Sinnenwelt. Kausalität durch Freiheit kann sich aber nicht auf die Abläufe der Naturkausalität beschränken. So sehr also die empirische Seite des Handelns einzuräumen ist, so sehr muß auf der intelligiblen Verursachung der Praxis bestanden werden. Handlung meint äußere Wirkungen aus inneren Ursachen. Damit steht sie auf der Grenzscheide zwischen den beiden Welten, ohne deren Unterscheidung so etwas wie Handlung, die jener Definition entspricht, überhaupt nicht gedacht werden könnte.

Exkurs zu Kants Handlungsdefinition

»Ein jedes Ding der Natur wirkt nach Gesetzen. Nur ein vernünftiges Wesen hat das Vermögen, nach der Vorstellung der Gesetze, d. i. nach Prinzipien zu handeln, oder einen Willen.

Da zur Ableitung der Handlungen von Gesetzen Vernunft erfordert wird, so ist der Wille nichts anderes als praktische Vernunft«[8]. Praktische Vernunft ist eine Vernunft, die in Handlungen so wirksam wird wie die Naturgesetze, denen die Dinge unterliegen. Äußere Wirkung hat Vernunft nur als Wille, der ein anderer Name ist für Kausalität aus Freiheit oder Bewirken von Effekten aus der reinen Gesetzesvorstellung. Die Vernunftbestimmung des Willens erfolgt bei einem endlichen Sinnenwesen, wie es der Mensch ist, nicht von selbst, sondern in Form eines Imperativs. Was hier Gesetz heißt und als Imperativ auftritt, wird an einer überaus merkwürdigen Stelle der *Kritik der praktischen Vernunft* als Regel eingeführt[9]. »Die praktische Regel ist jederzeit ein Produkt der Vernunft, weil sie Handlung, als Mittel zur Wirkung, als Absicht vorschreibt.« Im Falle nicht ausschließlicher Vernunftbestimmtheit, wie beim Menschen, gilt diese Regel als Imperativ, da sie nur das vernünftige, aber nicht in jedem Falle auch das faktische Verhalten angibt.

Das Vernünftige an der Regel ist ein gewisser Vorschriftscharakter. Handlung soll als Mittel zur Wirkung als Absicht eintreten. Wenn die Bewirkung der Wirkung beabsichtigt ist, muß Handlung als Mittel in Anschlag gebracht werden. Die Unterordnung der Mittel unter den Zweck gemäß der teleologischen Relation geht hier parallel der Verursachung von Wirkungen. Handlung heißt jenes Mittel, das zur Erreichung eines Zweckes einzusetzen ist, insofern die Handlung die einzige Ursache für die gesuchte Wirkung darstellt. Teleologische und kausale Erklärungen überlagern sich an dieser Stelle. Weil Handlung als Kausalität aus Freiheit die gesetzmäßige Verursachung bestimmter Wirkungsfolgen ist, verlangt die Regel der Vernunft konsequent deren Einsatz, falls die Wirkung Inhalt einer Zwecksetzung wird.

Was ist nun Produkt der Vernunft? Die richtige Anweisung einschlägiger Mittel für gewollte Zwecke oder die Benutzung gesetzlich feststehender Kausalbeziehungen zugunsten effizien-

8 *Grundlegung zur Metaphysik der Sitten*, A 36, s. a. 97

9 *Kritik der praktischen Vernunft*, A 36

ter Zweckverfolgung? Ersteres gilt stets, so daß Kant das Verhältnis von Mittel und Zweck analytisch nennen kann. »Wer den Zweck will, will (sofern die Vernunft auf seine Handlungen entscheidenden Einfluß hat) auch das dazu unentbehrliche Mittel«[10]. Indes bedarf es darüber hinaus »synthetischer Sätze«, die noch angeben, welches die zuständigen Mittel für eine vorausgesetzte Absicht sind. Diese Sätze betreffen »nicht den Grund, den Actus des Willens, sondern das Objekt wirklich zu machen.«[11] Die Sätze müssen inhaltlich Auskunft darüber geben, wie der bestimmte Zweck in der Welt zu erreichen ist, wie realiter die beabsichtigte Wirkung herbeigeführt werden kann. Die zu erwartende Auskunft über Mittel muß mehr meinen als die je fällige Handlung, sonst wäre die Unterscheidung von Mittel und Zweck hinfällig. Mit »Mittel« wäre dann nicht mehr gesagt, als daß Zwecksetzung, wenn sie im Ernste besteht, Anstrengung zur Erreichung des Zwecks zur notwendigen Folge hat. Dies ist aber unterschiedslos mit jeder Zwecksetzung gesetzt, denn Zwecke sind immer praktisch, wenn man sie nicht als folgenlose Wünsche, bloße Projektionen oder lustvolle Phantasien mißdeutet. Soll der Begriff des Mittels noch einen guten Sinn behalten, der seine Unterscheidung vom Zweck rechtfertigt, so darf Mittel nicht restlos zusammenfallen mit derjenigen Aktivität, die sich aus Zwecksetzungen ohnehin er-

10 *GMS*, A 44 f.

11 ebd., vgl. *Logik* (ed. Jäsche) § 32: »Praktische Sätze sind die, welche die Handlung aussagen, wodurch, als notwendige Bedingung derselben, ein Objekt möglich wird. Die Logik hat nur von praktischen Sätzen der Form nach, die insofern den theoretischen entgegengesetzt sind, zu handeln. Praktische Sätze dem Inhalt nach, und insofern von der Spekulation unterschieden, gehören in die Moral.«
Die Erste Einleitung in die *Kritik der Urteilskraft*, die praktische Sätze in technische und moralische einteilt (I), gibt den eigenständig teleologischen Sinn einer auf Praxis bezogenen Zweck-Mittel-Überlegung im Grunde wieder auf, denn technische Sätze heißen nun praktische Applikationen theoretischen Wissens. Solche Sätze gehören in die »Kunst«, wogegen allein das Sittengesetz moralische Selbständigkeit bewahrt.

gibt. Dieses »Mittel« gilt nämlich in jedem Fall, wie wir schon anläßlich der teleologischen Handlungserklärung sahen.

Dann bleibt aber nur die zweite Möglichkeit, den fraglichen Satz zu verstehen. Handlung als Mittel zur Wirkung als Absicht vorzuschreiben meint demnach, das besondere Kausalitätsverhältnis, das man in der Handlung erkannt hat, planmäßig einzusetzen. Man weiß bereits, daß Handlung äußere Wirkungen in der Welt kraft der inneren Ursache des Willens hervorruft, und macht sich diese Kenntnis eines gegebenen Sachverhalts im vorliegenden praktischen Falle zunutze. Die praktische Regel wiese folglich an, eine theoretische Kenntnis über faktische Abläufe in den Dienst rationeller Zielverfolgung zu stellen. »Mittel« wäre bei dieser Deutung die Kausalität der Vernunft selber, die in ein erfolgversprechendes Verhältnis zum gesetzten Zweck gebracht wird. Die Regel instrumentierte dabei aufgrund von theoretischem Wissen objektive Gegebenheiten im Lichte praktischer Zwecke.

Aber auch diese Interpretation befriedigt nicht, denn die fragliche Kausalwirkung des Willens ist gar keine objektive Gegebenheit in der Welt, die sich für praktische Zusammenhänge nutzbar machen ließe. Vernunftkausalität ist selber der Fall der Praxis und zwar der moralischen Praxis oder der Selbstbestimmung des Willens aus reiner Vernunft. Denn alles nicht rein vernünftige und daher freie Verhalten unterliegt doch ohnehin der empirischen Bedingtheit der Naturabläufe. Streng genommen bleibt neben der Alternative freier moralischer und empirisch bedingter Praxis kein Raum mehr für praktische Kalküle nach dem teleologischen Zweck-Mittel-Schema. Eine entsprechende Kausalität kann demzufolge auch nicht instrumentell eingesetzt werden.

Kant sucht die fundamentale Zweideutigkeit der Handlungsdefinition, die zwischen dem teleologischen und dem kausalen Modell schwankt[12], zu beheben, indem er die Differenz von

12 Die kommentierende Sekundärliteratur ist in diesem Punkte uneins. L. W. Beck denkt offenbar an weitgehende Übertragbarkeit theoretischen Kausalwissens in praktische Zusammenhänge der Zweckverfolgung (*A Commentary on Kant's Critique of Practical Reason*,

hypothetischem und kategorischem Imperativ einführt. Die hypothetischen Imperative sind objektiv gültige Vernunftregeln, die Handlung im Blick auf bestimmte gewollte Wirkung anweisen. Kategorische Imperative leisten dasselbe, ohne auf Zwecke Bezug zu nehmen und also inhaltlich durch die Bestimmtheit der je gegebenen Zwecke eingeschränkt zu sein. Sie gelten schlechthin, was gleichbedeutend ist mit der Geltung für alle Zwecke oder ohne Rücksicht auf Zwecke. Der Status der Imperative als gesollter Gebote erklärt sich beidemal allein aus der Endlichkeit des menschlichen Willens, der nicht nur der Vernunft gehorcht. Die objektive Gültigkeit der imperativisch ergehenden Vorschriften gründet dagegen wiederum in beiden Fällen allein in Vernunft, andernfalls verlören die Imperative ihren nötigenden Einfluß.

Wenn das jedoch zutrifft, sind hypothetische nicht minder als kategorische Imperative geeignet, den Willen rein aus Vernunft zu bestimmen. Nicht die Vernunftbestimmung als solche unterscheidet beide Typen, sondern nur die Reichweite subsumierbarer Fälle. Die hypothetischen Imperative gelten für gewisse, die kategorischen Imperative für alle Fälle. Beiden Typen gemeinsam ist die strikte Regelung praktischer Kausalität. Die Unterscheidung des hypothetischen von dem kategorischen Imperativ trägt also nichts ein zur Behebung der Zwei-

1963², 77). Dem folgt die scharfsinnige Untersuchung von K. Cramer: *Hypothetische Imperative?* (in: Riedel, Hrsg., *Rehabilitierung der praktischen Philosophie*, Freiburg 1972). Die Formel vom Handeln nach der Vorstellung von Gesetzen liest Cramer so, daß Gesetz Naturgesetz meint, Vorstellung aber die theoretische Verfügung darüber, während Handlung zustande kommt, wenn ein Wille jenes Verstandeswissen vorstellend auf seine eigene Möglichkeit kausaler Wirkung bezieht (a.a.O., 170ff.). Demgegenüber geht R. P. Wolff wie selbstverständlich davon aus, daß die Gesetze, die den Willen als praktische Vernunft bestimmen, dem Typ nach Zweck-Mittel-Relationen darstellen (*The Autonomy of Reason. A Commentary on Kant's ›Groundwork of the Metaphysics of Morals‹*, New York 1973, 115ff.).

deutigkeit der Handlungsdefinition. Deren kausale und teleologische Momente liegen weiter im Streit[13].

Die Kausalerklärung des Handelns rechnet die Analogie zu Naturprozessen, in die sie Praxis bewußt versetzt, zu ihren theoretischen Stärken. Bei der Auszeichnung solcher empirischen Kausalabläufe, worin statt Billardkugeln Menschen verwickelt sind, verliert sich die Erklärung in ein schwer entwirrbares Geflecht kausaler und teleologischer Motive, die einander überlagern. Wir hatten gesehen, daß selbst das hochdifferenzierte Begriffsinstrumentarium der praktischen Philosophie Kants dieser Verstrickung nicht entging. Wenn Handeln eine Art Verursachung von Wirkungen in der Welt aus nicht empirisch bedingten Ursachen sein soll, macht es Schwierigkeiten, ein natürliches Verhältnis von Ursache und Wirkung zugleich festzuhalten und aufzuheben oder einen Gesetzesbegriff zu formulieren, der den Naturgesetzen ebenbürtig Ereignisfolgen regelt und doch aus ganz anderen Kräften gespeist wird.
Die kausale Erklärung des Handelns steht unter mannigfachen metaphysischen Hypotheken. Humes Skepsis hatte schon die wesentliche Annahme fraglich gemacht, die die Einheit von Körper und Geist unterstellt. Der Einheitsgedanke ist unverzichtbar, sofern innere Ursachen äußere Folgen haben sollen. Der Zusammenhang zwischen Innerlichkeit und Körperwelt muß angenommen werden, falls das Kausalmodell einer Verknüpfung von Ursache und Wirkung überhaupt soll Anwendung finden können. Kant war dem Dilemma seinerseits aus dem Wege gegangen, indem er zwei Welten unterschied, die

13 Die nachkantische Philosophie hat dieses Dilemma wohl bemerkt. C. Chr. E. Schmidt sieht sich dadurch zu dem Vorschlag veranlaßt, den Willen oder die praktische Vernunft als Voraussetzung für moralisches Handeln nach Gesetzen zu unterscheiden von einem »praktischen *Verstand* in engerer Bedeutung, d. h. einem Vermögen zu handeln nach zufälligen und bloß generellen, aber nicht universellen Regeln« (*Versuch einer Moralphilosophie*, Jena 1790, § 5, vgl. §§ 23 ff.).

sich als Inbegriff aller Erscheinungen bzw. als intelligibles Reich der Zwecke allein mit Rücksicht auf den jeweiligen systematischen Standpunkt theoretischer oder praktischer Philosophie von einander abheben ließen. Der Begriff der Handlung wird erkauft durch die Kluft zwischen phänomenaler und noumenaler Wirklichkeit. Die Praxis, die eine systematische Brücke zwischen beiden Sphären schlägt, leidet in ihrer Begriffsbestimmung fortgesetzt an jener konstitutiven Unvermitteltheit.

Die Schwierigkeiten einer solchen Systemkonstruktion, die überhaupt erst erlaubt, von Handlung zu reden, beweist auf dem Boden der Kantschen Transzendentalphilosophie, daß die Kausalerklärung des Handelns nicht auf den Handlungsbegriff im eigentlichen Sinne abzielt, sondern einem weitergehenden Theorieanspruch gehorcht. Das Kausalmodell vernachlässigt die genuine Handlungsstruktur, weil es dazu dient, Handlung als Teil der Naturabläufe einzustufen und damit einer umfassenderen Erklärungsform des gesetzlichen Typs unterzuordnen. Praxis ist gar nicht das Thema, sondern der auch aufs Praktische ausgedehnte Nachweis durchgängiger Geltung einer Verstandeskategorie.

3. Intentionale Erklärung des Handelns

Der entscheidende Schlag gegen die Willensmetaphysik, die Anspruch auf kausale Erklärung des Handelns erhob, wurde von sprachanalytischer Seite geführt. *Gilbert Ryle* hat den Mythos eines für sich seienden Geistes zerstört, der einen mechanistisch aufgefaßten Körper steuert. Die Wahl Descartes' als des Opfers einer Polemik gegen den metaphysischen Dualismus von Körper und Geist mag philosophiehistorisch eine Überzeichnung sein[14]. Der Sache nach dürfte indes der Nachweis überzeugen, daß Handlung nicht nach dem Muster einer Kausalkette konstruiert werden kann, dem gemäß die Frage »Was ließ meine Hand die von meinem Geist gewollte Bewegung ausführen?« analog der Frage beantwortet werden muß. »Was ließ die Kugel aus dem Lauf fliegen?«[15] Es bedeutet ein Mißverständnis von Handlung, wenn man die Kette der Ursachen für das Fliegen der Kugel über die Explosion des Pulvers und das Ziehen des Abzugshahns unterschiedslos zurückverfolgt bis zu dem geistigen Akt eines ursprünglichen Willensentschlusses, der die entsprechende Krümmung des Fingers am Abzug zur Folge hat.

Parallel zu Ryles Destruktion einer dualistischen Willensmetaphysik argumentiert *Wittgenstein* für eine Identifikation von Wollen und Tun. Dieselben Gründe, die gegen die Annahme eines selbständigen und kausal auf den Körper wirkenden Geistes sprechen, stützen das Plädoyer für den sogenannten *logischen Behaviourismus*. Da man nicht sinnvoll von einem die Körperbewegung begleitenden, aber unabhängigen seelischen Ereignis (etwa dem Willensakt) reden kann, bleibt für sinnvollen Sprachgebrauch nur der Ausweg, die Körperbewegung und das zugehörige Wollen als ununterscheidbar anzusehen. Diese »behaviouristische« Ansicht bildet freilich nur eine logi-

14 vgl. die genauen Untersuchungen von R. Specht, *Commercium mentis et corporis. Über Kausalvorstellungen im Cartesianismus*, Stuttgart 1970

15 *Concept of Mind*, a.a.O., 81 f., vgl. 113

sche Konsequenz im Rahmen richtiger Grammatik, darin ist keine wiederum metaphysische Aussage darüber enthalten, was es »an sich« in der Wirklichkeit gibt oder nicht[16].
Wittgenstein schreibt[17]: »Aber vergessen wir eines nicht: wenn ›ich meinen Arm hebe‹, hebt sich mein Arm. Und das Problem entsteht: was ist das, was übrigbleibt, wenn ich von der Tatsache, daß ich meinen Arm hebe, die abziehe, daß mein Arm sich hebt?« Wittgenstein ist der Meinung, daß gar nichts übrigbleibt bei dem Abstraktionsversuch der reinen Körperbewegung von der Handlung des Armhebens. Da im Sinne des logischen Behaviourismus nichts übrigbleibt, erweist sich die Rede von selbständigen Entitäten der Innerlichkeit als Fiktion, die es abzubauen gilt. Sind solche fiktiven Erwartungen parallel geschalteter geistiger Ereignisse als Ursachen für körperliche Aktivität als sinnlos erkannt, verschwinden auch die Probleme, die aufgrund solcher Fiktionen allein entstehen. Die angeblichen »philosophischen« Probleme sind allesamt Resultate irrigen Sprachgebrauchs. Den Grund der Probleme erkennen, heißt alle diese Probleme liquidieren. Die philosphische Leistung besteht folglich in der Einsicht darein, warum es überhaupt so etwas wie philosophische Probleme gibt; diese spezifische Einsicht hat zwangsläufig das Verschwinden der Probleme zur Konsequenz. Philosophie erweist sich als die sprachtherapeutische Veranstaltung zur Beseitigung ihrer selbst.
Fraglos dürfte dieses verwegene Programm ganz allgemein nicht an das gewünschte Ziel führen. Vielmehr erzeugt das Programm der Beseitigung der Philosophie seinerseits neue Probleme. Die Wandlung des frühen zum späten Wittgenstein ist das Hauptdokument dafür, daß im Rücken der kritisch-therapeutischen Instrumentierung von Philosophie andere Probleme erwachsen, die nicht mit den zu beseitigenden identisch sind, aber nun in einem zweiten Anlauf ebenfalls beseitigt werden müssen[18]. Die auf den späten Wittgenstein folgende Welle des Philoso-

16 *Philosophische Untersuchungen* (1953), § 307
17 § 621
18 s. dazu Vf., *Die Einheit in Wittgensteins Wandlungen, Philosophische Rundschau* 15, 1968

phierens auf dem Boden der Umgangssprache beweist die weitere Problemproliferation, die den radikalen Liquidationsabsichten klar zuwiderläuft.
Insbesondere hat die Fortentwicklung des Ansatzes eines logischen Behaviourismus handlungstheoretische Früchte getragen. Wittgenstein schnitt alle Nachfrage nach inneren Ursachen des Handelns mit logischen Argumenten ab, die einen sinnvollen, statt eines mißverständlich redundanten Sprachgebrauchs sollten befördern helfen. Wittgenstein sagt über Handlung in Wahrheit, daß man über das Spezifische von Handlung gar nichts aussagen könne. Insofern ist der logische Behaviourismus eine Art *Redeverbot.* »Ich hebe meinen Arm« heißt nichts anderes und nicht mehr als: »Ich will meinen Arm heben (trachte, versuche, bemühe mich etc)[19].«
Es war den Nachfolgern Wittgensteins vorbehalten, aus der Resignation vor weiterer Auskunft über das Handeln eine positive Antwort zu formulieren. Wenn man auf Ergründung innerer Ursachen sinnvollerweise verzichten muß, dann ist es nach eben denselben Kriterien des Sinnvollen legitim, die natürliche Auskunft über die gewollte, beabsichtigte, intendierte Handlung als Basis der Erklärung von Handlung zu benutzen. Was sich über die unmittelbar mit dem Handeln verbundene und das Handeln tragende Intention erfahren läßt, erklärt das Handeln vollgültig. Inneren Ursachen abzuschwören heißt also umgekehrt das Recht zu erwerben, jede unverstellte Äußerung über Handlung aufgrund einer Intention auch für den genuinen Schlüssel zur Handlungsanalyse zu nehmen. Es ist wichtig, diesen Rechtsgrund einzusehen, damit die intentionale Handlungserklärung nicht wie die Erfahrung subjektiven Innenlebens erscheint, die sich erneut der Verdoppelung realer Handlung durch eine Sphäre subjektiver Erlebnisse schuldig machte.
Die intentionale Erklärung des Handelns[20] konzentriert sich auf die Antwort auf eine *Warum-Frage.* Wenn man sagt, warum man etwas getan hat, so äußert man den Grund für das

19 a.a.O., § 611 ff.
20 G. E. M. Anscombe, *Intention*, 1957, St. Hampshire, *Thought and Action*, 1959

Handeln. Diesen Grund zu erfahren, ist die wesentliche Aufgabe der intentionalen Handlungsanalyse, denn aus den genannten Prämissen ist klar, daß sinnvoll über Handlung gar nicht anders geredet werden kann. Handlung als Handlung zu beschreiben muß für den korrekten Sprachgebrauch zusammenfallen mit der Äußerung der Intention, die der Handelnde mit dem Handeln verbindet. »Intention« bedeutet hier soviel wie »Motiv« im normalen Sprachgebrauch.

Die Intention zu erfassen, heißt die Handlung zu begreifen. Denn mit der tatsächlich geäußerten oder doch im Prinzip aussagbaren Intention ist der Grund der Handlung angegeben. Unser Interesse an Handlungen richtet sich gerade auf das Begreifen des Grundes, der eine Warum-Frage befriedigt[21]. Die intentionale Handlungserklärung begnügt sich daher nicht mit dem verstehbaren Sinn, der im teleologischen Modell Webers vom Handelnden subjektiv gemeint und mit seinem Verhalten verbunden ist. Der verstehbare Sinn vertritt ja nur die Interpretationsmöglichkeit des Handelns nach einer bestimmten Mittel-Zweck-Relation, wobei der Zusatz der subjektiven Perspektive garantiert, daß der Betrachter nicht illegitim seine eignen Erklärungsformen objektivistisch auf das Handeln legt. Der Grund für das Handeln ist etwas anderes als bewußte Mittel-Zweck-Kalkulation.

Zwar fällt die intentionale Erklärung nicht mit der teleologischen zusammen, man hat aber den Versuch gemacht, sie als Unterart der *kausalen* Erklärung zu betrachten. Die Auskunft über Intentionen ist die Angabe logischer Gründe für das Handeln. Diese »Rationalisierung« will Davidson als »a species of ordinary causal explanation« ansehen[22]. Alles hängt bei der

21 Anscombe, l. c., 83

22 D. Davidson, *Actions, Reasons and Causes*, *Journ. of Phil.* 60, 1963 (wiederabgedr. in: A. White, *The Philosophy of Action*, Oxford 1968; dt. Übers. in: J. Ritsert, Hrsg., *Gesellschaftliches Handeln*, Frankfurt 1975). – S. dazu die mit offenem Blick geschriebene Studie von J. Yolton, *Agent Causality* (*Amer. Phil. Quarterly*, 3, 1966) und zuletzt: A. Danto, *Vorstellungselemente in menschlichen Handlungen*, (*Neue Hefte f. Phil.* 9, 1975).

Behauptung am Begriff der Rationalisierung. Die Rationalisierung rückt Handlung in einen umfassenderen Erklärungsrahmen, indem sie zweierlei klärt: »some sort of pro attitude towards actions« und das entsprechende Bewußtsein des Handelnden darüber. Positive Einstellung und begleitendes Bewußtsein stellten die Primärgründe für eine Handlung dar. Kenntnis der Primärgründe sei dann aber soviel wie Angabe der Ursache eines Handelns. Die »Rationalisierung« ist von vornherein auf das Muster der Kausalerklärung hin ausgerichtet. Am Handeln läßt sich nur rational machen, was der Einsicht in seine bedingenden Voraussetzungen dient. Wenn Davidson als Ursache des Handelns die positive Einstellung zu diesem Handeln verbunden mit dem Bewußtsein darüber definiert, so begeht er eine Art Beweiserschleichung. Die Erklärung des Handelns aus der Ursache der auf dieses Handeln als ›pro attitude‹ bezogenen Disposition besagt gar nichts, weil ›pro attitude‹ allein im Blick auf das Handeln bestimmt werden kann. Wenn man unter dem Titel ›pro attitude‹ eine Ursache erst konstruiert, dann gibt es allerdings eine Ursache für das Handeln und dann endet die Kausalerklärung dank dieser Unterstellung trivialerweise erfolgreich[23]. Der auf Kausalerklärung hin zugeschnittene Begriff der Rationalisierung erweist sich als zu eng. Rationalisierung muß im Zusammenhang intentionaler Erklärung noch anders verstanden werden.

Der Grund steht für die völlige Verantwortung des Handelnden

23 Noch unbefriedigender scheint mir der Versuch von R. Brandt und J. Kim, auf die Erklärung des Handelns das strenge nomologisch-explanative Modell der Naturwissenschaften anzuwenden (*Wants as Explanations of Actions*, *Journ. of Phil.* 60, 1963; wiederabgedr. in Care/Landesman, Eds., *Readings in the Theory of Action*, Bloomington 1968). Da erklärtermaßen »at present no theoretical explanation of action on the basis of wants« möglich ist, muß der hohe Anspruch erklärender Deduktion aus nomologischen Prämissen sich am Ende begnügen mit der sprachanalytischen Beobachtung »dispositionaler« Verben, mit der schon Ryle das Handlungsthema erledigt glaubte (*Concept of Mind*, a. a. O., IV, V). Die Position der Kausalität gegen die Intentionalität verteidigt mit raffiniertem logischen Apparat A. Goldman, *A Theory of Human Action*, Englewood Cliffs 1970.

hinsichtlich seines Tuns. In der Angabe des Grundes schreibt sich ein Täter sein Tun restlos zu und gibt zugleich damit zu erkennen, daß darüber hinaus nichts sinnvoll über das Handeln als Handeln ausgemacht werden kann. Dem entspricht die Einstellung der Warum-Frage, die auf Intentionen zielt. Die Bereitschaft voll verantwortlicher Zuschreibung und das Interesse an Erklärung durch Intentionen gehen gemeinsam von der Unterstellung aus, daß Handeln etwas sei, wofür es Gründe geben müsse. Diese Rationalität der Begründbarkeit soll die Realstruktur des Handelns selber aufhellen, ohne in Subjektivismus und Psychologie zu verfallen. Die Rationalität der Begründbarkeit entspricht einer Legitimationsforderung. Es liegt auf der Hand, daß die Bereitschaft zur Begründung und das Interesse an der Warum-Frage der typischen Situation offener Legitimierung abgelesen ist.

Diese Situation ist grundsätzlich der Fall des Rechts. Der Zwang zur Rechtfertigung und Begründung, die verantwortliche Zuscheibung des Tuns und die Frage, warum man sich so und so verhalten habe, gehören zu *juristischen* Situationen im weitesten Sinne. Solche Situationen sind durch dreierlei charakterisiert. Erstens treten sie in der Regel nachträglich auf. Die Warum-Frage und die Legitimierung eines Tuns folgen dem Tun und gehen ihm selten voran. Zweitens entstehen solche Situationen aus dem Zweifel an der Legitimation oder dem Streit über begründete Zuschreibung. Die Kritik, der Zweifel und das Disputieren über Berechtigungen nötigen erst zur Angabe von Gründen auf Warum-Fragen. Drittens werden die Situationen des Legitimierungszwanges konstituiert durch mindestens zwei Partner oder Parteien. Die einschlägigen Situationen bilden sich aus unter den Bedingungen verbaler Kommunikation über Handeln und dessen Gründe. Gegenüber der Ebene des Handelns selbst und der ihm zugeordneten praktischen Überlegung könnte man hier bereits von einer Metaebene sprechen.

Die Kennzeichnung der einschlägigen Situationen der Legitimierung als einer Begründung ex post, unter dem Druck des Zweifels und im Rahmen intersubjektiver Metakommunikation hebt die Besonderheit der Untersuchung von Handlungen deutlich hervor, die der intentionalen Erklärung als Modell dient. Ein Sonderfall wird zum Regelfall. Handlung überhaupt soll so begriffen werden, wie ursprünglich nur strittige Akte unter Legitimationsdruck. Die Reflexion auf diese schiefe Analogie stellt indes noch keinen endgültigen Einwand gegen das intentionale Erklärungsmodell dar. Sie macht jedoch auf naheliegende Mißverständnisse oder Vereinfachungen aufmerksam.

Es dürfte zumindest fraglich sein, ob jeder Handelnde sich in seinem Handeln so versteht, wie er sich interpretiert, wenn er nach Gründen gefragt wird. Die Warum-Frage wird für einen großen Teil täglicher Praxis eine Überraschung bedeuten. Das schlichte Gewohnheitshandeln gerät in den Sog einer *Begründungsrhetorik*. Die Gründe, die sich angeben lassen, sind nämlich nicht notwendig die Gründe, aus denen gehandelt wurde[24]. Die Überraschung durch die Warum-Frage oder der Druck zur Legitimation befördert eine künstliche Rationalisierung. Man sieht sich in der Lage, für alles Mögliche überzeugende Gründe beibringen zu sollen. Dadurch wird eine Stilisierung auf durchgängig begründbares, innerlich konsistentes und in allen Punkten einsichtiges Verhalten aufgedrängt, das nicht mit den tatsächlichen Intentionen und Motivverläufen deckungsgleich sein muß.

Es gibt wohl kein absolut grundloses Tun, aber die bestimmenden Gründe können in verschiedenen Graden vergessen, habitualisiert und in gewohnheitsmäßige Repetition abgesunken sein. Sie können auch zu Traditionen verfestigt und institutionell derart verselbständigt sein, daß sie nicht mehr durch einfaches Aussprechen aus diesem Banne gelöst werden. Die in Gewöhnung eingewanderten und traditionell fixierten Gründe bleiben Handlungsgründe, ohne auf Warum-Fragen unmittelbar abrufbar zu sein. Die breit gefächerten Vermittlungsformen

24 Die Skepsis läßt sich kaum beheben durch eine terminologische Unterscheidung zwischen Vorblick und Rückblick bei Angabe von Handlungsintentionen bzw. Motiven, wie A. Kenny sie vorschlägt (*Action, Emotion and Will*, London 1963, 91 f.).

von Handlungsgründen werden bei der intentionalen Erklärung leicht unterschätzt.

Eine weitere Schwierigkeit bietet die Verläßlichkeit der Aussage. Keine Instanz garantiert, daß das, was auf Anfrage zur Sprache kommt, auch wirklich der Grund des Tuns war. Mit der Brüchigkeit der Übertragung von Handlungsgründen in Auskünfte über diese Gründe muß prinzipiell gerechnet werden. Dies Problem liegt noch tiefer als die nachträgliche Stilisierung auf konsistente Rationalität. Man meint oft ganz unmittelbar und ohne Zwang zur expliziten Legitimation etwas aus dem und dem Grunde zu tun, ohne daß dies der wirkliche Grund sein muß. Die Brücke zwischen dem eignen Tun und der Meinung, die man darüber hat, wird nie ganz tragfähig sein.

Vom generellen Zweifel hinsichtlich der Adäquatheit beim Übersetzen von Handlungsgründen in Äußerungen ist schließlich noch ganz unbenommen eine *psychoanalytische Tiefenforschung* oder auch eine *historisch* argumentierende *Ideologiekritik*. Sicherlich sind Fälle denkbar, in denen unter der Voraussetzung massiver Verdrängung der eigentliche Grund für ein Tun gar nicht ans Tageslicht tritt, weil stets planmäßig ein anderer Grund vorgeschützt wird. Die Pathologie einer systematischen Verdeckung der wahren Gründe läßt jede Warum-Frage scheitern, denn auch dem befragten Subjekt sind jene tieferen Gründe nicht bewußt, so daß die Antwort, obwohl sie Verschleierung betreibt, sozusagen »in bestem Wissen« erfolgt. Ähnlich der Psychoanalyse ist die historisch und gesellschaftlich bedingte Verdeckung wahrer Motive durch bereitwilliges Vorschieben anderer Gründe als eine Art von Pathologie gedeutet worden. Die falschen Prätentionen werden objektiv nötig, wenn die wahren Gründe nicht bekannt werden dürfen, weil sie moralisch geächtet sind und die Handelnden in gewisser Weise sich dieser Ächtung auch anschließen. Andernfalls entfiele die Scheu vor dem offenen Bekenntnis, die eine harmlosere Entschuldigung sucht.

Ohne in die psychoanalytische oder ideologiekritische Problematik einzudringen, wird man sagen können, daß die pathologischen Fälle ebenfalls *Sonderfälle* darstellen. Diese Klassifikation wird bereits durch ihre Definition als Verdrängung oder Ideologie notwendig vorausgesetzt. Es hieße also erneut einen Sonderfall für den Regelfall erklären, wollte man gegen das intentionale Erklärungsmodell mit der Behauptung zu Felde ziehen, stets und notwendig seien Auskünfte über Handlungsgründe verzerrt. Die Beurteilung der Verzerrung müßte nämlich in der Lage sein, Bedingungen unverzerrter Kommunikation anzugeben, was gerade durch die These von der universalen Verzerrung ausgeschlossen ist.

Der prinzipielle Rekurs auf die Äußerung einer Intention anläßlich der Frage nach dem Grund einer Handlung bringt eine weitere Schwierigkeit mit sich. Basis für die intentionale Erklärung des Handelns ist die stets gegebene Möglichkeit, »innerlich« vorhandene Intentionen sprachlich zum Ausdruck zu bringen, wobei ein methodisches Vertrauen in die Adäquatheit des Vorgangs der Äußerung gesetzt werden muß. Das Vertrauen leitet sich her aus der Einstellung sprachlogischer Untersuchung, die von der Gewißheit ausgehen muß, daß ein gemeinter Sinn auch voll in der sprachlichen Äußerung zum Ausdruck kommt. Es erweist sich als nutzlos, zwischen dem gemeinten Sinn und seiner Äußerung zu unterscheiden. Auf diese Weise würde etwas auseinandergenommen, das nur in bezug aufeinander angemessen erfaßt wird, während es in künstlicher Isolation funktionslos und unverständlich bliebe. Der gemeinte Sinn ist nichts für sich, unabhängig von seiner Äußerung, sondern auf Äußerung hin angelegt, die ihrerseits für sich ganz leer ist, wenn sie nicht Äußerung eines Sinnes ist.

Der Begriff der Intention deckt nun beides: den gemeinten Sinn, der sprachlich zum Ausdruck kommt, und das Motiv, das einem Handeln zu Grunde liegt. Entsprechend stellt sich eine Analogie ein, die das Äußern einer Intention nicht anders denken will wie das Handeln einer Intention. Die *Äußerbarkeit* der Intention hat eine sprachliche und eine praktische Seite, das »zum Ausdruck kommen« einer Intention darf aber in beiden Fällen gleich aufgefaßt werden. Der Umstand, daß die das Handeln begründende Intention als Antwort auf eine Warum-Frage unmittelbar hervortritt, hat den Eindruck bestärkt, man könnte Äußerung und Handlung gleich ansehen. Am weitesten geht hier *Stuart Hampshire*, der behauptet: »Intentions naturally express themselves immediately either in words or in actions. The possibility of their finding an immediate natural expression both in words and in actions is a condition of their existence«[25]. Die These von einer ursprünglichen »connection of intention with language, and with the conventional means of expression in society« schafft eine fragwürdige Gleichberechtigung zwischen Tun und Reden, der man in der neueren sprachanalytischen Debatte allenthalben begegnet.

Wir gehen darauf im folgenden Kapitel ein und konstatieren anläßlich der intentionalen Erklärung des Handelns zunächst die erstaunliche Parallelisierung von ausgeführter und ausgesprochener Intention. Es wäre ein offenbarer Fehlgriff, daraus zu schließen, daß eine schlichte Alternative zwischen Tun und Reden bestünde, was die Art und Weise der Verwirklichung von Intentionen angeht. Weil man in beiden Fällen von Intentionen sprechen kann, ist noch keineswegs garantiert, daß man gehabte Intentionen ebenso gut tätig realisieren wie mündlich verlautbaren könne. Die völlige Nivellierung des Intentionsbegriffs muß vermieden werden. Praktische Intentionen sind nicht deshalb, weil sie sprachlich ausdrückbar sind, auch schon so zu behandeln wie der sprachliche Ausdruck eines gemeinten Sinns von Worten. Ein solcher Anschein kann nur entstehen, wenn man die zugrundeliegende methodische Prämisse vergißt, der zufolge es logisch nutzlos ist, zwischen der Intention als einem psychischen Vorkommnis und der Handlung als einem objektiven Akt zu trennen. Diese Prämisse sagt noch gar nichts darüber, wie die Dinge »an sich« und in Wirklichkeit sich verhalten.

Die These von der ursprünglichen Zusammengehörigkeit der Intention und der Äußerung stellt ein sprachlogisches Axiom dar, das notwendig ist, um die Verfälschung der Analyse durch Psychologie zu vermeiden. Auf dieser Linie hatten bereits *Husserls Logische Untersuchungen* Intentionalität eingeführt[26].

25 Hampshire, a. a. O., 99

26 *Logische Untersuchungen*, II, Halle 1913², 367 f., 379

Der Terminus sollte die Psychologisierung der Logik unterlaufen, ohne deshalb zur metaphysischen Annahme ideeller Gegebenheiten genötigt zu sein. Intentionalität ist eine logische Struktur sprachlicher Bedeutungen und hat nichts mit dem Innenleben von Subjekten zu tun. Sie erübrigt auch die Auffassung von Sprache als einem Zeichensystem zur Übermittlung an sich vorhandener geistiger Gehalte. Die phänomenologische Auslegung von Intentionalität als genuiner Gerichtetheit auf etwas nähert sich freilich ebenso zwangsläufig wie die Sprachanalyse der irreführenden Assimilation von gemeinter Bedeutung eines Wortes und praktischem Aussein auf ein Tun. Die intentionale Grundstruktur von Bewußtsein als Bewußtsein von etwas deckt ganz unterschiedslos verschiedene Phänomene. »Ein Wahrnehmen ist Wahrnehmung von etwas; ein Urteilen ist Urteilen von einem Sachverhalt; ein Werten von einem Wertverhältnis; ein Wünschen von einem Wunschverhalten usw. Handeln geht auf Handlung, Tun auf Tat«[27].
Die logische Aufklärung der intentionalen Struktur hebt das nicht weiter auflösbare Zusammengehören zweier Momente ans Licht. Gerichtetsein impliziert sowohl ein Sich-Richten als auch dasjenige, worauf das Sich-Richten gerichtet ist. Gerichtetheit ohne Zielpunkt wäre unvollständig und liefe ins Leere. Die phänomenologische Analyse entdeckt die Struktur der Intentionalität auf verschiedenen Feldern des Bewußtseinslebens. Dadurch werden aber die Felder nicht deckungsgleich und ihre sachlichen Grenzen zum Verschwinden gebracht. Eine derart radikale Folgerung hatten wir oben anläßlich der Systemtheorie von Luhmann beobachtet, die mit Nachdruck eine funktionale Äquivalenz von Erleben und Handeln behauptet. Was die klassische Phänomenologie husserlscher Prägung nur als Gefahr heraufbeschwört, wird nun zum Programm erhoben. Das gleitende Hinüberspielen von Praxis in die Erlebenssphäre macht die universale Systemtheorie zur Pointe, alles über einen Kamm zu scheren.

27 *Ideen I*, § 84 (*Husserliana III*, Haag 1950, 204, vgl. 238 f.

4. Parallelisierung von Handeln und Sprechen (Wittgenstein, Austin, Winch)

Die drei Typen einer Erklärung des Handelns unter Rückgriff auf teleologische, kausale oder intentionale Momente gehen allesamt über die innere Handlungsstruktur als solche hinaus. Sie bringen Handlung in eine Perspektive, die mehr als den nackten Vollzug eines als Worumwillen fungierenden Zwecks umfaßt. Sie definieren Handlung mittels einer spezifischen Verhältnisbestimmung, die im teleologischen Falle die der Subsumtion von Mitteln unter Zwecke ist, im kausalen Fall die einer nach Ursache und Wirkung geregelten Folge von Ereignissen in der Zeit und im intentionalen Falle schließlich diejenige von Grund und Begründetem. Alle die Verhältnisbestimmungen sind satzfähig und können zum Gegenstand einer Aussage gemacht werden, die mit Handlung definitorisch verbunden wird. Die Erklärungen verfahren je auf ihre Weise so, daß sie eine Synthesis zwischen dem Akt und einer einschlägigen Aussage des Zweck-Mittel-, Ursache-Wirkung- oder Begründungsverhältnisses herstellen. Handeln gilt als erklärt, wenn man anläßlich seiner einen solchen Satz aufzustellen in der Lage ist. Methodisch gesehen greifen daher die drei Erkärungsmuster über die Begriffsbestimmung der Handlung als solcher hinaus und führen erstmals in den systematischen Zusammenhang zwischen Handlung und Sprache über.

Der schulbildende Ansatz der Sprachanalyse in handlungstheoretischen Fragen geht indes noch einen gewichtigen Schritt weiter. Es gehört nachgerade zu den Gemeinplätzen, Sprache und Handlung in *Parallele* zu setzen. *Wittgenstein* hat diese Überzeugung begründet. Mit der Erfindung des bestechenden Terminus ›Sprachspiel‹ wird eine Gleichsetzung von Sprechen und Handeln eingeleitet, die sich bis heute als fruchtbar erweist, insofern man Sprechen als eine Art von Tätigkeit anzusehen pflegt und Handlung nicht mehr abgelöst von Sprache zum Thema macht. Die Fruchtbarkeit jener Einsicht hat ihren tentativen Charakter weitgehend vergessen lassen. Ehedem diente sie dem Versuch, die logische Ergründung des Sinns von Sprache aus den nominalistischen Fesseln zu befreien, die dem *Tractatus* Wittgensteins noch unabweisbar angelegt waren.

Der »Tractatus logico-philosophicus« gründete auf der Isomorphie zwischen einer bis auf Elementarsätze herabgeführten Analyse von Aussagen und einer Ontologie des logischen Atomismus, die die Welt aus isolierbaren Tatsachen aufbaute. Das Dogma einer bildhaften Entsprechung einfachster Sätze und einfachster Bestände der Wirklichkeit war in der Fortentwicklung der wittgensteinschen Theorie dann durch das Konzept eines Satz*systems* aufgelockert worden, das »wie ein Maßstab« an die Wirklichkeit zu legen sei, um eine einzige Aussage überhaupt bestimmbar zu machen[28]. Nach dem Verzicht auf eine festgefügte Ontologie, die den Anspruch des Einzelsatzes auf Sinn untermauerte, blieb nur noch die Möglichkeit, den Satzsinn aus einem Komplex miteinander verbundener Sätze zu bestimmen. Erbe dieses Gedankens war das Sprachspiel. Der Komplex von Sätzen, die sich zwanglos zu einem Ganzen verbinden, wird durch Handlung konstituiert. Der kontinuierliche Wortgebrauch, die Praxis des Redens, stellt das System her. »Das Wort ›Sprachspiel‹ soll hervorheben, daß das Sprechen der Sprache ein Teil ist einer Tätigkeit oder einer Lebensform[29].

Die Unklarheit dieser Definition, die für den Terminus des *Sprachspiels* charakteristisch ist, hat der Interpretation breiten Raum geboten. Völlig unbestimmt bleibt das angesprochene Verhältnis von Teil und Ganzem sowie die Alternative von Tätigkeit oder Lebensform. Wovon ist das Sprechen der Sprache ein Teil? Von welcher Tätigkeit? Ist es nicht selbst ein Tun? Wäre das Ganze dann die Lebensform? Darunter versteht man aber doch mehr als bloß eine Tätigkeit. Die Konzeption eines Sprachspiels impliziert von Anbeginn an auf unklare Weise Praxis. Deutlich ist nur, daß Wittgenstein die Analyse hinter den aktuellen lebendigen Wortgebrauch nicht zurücktreiben will und kann.

28 Vgl. Gespräche mit dem Wiener Kreis (Wittgenstein, *Schriften* 3), Frankfurt 1967, 63 ff., 89 ff.

29 Wittgenstein, *Philosophische Untersuchungen*, § 23

Das Funktionieren eines Sprachspiels bildet die letzte Grundlage der Untersuchung. Daher stellt es auch das Ziel der sprachkritischen Therapie dar, worin allein Philosophie noch Bedeutung besitzt. Philosophie hat keine Probleme inhaltlich zu behandeln, sie muß erkennen, daß ihre Probleme nur das Aussetzen des Spielablaufs anzeigen. Ein Problem äußert sich so, daß man »nicht weiter weiß« und das heißt genau genommen, daß man nicht anstandslos weiterreden kann. Dies wieder zu ermöglichen muß folglich die therapeutische Aufgabe sein. Da der Sinn von Sprache im ungehinderten Gebrauch sich erfüllt, muß die Kontinuität der Sprechpraxis gesichert werden. Die Praxis ist aber auch der einzige Prüfstein, ob eine Sprache sinnvoll ist. Daraus resultiert zweierlei. Die problemfrei wieder in Gang gekommene Rede gilt der theoretischen Analyse als Garant für richtiges Funktionieren der Sprache. An ihr »zeigt sich« sozusagen, ob die Sprache in Ordnung ist. Zugleich aber besteht der Sinn von Sprache in nichts anderem als der lebendigen Praxis des Sprachgebrauchs. So erklärt sich das praktische Ziel der Therapie, Sprechpraxis zu installieren. Die Norm richtigen Funktionierens und der Prüfstein, ob dergleichen vorliegt, fallen zusammen. Praxis ist das, was sein soll, und man merkt nur an Praxis, ob Sprache in Ordnung ist.

Solch verwickelte Ausführungen entsprechen kaum der Anweisung von Wittgensteins Therapie. Ich halte es aber für unerläßlich, auch umständlich zu reden, um einen für die Argumentation wichtigen Punkt deutlich zu machen. Es geht darum, eine Selbstverständlichkeit, von der Wittgenstein ausgeht und die er benutzt, als solche zum Vorschein zu bringen, ohne die Rolle des Selbstverständlichen zu zerstören, die in der Analyse gerade vorausgesetzt wird. Selbstverständlich ist der Sprachgebrauch. Dessen Problemlosigkeit verbürgt den Sinn der Sprache. Aus dem Grunde ist aber der Gebrauch von Sprache noch keineswegs identisch mit dem Sinn von Sprache. Am Gebrauch kann abgelesen werden, daß der Sinn von Sprache anstandslos erfüllt ist, nämlich Aussagen zu treffen, Kommunikation herzustellen, Wahrheit möglich zu machen etc. Ungebrauchte Sprache erfüllt ihren Sinn nicht. Die Praxis des Redens, der Gebrauch der Sprache werden von der analytischen Bemühung als selbstverständlich in Anspruch genommen, ohne ihrerseits noch einmal Gegenstand der Analyse zu werden. Man muß bereits wissen, was Redepraxis heißt, denn dies könnte sinnvoll nicht mehr klargemacht werden, ohne auf fraglosen Sprachgebrauch erneut zurückzugreifen. Die Analyse hat davon auszugehen, daß das Worte-machen schon beherrscht wird, und die Therapie vermag korrekten Sprachgebrauch nur wieder einzuführen, wenn sie an bereits bekannte Praxis appellieren kann.

Die Stellung des Praxiselements in der Konzeption des Sprachspiels ist notwendig unthematisierbar und muß dunkel bleiben, da Analyse und Therapie auf seiner Selbstverständlichkeit beruhen. Hinter die Handlungsbasis von Sprache kann alles Reden über Sprache nicht zurückgelangen, sofern man als normativen Sinn von Sprache ihre flüssige Verwendung ausgibt und die adäquate Erfüllung der Norm auch nur am Spielen des Sprachspiels beobachten kann. Aus den genannten methodischen Gründen bekommt ein Vorverständnis von Praxis, Tätigkeit oder Handlung den Rang einer unabdingbaren Voraussetzung für Wittgensteins sprachanalytische Untersuchungen.

Es ist immerhin einsichtig, daß ein expliziter Begriff von Handlung deshalb nicht zu entwickeln ist, weil Handlung in bezug auf Sprache stets eine letzte und unmittelbare Appellationsinstanz bedeutet. Freilich stellt diese Anlage der Konzeption des Sprachspiels für den philosophischen Begriff eine empfindliche Schranke dar. Aus der einsichtigen Inanspruchnahme eines Vorverständnisses folgt mitnichten, daß man aus dem Stande der Erörterung bei Wittgenstein Ansätze einer positiven Handlungstheorie herauslesen kann. Diese Umdeutung vollzieht sich bei den Nachfolgern Wittgensteins in der Tat. Die Selbstverständlichkeit, mit der beim Sprechen auf Handeln rekurriert wird, führt nun zur Selbstverständlichkeit, Handeln und Sprechen im Prinzip gleichzusetzen. Die mißliche Schranke der Aufklärung im Rahmen des Sprachspiels hat hier eine sichtbare Begriffsverengung zur Folge.

In zwei Richtungen ist die selbstverständliche Gleichsetzung von Sprache und Handlung ausgelegt worden. Man hat Sprache ganz auf Handlung hin gedeutet und man hat Handlung wesentlich aus Sprachstrukturen zu erläutern versucht. Den ersten Weg gehen John Austin und seine Schule. Den zweiten wählt Peter Winch in der Absicht, die Grundlagenproblematik der Soziologie zu erhellen. *J. L. Austin* beobachtet besondere Formen des Sprachgebrauchs, die mit dem Vollzug einer Handlung unlösbar verknüpft sind. Als klassische Beispiele gelten die zeremoniellen Formeln der Taufe, der Eheschließung, Ernennung, Begrüßung etc., die allesamt Akte darstellen, die nur mittels der entspechenden Worte vollzogen werden können und nicht ohne sie statthaben. Austin nennt sie »performative Äußerungen«, weil sie redend etwas tun, und stellt sie den »konstatierenden Äußerungen« gegenüber, die mit der Sprache eine Aussage über einen Sachverhalt treffen. Die letzteren können auf Wahrheit oder Falschheit hin angesehen werden, die ersteren sind weder wahr noch falsch: sie glücken oder mißlingen. Indem die traditionellen Aussagesätze primär als Äußerungen behandelt werden, geraten sie auf eine Ebene der Vergleichbarkeit mit performativen Äußerungen. Austin will die Konzentration der Logiker auf isolierte, für sich seiende Sätze durchbrechen und zielt auf eine allgemeine Theorie der »Sprechhandlungen«, die die verschiedenen Formen des Sprachgebrauchs in Situationen unter die einheitliche Frage stellt: How to do things with words. Am Ende seines proklamatorischen Aufsatzes ›Performative und konstatierende Äußerungen‹ schreibt er: »Was wir brauchen, ist eine neue Theorie, die vollständig und allgemein darlegt, was man tut, wenn man etwas sagt, und zwar in allen Sinnvarianten dieses mehrdeutigen Ausdrucks. Es müßte eine Theorie der Sprechhandlung (speech act) in ihrer Gesamtheit sein, die nicht bloß den einen oder andern Aspekt erfaßt und von den übrigen absieht«.[30]

30 *Performative und konstatierende Äußerung*, in: *Sprache und Analysis. Texte zur englischen Philosophie der Gegenwart* (Hrsg. Bubner), Göttingen 1968, 153. – Man sollte nicht vergessen, daß die phänomenologische Schule bereits früh Vorarbeiten dazu geleistet hat: z. B. H. Lipps, *Untersuchungen zu einer hermeneutischen Logik*, 1938.

Die typischen Beispiele für performative Äußerungen überzeugen davon, daß die Rede nicht Aussagen über Handlungen trifft, auch die Handlung nicht bloß äußerlich begleitet, sondern in den Vollzug der Handlung innerlich eingeht. Man heiratet nur, indem man die entsprechende Formel vor dem Altar oder dem Standesbeamten spricht. Aber das Sprechen der Formel ist nicht schlechterdings identisch mit dem Akt des Heiratens. Denn man kann sich Bedingungen vorstellen, wo die Heirat als vollzogen gelten würde, auch wenn wegen zeitweiliger oder angeborener Sprachunfähigkeit bzw. unvermeidlicher Abwesenheit einer Person die einschlägigen Worte nicht fallen. Was aber ist der Akt noch über das Aussprechen der Worte hinaus und woher weiß man, um welchen Akt es sich handelt?

Die klassischen Fälle performativer Äußerungen spielen auf einige ausgezeichnete, durch gesellschaftliche Konvention genau abgegrenzte oder durch Tradition ritualisierte Akte an. In diesen Sonderfällen weiß man einfach, welche bestimmten Handlungen mittels sprachlicher Äußerungen vollzogen werden. Das Vorwissen um die eingelebte Intimverbindung einiger spezieller Handlungen mit einschlägigem Sprachgebrauch sollte aber nicht dazu verführen, die Übertragung des Modells auf alle Formen von Sprachgebrauch für unproblematisch zu halten. Erweitert man das Modell auf Äußerungen, die nicht im strengen Sinne performativ sind, so bleiben die in den verschiedenen Fällen vorliegenden Handlungen eher vage und lassen sich höchstens in einer näherungsweisen Typologie klassifizieren. Austin hat das unter den Titeln ›illocutionary‹ und ›perlocutionary act‹ versucht, wobei der erste Titel die Rolle der Sprache in Situationen verbalen Austauschs unter Bedingungen der Intersubjektivität meint, der zweite dagegen eine kraft der Rede erreichte Wirkung[31].

Was man indes in der Fülle konkreter Situationen des Sprechens mit anderen je tut und faktisch erreicht, differiert unendlich und ist so vollkommen abhängig von den kontingenten

31 *How to do Things with Words*, Oxford 1962, VIII (dt. Übersetzung Stuttgart 1972)

Gegebenheiten, daß es kaum mit Aussicht auf relevante Ergebnisse durchgemustert und listenweise aufgeführt werden kann. In der Realität hängt die sprachliche Äußerung davon ab, welcher Person man in welcher Lage bei welcher Absicht und welcher Vorgeschichte gegenübersteht. Was in all diesen Fällen jeweils Sprechhandlung heißen soll, erschließt sich erst der Kasuistik der fallweisen Intentionen. Die Intentionen sind aber nicht konventionell genauso streng zu regeln, wie es die klassischen Beispiele performativer Akte suggerieren[32]. Man muß hier wieder auf eine ursprüngliche Zwecksetzung des Handelns zurückgreifen, bei deren Vollzug Rede in ganz bestimmter Weise als Mittel eingesetzt wird. Das Performationsmodell verliert im gleichen Maße an Plastizität, wie man vom Kanon einiger weniger durch Tradition und sozialen Umgang vordefinierter Akte sich löst. Nur dort nämlich ist Reden und Tun eins, weil der Charakter des Tuns zweifelsfrei und alternativenlos fixiert ist.

Sicher geschieht Austins eigenen Absichten Unrecht, wenn ihm eine ausgewachsene Handlungtheorie abverlangt wird. Sein Vorhaben war zunächst auf die Korrektur der kontextfreien Isolation von Aussagesätzen bei der formallogischen Analyse gerichtet. Die methodische Blickänderung nimmt Handlungscharaktere in ihrer logischen Relevanz wahr. Das genügt aber kaum als Basis einer eigenständigen Philosophie der Praxis. Immerhin ist Austin im hermeneutischen Klima kontinentaler Philosophie als Begründer einer Theorie der Sprechakte rezipiert worden, die in Wahrheit erst J. Searle ausgeführt hat. Searle gesteht in der Einleitung seines Buches *Speech Acts* allerdings eine wichtige Bedingung zu: »If my conception of language is correct, a theory of language is part of a theory of action, simply because speaking is a rule-governed behaviour«[33]. In der Tat fällt Sprachtheorie vollends unter das

32 vgl. P. Strawson, *Intention and Convention*, in *Speech Acts*, *Phil. Rev.* 73, 1964, dt. Übersetzung in: M. Schirn (Hrsg.), *Sprachhandlung, Existenz, Wahrheit. Hauptthemen der sprachanalytischen Philosophie*, Stuttgart 1974

33 Cambridge 1969, 17

Rubrum Handlungstheorie, wenn Sprechen wesentlich als Handeln begriffen werden muß. Der Grund dafür wird in der Regelabhängigkeit des sprachlichen Verhaltens gesehen, kraft dessen allein Sprechen eine Art Handeln ist. Dem Regelbegriff sind die Überlegungen des folgenden Kapitels gewidmet. An dieser Stelle sei nur vermerkt, daß Searle und keiner seiner Nachfolger jene Handlungstheorie geliefert hat, als deren Unterabteilung Sprachtheorie zureichend zu traktieren wäre.

Der Gegenvorschlag zum performativen Modell der Sprechhandlung stammt von *Peter Winch* und auch er hat sich lebhaften Zuspruchs von hermeneutischer Seite erfreut. Winch wählt die andere Möglichkeit innerhalb der Alternative, das von Wittgenstein inaugurierte Konzept des Sprachspiels weiterzudenken. Statt Sprache von Handlung her zu denken, soll Handlung von Sprache her begriffen werden. Auch Winch kommt jedoch nicht umhin, mit einer Selbstverständlichkeit zu arbeiten. Selbstverständlich ist nicht die Aktstruktur, wie im performativen Modell, sondern die Struktur lebendigen Sprachgebrauchs. Winchs Versuch einer neuen Grundlegung der Sozialwissenschaft knüpft an Max Webers kategoriales Programm an und hat erhebliches Zutrauen, das »Wesen sinnvollen Verhaltens« endlich dank der Einsicht in die Natur des Sprachspiels als »Lebensform« aufzudecken. Die intakte Regelbefolgung bei richtigem Sprachgebrauch, die sich im gleichsam institutionellen Charakter eingelebter Sprachspiele manifestiert, überträgt Winch auf die Eigenart allen zwischenmenschlichen Verhaltens[34]. Praxis beruht stets auf Regelbefolgung und aufgrund dieses Umstandes allein soll Webers Abgrenzung eines sinnvollen von einem sozialen Verhalten hinfällig sein. Zur Verteidigung der rein analytischen Unterscheidung im Sinne Webers sei erinnert an das weiter oben Gesagte[35].

»Jedes sinnhafte Verhalten muß sozial sein, weil es nur als von Regeln geleitetes sinnhaft sein kann, und Regeln setzen

34 *Die Idee der Sozialwissenschaft und ihr Verhältnis zur Philosophie*, Frankfurt 1966 (engl. Erstauflage 1958), Kap. 2, bes. 60f., 69ff.

35 II 2 (Schluß)

einen sozialen Kontext voraus«[36]. Die Sinnhaftigkeit des Verhaltens – die alte Crux der soziologischen Handlungstheorie – wird nicht länger in die subjektive Meinung, in Zweck-Mittel-Überlegungen, in den bewußten Entwurfcharakter usw. verlegt wie bei Weber, Schütz und ihren Nachfolgern. Sinnvoll soll heißen: kontinuierlich geregelt sein. Dafür sei ein sozialer Kontext unerläßliche Voraussetzung und der mache alles Verhalten folglich zu einem sozialen. Die ursprüngliche Bindung der Regelbefolgung an einen sozialen Kontext ist den Bedingungen intersubjektiven Sprachgebrauchs abgelesen und dürfte in der Tat bei jedem anstandslos funktionierenden Sprachspiel augenfällig sein. Daß jemand korrekt spricht, d. h. gültige grammatikalische Regeln befolgt, zeigt sich daran, daß andere ihn verstehen. Das wechselseitige Verstehen innerhalb eines Sprachspiels gründet in der intersubjektiven Teilnahme an einem gemeinsamen Regelkomplex.

Sind die Regeln aber deshalb schon sozial, weil sie von mehrreren geteilt werden, oder ist die Teilnahme mehrerer bloß Ausdruck erfolgreicher Regelverwendung? Die Regeln des Sprachspiels weisen den Umgang mit Wörtern an. Diejenigen Regeln, die den Umgang mit Menschen dirigieren, müssen sich davon inhaltlich unterscheiden lassen. Um den sozialen Charakter sinnvoller Praxis zu belegen, genügt es nicht auf gewisse Intersubjektivitätsbedingungen der Regelanwendung im allgemeinen zu verweisen. Menschen behandeln einander nicht so, wie sie den Akkusativ verwenden, nämlich in formalem Sinne regelkonform.

Die Sozialität der Regeln menschlicher Praxis versäumt Winch in Wirklichkeit darzutun. Ihm genügen schon die Umstände, unter denen Regeln als Regeln fungieren. Er verwechselt die Bedingungen für etwas mit der Sache selber. Der Kontext bildet die Rahmenbedingung gelungener Regelanwendung, ist aber nicht aus dem Grunde bereits mit dem Objektbereich der Regeln identisch. Die Regeln, denen Syntax und Semantik unterliegen, sind nicht ohne Übergang bereits Regeln der gesellschaftlichen Praxis. Sie gelten intersubjektiv, aber sie betreffen

36 a.a.O., 149

nicht Intersubjektivität. Die Verwechslung liegt vom Konzept des Sprachspiels her nahe und besitzt auch eine hermeneutische Anziehungskraft. Gleichwohl ist der Suggestion entgegenzuwirken, die alles Handeln zu einem Miteinanderreden stilisiert. Die Klärung des Handlungsbegriffs zieht jedenfalls keinen Vorteil aus dem unkontrollierten Hinübergleiten von Handlung in Sprache.

Ich habe das fundamentale Vorurteil noch gar nicht in Zweifel gezogen, das die Vorstellungen von Winch leitet. Man kann nämlich mit gutem Grund ferner bestreiten, daß für *jede* denkbare Regel soziale Bedingungen zur Voraussetzung ihrer Anwendung gemacht werden müssen. Was für Sprachregeln gilt, muß nicht für jede Regel gelten. Die Maximen, von denen alsbald die Rede sein wird, sind sicher Regeln subjektiven Verhaltens und als solche auf konsequente Befolgung gestellt. Nichts nötigt indes, die eminent subjektiven Maximen, was ihre *Befolgung* angeht, in einen sozialen Kontext einzubetten. Es gibt zahllose Privatregeln des Alltags bis hin zu trivialen Verhaltenskonstanten und Marotten, die allein ich mir zur Maxime gemacht habe, ohne daß bei ihrer Anwendung andere involviert wären, obwohl natürlich auch viele Maximen im Angesicht anderer befolgt werden. Die Befolgung von Maximen setzt also nicht unbedingt einen sozialen Kontext voraus. Noch weniger gilt von Maximen, daß ihr *Inhalt* sozial zu sein habe. Zweifellos gibt es Maximen von ausschließlich subjektiver Bedeutung neben andern, die mein Sozialleben betreffen. Die klassischen Einwände gegen eine Privatsprache, die als Verständnismedium funktionslos würde, wenn nicht mehrere an ihr potentiell teilhätten, verfangen mitnichten gegen Maximen, deren Hauptmerkmal gerade die wesentlich subjektive Gültigkeit darstellt. Hieran zeigt sich, daß die Charakteristika von »Regel« in einem bestimmten Felde nicht ohne weiteres verallgemeinbar sind.

Die sprachorientierte Auslegung des Regelbegriffs und die idée fixe einer grundsätzlichen Koppelung von Regelsinn und Regelanwendung an kommunizierende Subjekte haben die Verwirrung gestiftet. Es fällt der Reflexion offenbar schon schwer, irgend etwas ohne unmittelbaren Bezug auf ein sprachliches Paradigma zu denken. Man muß sich aber vor Augen halten, welche Klärungsaufgabe der Besinnung auf Regelkomplexe und sozialen Kontext ursprünglich gestellt war, um die allgemeine Tragfähigkeit jener spezifisch sprachlogischen Einsicht nicht zu überschätzen. Die »Lebensform«, auf die in der Definition des Sprachspiels verwiesen wurde, gab die Richtung an, in der man das Funktionieren lebendiger Sprache zu prüfen hatte. Sprache war also eingegliedert in einen weiter gefaßten Bereich von Praxis, der seinerseits unthematisch den Horizont der Untersuchung lieferte. Diese wohl begründete Gliederung der Analyse läßt sich nicht umkehren, indem man überall da »Handlung« einsetzt, wo bisher von »Sprache« die Rede war. Eine solch unkontrollierte Überdehnung des Sprachspielkonzepts gibt in Wahrheit den methodischen Gewinn der Analyse wieder preis. Es scheint daher unerläßlich, die Struktur von Praxis *gegen* den Gebrauch von Sprache abzusetzen und einige elementare Distinktionen einzuführen.

5. Zwecksetzung und Kommunikation

Sprache kann in keinem dem Handeln vergleichbaren Sinne als zielgebunden gelten. Sie erweist sich als das Medium allgemeiner intersubjektiver Verständigung, das sie ist, gerade insofern sie der Bestimmtheit *eines Ziels* enthoben ist. Sprache, die verstanden werden will, muß absehen von dem Grade zugespitzter inhaltlicher Konkretion, der für zweckgerichtete Handlung konstitutiv ist. Tun läßt sich nur eine ganz bestimmte Sache, aber sprechen kann ich grundsätzlich über alle Inhalte gleichermaßen. Eine Sprache, die bloß Ausdruck von etwas so und so Bestimmtem wäre, verdiente nicht Sprache zu heißen; denn in ihr wäre Kommunikation unmöglich, aber auch grundlos.

Kommunikation setzt ein Medium von solcher Allgemeinheit voraus, daß darin potentiell *jeder bestimmte Inhalt* Eingang findet und ventiliert werden kann, und daß daran *jedermann* teilhaben kann. Beide Kennzeichen des sprachlichen Mediums, die Offenheit für jeden Inhalt und die Universalität der Teilhabe, hängen zusammen. Inhaltliche Beschränkung bedeutete auch beschränkte Partizipation, wie jede Spezialsprache und wissenschaftliche Terminologie zeigt, die die Verständigungsmöglichkeiten vieler übersteigt. Umgekehrt hätte beschränkte Partizipation inhaltliche Limitation zur Folge, wofür die Formen des exklusiven Gruppenjargons ein Beispiel abgeben. Unter Auserwählten kann man nur Bestimmtes bereden. Die Sprache, die wir kennen und sprechen, erfüllt aber in der Tat die beiden Bedingungen unendlicher Flexibilität im Zulassen von Inhalten und des ungehinderten Eintritts aller Sprachfähigen.

Der Grund, aus dem beides möglich wird, liegt in einheitlicher Regelbefolgung. Das zeigen am besten die negativen Fälle inhaltlicher Problemgenese einerseits oder des Ausschlusses eines Sprachsubjekts andererseits. Will man Wittgensteins plausibler Erklärung der Entstehung gewisser inhaltlicher Probleme folgen, ohne damit zugleich seine radikale Zielvorstellung der

Liquidation aller Probleme durch Sprachkritik zu unterschreiben, so sind bei Schwierigkeiten, die im Sprechen über Inhalte auftauchen, stets Regelverstöße mit im Spiel. Man sieht sich dort ernsten Schwierigkeiten gegenüber, wo der normale Redefluß stockt. Die Regelbefolgung ist unterbrochen, weil das Weiterreden im gewohnten Sinne von sich aus scheitert oder weil eine bewußte Verletzung der Regeln des Sprechens vorliegt. Darin zeigt sich der behinderte oder verwehrte Eingang gewisser Inhalte in die Kommunikation. Umgekehrt hängt eine inhaltlich problemlose Kommunikation mit ungestörter Regelbefolgung zusammen.

Ganz offenkundig aber ist die uneingeschränkte Partizipation aller Sprechenden am Medium der Kommunikation von der einheitlichen Regelbefolgung abhängig. Ein Bruch in der Regel bedeutet den Ausschluß eines oder mehrerer Teilnehmer. Wo die üblichen Formen des Sprachgebrauchs verlassen werden, können andere nicht mehr mitreden. Für das sprachliche Medium als ein verbindendes Element ist unerläßlich, daß sich alle an bestimmte Sprachregeln halten.

Nun zeigt sich die anfängliche Frage einer Differenz von Handlung und Sprache in neuem Licht. Es ließe sich einwenden, das vorgebrachte Unterscheidungsmerkmal werde durch die letzten Bemerkungen wieder hinfällig. Wenn Handlung dadurch charakterisiert sein soll, daß sie jeweils auf ein Ziel als ihr Worumwillen geht, dann trennt sie das nicht von der Sprache: Sprache habe eben *Kommunikation* zum Zweck. Offenbar rede man doch, um sich zu verständigen. Zunächst ist dagegen die schlichte Beobachtung zu halten, daß sicher nicht jeder Sprachgebrauch der direkten Kommunikation dient[37]. Sprache wird zu manch anderen Zwecken als denen primärer Verständigung zwischen Subjekten gebraucht. Man kann Sprache schriftlich oder mündlich durchaus auch zu rein subjektiven Zwecken verwenden, indem man ein geheimes Tagebuch führt, zum Privat-

37 Mit Recht hat Chomsky einer pauschalen Unterwerfung von Sprache unter Zwecke der Kommunikation durch J. Searle widersprochen: N. Chomsky, *Reflections on Language*, New York 1975, 55 ff., 60 ff. (deutsche Übers. erscheint 1977 im Suhrkamp Verlag).

vergnügen dichtet, laut vor sich hin deklamiert usw. Darauf ließe sich freilich erwidern, dann sei der Sprachgebrauch immerhin potentiell kommunikativer Art, und die Abwesenheit eines Kommunikationspartners sei zufällig, aber keine prinzipielle Einschränkung. Wenn jemandem mein Tagebuch in die Hände fällt oder er meiner Deklamation unerwartet zuhört, so würde er mich verstehen. Es handele sich also um Fälle defizienter, aber grundsätzlich möglicher Kommunikation. Man kann auch meinen, bei solipsistischer Sprachverwendung kommuniziere das Subjekt eigentlich mit sich, es werde sich selber Kommunikationspartner.

Indes gibt es über die äußerliche Beobachtung eines von unmittelbarer Kommunikation entbundenen Umgangs mit Sprache hinaus noch gewichtigere Bedenken. Die Zweckbestimmung der Sprache als Kommunikation ist von höchster Allgemeinheit und läßt keine inhaltliche Spezifikation zu. Von allem Sprachgebrauch ließe sich in dieser Hinsicht gleichermaßen sagen, er diene der Kommunikation. Wo immer gesprochen wird, gegeschieht es um der Kommunikation willen. Das hat bei der Praxis keine Parallele, denn nicht alle Handlungen haben dasselbe, vielmehr hat jede ihr besonderes Worumwillen. Doch damit nicht genug. In Wahrheit sind wir beim Reden auf dieses leere Ziel gar nicht aus. Wir sprechen nicht, um uns ohne Rücksicht auf den Inhalt überhaupt anderen verständlich zu machen. Für dieses Ziel wäre gleichgültig, was man sagte. Höchstens die Verfallsform angelernter Konversation wäre ein Reden über Beliebiges um des bloßen Miteinanderredens willen.

Verständlich aber macht man sich über etwas, im Hinblick auf etwas oder durch etwas hindurch. Ich will eine bestimmte Aussage treffen, eine konkrete Mitteilung machen, ein genau plaziertes Argument vorbringen, Sachverhalte eindeutig zu verstehen geben oder Hintergründe mit erscheinen lassen usw. Nur in bezug auf diesen gemeinten und je unterschiedenen Inhalt erhoffe ich mir Verständlichkeit gegenüber anderen von den Mitteln der Sprache. Ich befolge einheitliche und allgemeine Sprachregeln, die Verständlichkeit sichern, um der gemeinten Sache oder des jeweilig vermittelten Inhalts willen. Wenn ich also beim Sprechen einen Zweck verfolge, so ist er auf Inhalte in ihrer Besonderheit bezogen und nicht auf die vage Verständigung überhaupt.

Folgt daraus, daß das Sprechen doch entgegen der anfänglichen Vermutung bestimmte, von Fall zu Fall verschiedene Zwecke verfolgt, so daß die Analogie zur Handlung wieder ihr Recht behielte? Dieser Schluß geht fehl. Denn die im Reden gemeinten Inhalte gelten nicht als angestrebte, erst zu erreichende Ziele. Sie sind durchaus dem bewußt Redenden gegeben, mehr oder weniger deutlich vielleicht, aber doch zweifelsfrei präsent und keineswegs bloß vorgestellt als noch nicht erlangte, aber erstrebenswerte Gegenstände praktischer Bemühung. Die Zwecksetzung im Reden bezieht sich nur darauf, die gemeinten und gehabten Inhalte zum Ausdruck und bei anderen zum Verständnis zu bringen, nicht aber auf diese Inhalte selber. Die inhaltliche Spezifikation ist also für allen faktischen Sprachgebrauch und alle verstehbare Kommunikation die unerläßliche Voraussetzung, obwohl sie nicht eine Zwecksetzung des jeweiligen Sprechaktes darstellt.

Hier mag eine Beschreibung weiterhelfen, die Grice für die eigentümliche Intention bei jedem sprachlichen Kommunizieren vorgeschlagen hat[38]: Mit der Äußerung eines bestimmten Satzes wird vom Redesubjekt die Absicht verbunden, bei seinen Zuhörern einen gewissen Effekt zu erzielen und zwar dadurch, daß sie seine Absicht erkennen. Ich sage etwas, um bei dem Adressaten der Rede, einem Einzelnen oder einem Publikum, eine Wirkung hervorzurufen, die nicht unabhängig von der Gewahrung dieser meiner Absicht ist. Auseinanderzuhalten ist demnach 1) der Inhalt meiner Rede, 2) meine Absicht beim Reden und 3) der Weg, meine Absicht durch Rede zu erreichen. Was ich sage, darf also nicht damit verwechselt werden, warum ich das sage, was ich sage. Praktisches Ziel ist nur das letztere. Die Intention geht darauf, dem Zuhörer etwas deutlich zu machen, ihn auf etwas hinzuweisen, ihn in eine Stimmung oder Bewußtseinslage zu versetzen, bei ihm Reaktionen auszulösen und ähnliches mehr. So sehen die praktischen Zwecksetzungen

38 *Meaning*, *Phil. Rev.* 66, 1957

aus, die man mit der sprachlichen Kommunikation verbindet.
Sie fallen niemals mit den sprachlichen Elementen, den Sätzen, Satzfragmenten oder Ausrufen zusammen, die ich zur Äußerung bringe, während ich kommuniziere. Das inhaltlich Gesagte kann daher nicht die Kommunikationsabsicht decken. Ich stelle beispielsweise eine radikale These auf, um einem Kontrahenten zu widersprechen. Die These wird sprachlich in einem normalen Aussagesatz formuliert. Sie ist klar bestimmt, in ihrem angeblichen Wahrheitsgehalt gegeben und mitnichten eine Sache der tätigen Zielsetzung, der Ausrichtung auf ein noch zur Erreichendes, das sich im praktischen Vollzug erst realisiert. Im Äußern der These realisiert sich ganz etwas anderes, nämlich der Widerstand gegen eine behauptete Meinung, die Deklaration abweichender Ansichten oder eine Art dialogischer Kriegserklärung. Eine ähnliche Differenz liegt vor, wenn ich meinem Nachbarn zu verstehen geben will, daß mir heiß ist. Die Äußerung, die fällt, ist ein einfacher Satz, eine elliptische, spielerische oder ironische Bemerkung, vielleicht auch nur ein beziehungsvoller Seufzer. Erreicht werden soll damit beispielsweise Erleichterung im Einverständnis gemeinsam Leidender, eine Entschuldigung für Indisponiertheit, die Lockerung der Etikette des Benehmens, die Bereitschaft des andern, ein Fenster zu öffnen und vieles andere mehr.
Den Beispielen gemeinsam ist die Trennung der Intention von der sprachlichen Aussage. Die Intention, um deretwillen ich sprachlich kommuniziere, ergibt sich aus der Handlungssituation und den jeweiligen Zwecksetzungen. Die Äußerung, die ich tue, ist ihrer sprachlichen Form nach mehr oder weniger exakt und vollständig artikuliert, jedenfalls aber inhaltlich wohl bestimmt. Was ich sage, muß, eventuell unter Rückgriff auf den Kontext der Situation, eine eindeutige und klar verfügbare Aussage darstellen, um der Intention entsprechend dienen zu können. Die Intention wird erreicht bzw. der gesetzte Zweck vollzogen, indem die Kommunikationspartner durch das bestimmt Gesagte hindurch und kraft seiner so und so erfolgten Äußerung die leitende Intention, die dahinter steht, erkennen.

Damit auf dem Wege der Kommunikation überhaupt Intentionen effizient befördert werden können, muß das Gesagte auch auf seiten des Zuhörers überstiegen werden auf die vorgängige oder vermutbare Intention hin. Wer sich mit der Rezeption des Aussagegehaltes eines Satzes begnügt, erfaßt die Kommunikationsabsicht nicht vollkommen. Es liegt daher im Interesse einer jeden sprachlich-verfolgten Intention, die Differenz zwischen Gesagtem und Gemeintem (Gewolltem, Intendiertem) kommunikativ offen zu halten.
Diese grobe Skizze bedürfte detaillierter Ausführung. Für die Klärung der Interferenz zwischen Sprache und Handlung im vorliegenden Zusammenhang mag die Aufzählung der wesentlichen Momente genügen, die sich aus der Betrachtung des Komplexes Kommunikation und Zwecksetzung ergeben haben. An sich ist die Sprache keinen bestimmten Zwecken unterworfen, das unterscheidet sie grundsätzlich von Praxis. Die Freiheit von einzelnen Zwecken hat man als die durchgängig gleiche Zwecksetzung der Verständigung ausgedrückt. Dieser Generalzweck bleibt freilich praktisch ganz leer. Verständige Kommunikation setzt inhaltliche Spezifität voraus. Man redet nicht um der Verständigung willen miteinander, sondern im Dienste mannigfach besonderer Intentionen. Die Möglichkeit zu einer solchen spezifisch ausgerichteten und intentional wohl bestimmten Verständigung liegt allerdings im Allgemeinheitscharakter des sprachlichen Mediums. Dieser Wesenszug der Sprache gründet auf einheitlicher Regelbefolgung, die sowohl eine Universalität zugelassener Kommunikationsinhalte wie auch die einschränkungslose Partizipationsfähigkeit von kommunizierenden Subjekten garantiert. Es ist also paradoxerweise der Zweckfreiheit und Allgemeinheit des sprachlichen Mediums zu danken, daß die Besonderheit praktischer Ziele auf dem Wege der Kommunikation verfolgt werden kann.
Die praktische Neutralität des Mediums, mittels dessen Subjekte praktisch aufeinander einzuwirken vermögen, macht seine unendliche Flexibilität hinsichtlich aller Arten von Zwecken aus. Dadurch, daß man miteinander kommuniziert, ist noch gar nichts über die Einschätzung derjenigen Zwecke entschieden,

worumwillen man die Kommunikation eingeht. Die Beurteilung der Zwecksetzung ist eine praktische Frage, die nicht auf der Basis der Kommunikation entschieden werden kann. Zweckverfolgung durch Kommunikation kann keineswegs apriori als rationaler, humaner oder richtiger gelten denn andere Strategien. Gespräch als solches ist weder die Idealform menschlicher Praxis, noch die vernünftige Weise zu handeln, noch auch moralisch vorzuziehen. Für die Entscheidung über Vernünftigkeit oder Moralität müssen ganz andere Kriterien in Anschlag gebracht werden, die auf dieser Stufe noch gar nicht erreicht sind. Das Beispiel der Sophistik zeigt jedenfalls schlagend, wie irrational und moralisch verwerflich eine Praxis aussehen kann, die auf reine Kommunikation durch Sprache gründet. Ihre Perversion besteht gerade dank jenem Kredit, der gemeinhin den rhetorisch-dialogischen Umgangsformen als Kulturleistungen und wissenschaftlichen Institutionen gewährt wird. Fragen, die im Zusammenhang der Beurteilung von Zwecksetzungen entstehen, gehören folgerichtig nicht in die Untersuchung des Komplexes Handlung–Sprache, sondern in den Bereich praktischer Vernunft[39].

39 s. unten IV

6. Was ist eine Regel?

Im Umfeld der Thematik von Sprache und Handlung sind wir ständig dem Begriff der Regel begegnet. Die Regel stellt so etwas wie den Zentralbegriff der Sprachanalyse dar, da er die Idee logischer Ordnung mit konkreter Praxis verbindet. Hinzu kommt der Vorzug eines nachgerade zum selbstverständlichen Wortschatz gehörigen Ausdrucks. Auf den ersten Blick hat niemand Schwierigkeiten mit dem Terminus. Regeln werden, wie man weiß, befolgt oder angewendet. An die Stelle eines abstrakten Konstrukts der Philosophie tritt der Appell an eine alltägliche Lebenserfahrung. Dieser Umstand trägt zur großen Beliebtheit des Regelbegriffs innerhalb der Sprachphilosophie bei. Mir scheint jedoch hier ein Fall von Kategoriengewinnung vorzuliegen, auf den man das Klärungsverfahren der Analyse seinerseits nochmals anwenden kann. Daß von einer Selbstverständlichkeit kategorialer Gebrauch gemacht wird, bringt die unabweisbare Frage wieder in Gang, was eigentlich unter »Regel« zu verstehen sei. Die Auskünfte der Schule[40] sind in diesem Punkte überraschend dürftig. Selbstverständliches problematisiert man zuletzt.

Was also ist eine Regel? Eine erste Unterscheidung liegt auf der Hand: die Regel*formulierung* und die Regel*befolgung*. Eine niedergeschriebene Regel ist nicht die angewandte Regel. Jede Formulierung von Regeln setzt daher bereits ein Verständnis davon voraus, was mit den formulierten Regeln zu geschehen habe. Anwendung und Befolgung von Regeln kann nicht ebenfalls formuliert werden. Eine Regel erfüllt sich erst in ihrer Funktion der Regelung. Das Wesen der Regel ist, paradox gesagt: zu regeln. Unabhängig von der Funktion des Regelns sinkt eine formulierte Regel herab zu einem Text unter anderen. Texte wollen verstanden werden, Regeln aber sind zu befolgen.

40 z. B. M. Black, *The Analysis of Rules* (in: *Models and Metaphors*, 1962), *Rules and Routines* (in: *Margins of Precision*, 1970), J. Rawls, *Two Concepts of Rules, Phil. Rev.* 64, 1955

Hier beginnt eine wichtige Differenz, die von der hermeneutischen Theorie des Textverstehens im Sinne des Aktualisierens und Applizierens gern heruntergespielt wird. Die Hermeneutik Gadamers[41] lehrt, daß jedes Verstehen eines Textes so viel bedeutet, wie »mit ihm etwas anzufangen wissen«. Verstehen eröffnet stets einen pragmatischen Horizont der Anwendung und ohne die Folge tätiger Aufnahme und Weiterbildung seien rezipierte Texte eben nicht wirklich oder nicht vollständig verstanden. Die These wirkt auf den ersten Blick schlagend, da sie die Abstraktion des Textverstehens auf trockene Informationsübermittlung aufbricht. Dennoch kann die Analogie zwischen Verstehen von Texten und Befolgen von Regeln nicht ohne Einschränkung gelten.

Für die Ausübung der Regelfunktion jeder Regel ist zwar ihr Verständnis eine Bedingung. Aber das korrekte Verstehen einer formulierten Regel hat ein ganz bestimmtes Verhalten zur Folge, andernfalls ist die Regel eben nicht angemessen verstanden. Genau dies gilt aber keineswegs von Texten im Allgemeinen. Man wird nicht sagen können, daß jedes adäquate Textverständnis ein genau bestimmtes Verhalten seitens des Verstehenden zur Folge habe wie das Akzeptieren und Exekutieren einer Regel. Die von der Hermeneutik zu Recht betonte Vielfalt der Auslegungsmöglichkeiten, die »unendliche« Sinnfülle von Texten steht der Bestimmtheit einer Verhaltensanweisung entgegen. Die Historizität klassischer Texte im Überlieferungsgeschehen gründet darauf, daß man nie endgültig weiß, was sie sagen, da ihre Anweisung so unexakt ist. Die Epochen kontroverser Plato- oder Hölderlinauslegung, die Inflation der »Hegelbilder« beweisen, wie Unterschiedliches man mit Texten anfangen kann. Was man mit einem Text »macht«, wird zwar von seiner Aussage bis zu einem gewissen Grad vorgeschrieben – man kann nicht schlechterdings alles mit einem Text machen, den man liest. Aber Lesart und Ausdeutung lassen einen denkbar weiten Spielraum für Interessen und Orientierungen verschiedenster Art offen, so daß auch historischer Wandel aufgefangen werden kann. Texte pflegen nämlich ihre fixierten

41 *Wahrheit und Methode*, Tübingen 1960, 290 ff.

Auslegungen zu überleben. Die Unbestimmtheit der vom Text ergehenden Anweisung reicht sogar bis hin zu der extremen Möglichkeit, gar nichts mit ihm zu machen. Aus einem solchen Verhalten kann man nicht mit Sicherheit schließen, daß der Text nicht verstanden sei, während im Falle der Regel die Beobachtung, daß kein entsprechendes Verhalten erfolgt, Grund genug für das Urteil wäre, daß die fragliche Regel eben gar nicht als Regel verstanden wurde.

Wie ist der Unterschied dann aber zu denken, der über angemessenes Verstehen einer Regel hinaus noch deren konsequente Befolgung eintreten läßt? Zur Erklärung dieser Leistung muß man ein Wissen über die Beziehung zwischen der formulierten und verstandenen oder ohnehin bereits beherrschten Regel einerseits und dem Feld ihrer Anwendung andererseits annehmen. Der *Zuständigkeitsbereich* einer Regel kann von dieser nicht eigens noch definiert werden, gleichwohl gründet die Geltung einer Regel auf der Präsenz und Bekanntheit des Zuständigkeitsbereichs. Verkehrsvorschriften, Anweisungen zu mathematischen Operationen oder Anstandsregeln haben als Anweisungen eines bestimmten Verhaltens alle den gleichen Charakter. Eine Tätigkeit wird andern möglichen Alternativen als passend oder erfordert vorgezogen. Sinn bekommen solche Handlungsanweisungen aber nur, wenn der Anwendungsbereich bekannt ist, wenn sich die einschlägigen Fälle von den hier jeweils nicht relevanten aussondern lassen. Beispiele für die Handlungsblockade, die aus der Verwechslung des Anwendungsbereichs erwächst, sind leicht zu finden. Die Komödie zieht seit eh und je ihre Effekte aus solcher Verwirrung. Hingegen verdiente eine Regel, die auf gar nichts anwendbar ist, auch nicht Regel zu heißen, während eine Regel, die immer und überall paßt, gar nichts mehr sagt und als Regel überflüssig wird, denn man kommt ohne sie genau so gut aus. Einer bestimmten Regel entspricht immer ein bestimmter Zuständigkeitsbereich und diese Relation muß in gewisser Weise als bekannt unterstellt werden.

Nun mag man einwenden, es gebe doch sehr viele Regeln, die ihren Zuständigkeitsbereich ausdrücklich machten und in ihrer

Formulierung bereits die Fälle nennten, für die sie Geltung beanspruchen. In der Tat lauten Regeln häufig: »Im Falle, daß ..., tue ...« oder »Unter den und den Umständen gilt ...«. Die explizite Formulierung des Zuständigkeitsbereichs nimmt jedoch dem, der die Regel anerkennt und befolgen will, das fragliche Wissen nicht ab. Denn man muß eben unterscheiden können, wann diejenigen Umstände gegeben sind, die als Zuständigkeitsbereich der Regel genannt wurden. Zwar lassen sich Metaregeln vorstellen, die die Selektion der für eine bestimmte Regel einschlägigen Fälle nochmals unter eine Regel stellen. Jedoch wiederholt sich hier das nämliche Problem, denn auch Metaregeln müssen angewandt werden und die Einführung immer neuer Metaregeln führt in einen unüberschaubaren Regreß. Die konkrete Anwendung von Regeln gelingt daher erst aufgrund eines letztlich nicht von Regeln mehr regelbaren Wissens über die Beziehung zwischen der formulierungsfähigen Regel und dem Bereich ihrer praktischen Befolgung.

Das erforderliche »Wissen« heißt herkömmlicherweise *Urteilskraft*. Kant hat in ihr sogar die einzig greifbare Gegeninstanz gegen die Dummheit gesehen[42]. Einen dummen Menschen, der im übrigen über alle intellektuellen Fähigkeiten des Verstandes verfügen mag, nennt man den, der keine ausreichende Urteilskraft besitzt, denn er weiß nicht, was er mit seinem Wissen anfangen soll. Es überrascht, wie wenig Kant selber zur Aufklärung des Vermögens der Urteilskraft beiträgt. Sie gilt als natürliches Talent, das geübt werden muß in concreto[43]. Entweder man hat Urteilskraft oder man hat sie nicht. Erlernt und beigebracht kann sie nicht werden. Diese Resignation zahlt den unerläßlichen Tribut für das Vorausgesetztsein des Wissens, von dem wir sprachen. Das Wissen des Zuständigkeitsbereichs oder die Kenntnis der relevanten Fälle ist Bedingung für die Befolgung von Regeln, nicht deren Ergebnis.

42 *Kritik der reinen Vernunft* (A 132 ff.): »Der Mangel an Urteilskraft ist eigentlich das, was man Dummheit nennt, und einem solchen Gebrechen ist gar nicht abzuhelfen.«

43 vgl. Brief an Fürst v. Beloselsky (1772), in: Zehbe (Hrsg.), *Kant Briefe*, 1970, 202

Eine vergleichbare Resignation vor der Unmöglichkeit, noch zu erklären wie man zu dem Wissen kommt, das bereits da sein muß, wenn Regeln verstanden und appliziert werden sollen, steckt in der Wittgensteinschen These von der *Abrichtung* als dem Urakt der Spracherlernung im Sinne von Regelbeherrschung[44]. Wo die Abrichtung auf eine ursprüngliche und nicht hinterschreitbare gesellschaftliche Konditionierung verweist, hat die philosophisch bewußte Linguistik eine riskante Ausflucht in die Metaphysik gesucht. N. Chomsky sieht sich genötigt, die Lehre von den ›ideae innatae‹ wieder zu rehabilitieren, um den universellen Anspruch einer Grammatik zu stützen, die jede grammatisch korrekte Satzbildung als produktive Erzeugung nach Grundregeln erklärt, die jedes Sprachsubjekt jeder Sprachgemeinschaft schon mitbringen muß. Von der nicht selber noch erlernbaren Kompetenz für das Lernen von Sprachen als Regelzusammenhängen muß ursprünglich ausgegangen werden. Die generative Konzeption einer Grammatik hängt sichtlich mit Humboldts Auffassung von Sprache als Organ unablässiger Erzeugung und Selbstobjektivierung zusammen. Der dem deutschen Idealismus entstammende Begriff des Geistes erklärt für Humboldt den grammatisch zu untersuchenden Erzeugungsprozeß aus der Einheit einer Nationalsprache. Chomsky hat den spekulativen Geistbegriff durch einen Rekurs auf die rationale Psychologie und deren Lehre von eingeborenen Ideen ersetzt.

Ich habe zwei Autoren der neueren Sprachphilosophie zitiert, um die kantische Weigerung einer transzendentalen Ableitung der Urteilskraft zu erläutern. Das »Wissen«, das für die Praxis der Urteilskraft vorauszusetzen ist, kann man auch als eine »Kompetenz« deuten, die das Verstehen von Regeln als Regeln und damit ihre Anwendung sichert. Wie es zu solcher Kompetenz kommt, kann nicht begriffen werden, ohne daß bereits wieder Regeln angenommen sind.

Die Voraussetzung eines Wissens um den Zuständigkeitsbereich einer Regel macht ein weiteres Charakteristikum der Regelanwendung verständlich. Es gibt bei der konkreten Applikation

44 *Philosophische Untersuchungen* (1953), §§ 5 ff., 198

stets eine *Toleranzmarge.* In gewissen Spielräumen sind Modifikationen erlaubt, die noch unter gelungene Regelanwendung fallen. Man sagt, daß jemand regelmäßig um fünf Uhr ankommt, auch wenn er nicht ausnahmslos exakt mit dem Glokkenschlag eintrifft. Man sagt nicht, jemand habe eine Höflichkeitsregel verletzt, wenn er sich ganz knapp auf das Minimum eines Begrüßungsrituals beschränkt oder es in ungewöhnlicher Feierlichkeit zelebriert. Solche Varianten gehören zur Toleranzmarge, die das praktische Befolgen einer Regel begleitet. Sie hängen von der Ausführungsfunktion der Urteilskraft ab, die im Grunde nicht genau reglementiert werden kann.

Jenseits der Toleranzmarge beginnt das Fehlverhalten. Man hat mitunter die Regelanwendung durch die Möglichkeit kennzeichnen wollen, *Fehler* zu machen. Gegen Regeln zu verstoßen heißt ja, die eigentlich zuständige Regel nicht in Anwendung bringen. Dies kann entweder ein schlichtes Versäumnis sein oder der Verstoß gegen eine Regel ergibt sich aus der Befolgung einer andern, die hier nicht paßt. Die Entscheidung über Fehler und Verstoß, über passende und unangebrachte Regel, auch darüber, wo die Grenze zwischen gerade noch tolerierbarer Abweichung und eindeutigem Mißgriff verläuft – auch das ist Sache der Urteilskraft.

Damit sind wir in der Lage, einen wesentlichen Unterschied zwischen *Regel* und *Gesetz* zu bestimmen. Seit Kant ist es üblich geworden, von Gesetzen als von Regeln zu reden. Die universelle Geltung, die Ausnahmslosigkeit und unerbittliche Notwendigkeit von Gesetzen zeigt sich vor allem an den Naturgesetzen. Sie zeichnet aus, was Aristoteles das Nicht-auch-anders-sein-Können nennt. Sofern man unter Naturgesetzen die genau bestimmte und stets eintretende Verknüpfung typenmäßig gleicher Ereignisse in eindeutiger Abfolge versteht, handelt es sich nicht um Regeln im oben geschilderten Sinne. Nach dem normalen Verständnis werden Naturgesetze weder befolgt noch angewandt. »Befolgt« werden sie von den Naturereignissen höchstens in metaphorischer Redeweise. »Angewandt« werden sie zwar als Ordnungsschemata, die die Naturwissenschaftler auf die Fülle der Ereignisse projizieren. Dieser

Umstand darf aber für die Bedeutung jener Ordnungsschemata selber keine Rolle spielen, denn die sollen objektiv lückenlose Ordnung garantieren. Die Deutung von sogenannten Naturgesetzen als zu Forschungszwecken angewandten »Regeln« erschließt sich erst einer transzendentalen Reflexion höherer Stufe.

Naturgesetze im einfachen Verstande erlauben auch keine Toleranzmarge. Es ist undenkbar, gesetzlich ablaufenden Erscheinungen eine mehr oder weniger genaue Exekutierung von Regeln zuzugestehen. Toleranzen betreffen vielmehr nur die Genauigkeit unserer Beobachtung oder Voraussagen. Sie werden wiederum rücksichtlich des Forschungssubjekts eingeführt, nicht aber im Rahmen der Gesetzregel selber. Daraus folgt schließlich, daß Naturereignisse, die unter Gesetzen stehen, auch keine Fehler machen können. Fehler machen die Erkennenden, so daß, wenn ein vermeintlich gültiges Gesetz objektiv nicht erfüllt werden kann, kein Regelverstoß seitens der Natur vorliegt, sondern eine Hypothese falsifiziert ist. Der Forscher hat ein falsches Gesetz in Anschlag gebracht und ist zur Revision gezwungen.

Nach diesen Erwägungen, die nur einige offenkundige Differenzen in Erinnerung gerufen haben, kann das gemeinsame Strukturmerkmal besser begriffen werden, das zum Vergleich von Regel und Gesetz überhaupt einlädt. Beherrschend stand die *Gleichförmigkeit* im Blick, die Regeln und Gesetze je auf ihre Weise herstellen. Regeln gelten nie für einen Fall, sondern von Hause aus für eine Mehrzahl gleicher Fälle. Gesetze setzen fest, daß immer wieder auf die gleiche Weise eine Ereignisfolge abrollt. Die in der unendlichen Vielzahl von Fällen und Möglichkeiten erzeugte Gleichförmigkeit erschien als das gemeinsame Merkmal von Regeln und Gesetzen.

Die Gleichförmigkeit geregelter Handlungszusammenhänge ist von der *Gleichheit* zu unterscheiden, die die Grundlage zur Konstatierung von Gesetzen bildet. Regeln stellen Gleichförmigkeit her, während Gesetze nur gelten, wenn die Bedingung der Gleichheit der relevanten Fälle bereits erfüllt ist. Rechtsgesetze besitzen nur Gültigkeit, wenn die Rechtssubjekte, an die sie ergehen, in ihrer Gleichheit konstituiert sind. Naturgesetze können nur aufgestellt werden, wenn die Serie von Erscheinungen, deren Ordnung sie aussprechen, bereits uniform geworden und alle Eigentümlichkeiten des konkreten Einzelfalls zugunsten quantifizierender Betrachtung eingeebnet ist. Nicht umsonst hat der neukantianische Methodendualismus an dieser Vorbedingung der Vereinheitlichung aller Erscheinungen unter Vernachlässigung der Besonderheiten des Einzelnen die »Grenzen der naturwissenschaftlichen Begriffsbildung« festzumachen versucht (Rickert).

Regeln stellen im Unterschied zu Gesetzen Gleichförmigkeit her. Die befolgte Regel bringt eine Struktur in die praktische Mannigfalt, indem ein Weiterhandeln im selben Sinne oder in derselben Richtung angewiesen wird. Weiterhandeln setzt aber die *Möglichkeit*, weiterzuhandeln, voraus. Das in der Regel angewiesene Handeln darf sich nicht im Einzelfall erschöpfen, sondern soll immer so und so fortgehen. Die Fortsetzung der Praxis auf gleiche Weise kann nicht verlangt werden, wenn man nicht konsequent weiterzuhandeln vermag. Das Weiterhandeln-Können wird daher von der Regel bereits unterstellt. Ein Weiterhandeln-Können wird ermöglicht durch die Herstellung gleichförmiger Fälle, bei denen dieselbe Regel problemlos Anwendung findet. Die Herstellung der Gleichförmigkeit von Fällen der Regel erscheint als eine permanente Selektion. Im unabsehbaren Felde der Differenzen, je unterschiedener Einzelheiten und kontingenter Besonderungen schafft die Regel durch Selektion einschlägiger Fälle die gleichförmige Ordnung, die dem Weiterhandeln die Bahn bereitet. Die Regel kann nur erfolgreich angewandt werden, wenn immer wieder bei veränderten Umständen und in unvertrauten Situationen Fälle als Fälle der Regel erkannt und ausgesondert werden. Wie sonst ließe sich einer Regel folgen? Die Folgemöglichkeit muß kraft der Regel gesetzt werden.

Die Aufmerksamkeit auf solche Voraussetzungen, die es erst sinnvoll machen, vom Befolgen oder Anwenden einer Regel als deren eigentlich praktischer Erfüllung zu sprechen, unterbleibt in der gängigen Anschauung, die jede regelgeleitete Praxis als konsequentes Weiterhandeln beschreibt. Man scheint das für problemlos zu halten und übersieht, daß allein die Regel in ihrer Anwendung kontinuierliches Tun eröffnet angesichts der Breite mannigfaltiger Möglichkeiten und Chancen, dem kontingenten Wechsel der Umstände und dem unerwarteten Auftreten neuer Situationen. Dank einer Regel weiß man, wie man sich je zu verhalten hat. Die sprichwörtliche Lage des Ochsen vor dem neuen Tor wird kein praktischer Dauerzustand.

Die Regel schafft Ordnung, indem sie gleiches Verhalten anweist. Es gibt keine Regel, die dem steten Wechsel als solchen folgt. Sie wäre keine Regel mehr, sondern abhängig vom jetzt so und dann anders Vorliegenden. Sogar die Regel des Opportunismus, sich um jeden Preis auf Wandel und alles Neue einzustellen, enthält die Vorschrift eines durchgängig gleichen Verhaltens. Die von der Regel gestiftete Ordnung bedeutet mithin die Selektion des Gleichartigen aus der Komplexität. Konsequentes Weiterhandeln wird möglich, wenn ›im gleichen Sinne‹ fortzufahren ist, wenn also ›gleiche Fälle‹ auftauchen. Die Fälle für Handeln einander anzugleichen oder die Fälle als Fälle der Regel zu selegieren, ist die Leistung einer Regel *in der Anwendung*. Es ist nicht so, daß die Regel einem Zögernden oder Zweifelnden sagte, was zu tun sei, einmal gesetzt, daß die relevanten Fälle schon vorliegen. Vielmehr entstehen die Praxis und ihre Fälle aneinander kraft der Regel. In der Anwendung sorgt die Regel dafür, daß direkt gehandelt und wieder gehandelt werden kann, weil einschlägige Situationen entstehen. Genau genommen sind diese Situationen bereits als Fälle der Regel aus der Breite der Komplexität selegiert und auf ein bestimmtes Handeln zugestellt.

Regel soll demnach ursprünglich als »Regel in Anwendung« verstanden werden. Dann ist die These zulässig: das Wesen der Regel sei, zu regeln. Die akut fungierende Regel zeichnet sich durch die Toleranzmarge, die Fehlermöglichkeit und die Hinordnung auf einen Zuständigkeitsbereich aus. Die Hinordnung auf das Feld der konkreten Anwendung gehört zu den eigentlichen Leistungen der Regel, die die Fälle ihrer Zuständigkeit schafft und nicht vorfindet. Die »Regel in Anwendung« bereitet sich selber die Bahn, während ein Gesetz nur Geltung besitzt, sofern die Gleichheit seiner Instanzen von vorneherein gegeben ist. Die von der Regel hergestellte statt unterstellte Gleichförmigkeit ermöglicht überhaupt erst das Weiterhandeln. Weiterhandeln setzt Weiterhandeln-Können voraus. Diese Leistung hat die sprachanalytische Berufung auf den Regelbegriff meist vernachlässigt.

7. Die Rolle der Maxime

Sucht man nach einem geeigneten Terminus, um den soeben herausgearbeiteten Charakter einer ›Regel in Anwendung‹ sprachlich zu fassen, ohne irrige Vergleiche mit dem Gesetz von vornherein heraufzubeschwören, so bietet sich der Begriff der Maxime an. Niemand würde von Maximen sprechen, wo die genau bestimmte Abfolge von Naturereignissen erfaßt werden soll. Maximen würde man aber auch nicht jene Regeln nennen, die wir sprechend bereits immer befolgen, ohne sie ausdrücklich angeben zu können. Maximen gelten nicht einfach wie Regeln, sondern man »macht sich etwas zu einer Maxime«. Die Geltung der Maxime hängt von ihrer Setzung oder Akzeptierung ab. Zugleich steckt in jener Ausdrucksweise die inhaltliche Konkretion, daß man sich etwas wohl Bestimmtes zur Maxime macht, wobei die inhaltliche Bestimmtheit als solche überwiegt. Man kann sich dies und das, sehr viel Verschiedenes zur Maxime machen, während man nicht alles Mögliche wird zum Gesetz erheben können. Maximen werden ausgebildet, d. h. sie erwachsen auf dem Boden einer gewissen Erfahrung, die in ihnen zusammengefaßt und in die Form einer Regel umgegossen ist. Daher haftet Maximen von vornherein das Moment der Subjektivität und Beliebigkeit an. Als Maximen fordern sie zwar zur Befolgung in der Lebenspraxis auf, aber sie entbehren der Rigidität und Strenge alles Gesetzlichen. Man kann sie haben oder auch nicht, man mag sie akzeptieren oder auch nicht. Sie zu besitzen, ist eher ein Zeichen von Lebensklugheit als eine Sache des Zwangs. In unserm geläufigen Verständnis von Maxime spiegelt sich noch deren Herkunft aus der Epoche der Entdeckung und Nutzung der Vernunft für die Lebenspraxis freier Subjekte. Maximen blühen in aufgeklärten Zeiten[45].

Kant nennt Maxime die subjektive Regel, nach der man wirklich handelt[46], und kann daher im Blick auf die ständig prä-

45 Zur Begriffsgeschichte s. Anhang.

46 *Grundlegung zur Metaphysik der Sitten*, A 51; *Kritik der reinen Vernunft*, A 812

sente Dimension der Anwendung sagen: »Die Maxime bestimmt der Urteilskraft den Fall, der unter der Regel ist.«[47] Die Erforschung der Maximen im einzelnen zählt zur Anthropologie, als einer empirischen Wissenschaft, während die Ethik jene objektiven Gesetze aufzustellen hat, denen die Maximen realer Praxis höchst selten entsprechen. Die klassischen Belege für die Konstitution eines Sittengesetzes interpretieren sich bereits metaphysisch und verschmähen die empirische Menschenkunde[48]. In der vorkritischen Epoche der kantischen Philosophie, wo Kant noch ›Philosophia practica universalis una cum Ethica‹ im Stile der aristotelisierenden Wolff-Schule abhandelte, galt indessen, daß »die Moral ohne die Anthropologie nicht bestehen (kann), denn man muß das Subjekt erst kennen, ob es auch im Stande ist, das zu leisten, was man von ihm fordert, das es tun soll«.[49]

Diese Sorge entfällt, nachdem im Zusammenhang mit der erkenntnistheoretischen Dialektik die praktische Philosophie die Aufgabe der Lösung einer kosmologischen Antinomie übertragen bekommt[50]. Sie soll den unbedingten Anfang einer Kausalkette aus rein vernünftiger Willensbestimmung denkbar machen. Gerade um der Absolutheit willen, in der allein reine Vernunft als Pflichtgebot praktisch wird, darf das Handeln selber und die Leistungsfähigkeit des realen Subjekt nicht mehr in Betracht gezogen werden. Es geht einzig um die Willensbestimmung aus Vernunft, wenn auch der Preis die Zweiteilung des Handlungssubjekts bedeutet in den homo phaenomenon und noumenon als abhängigen Teil der Sinnenwelt und als moralisch qualifiziertes Mitglied eines Geisterreiches.

Maximen, sofern sie Regeln des wirklichen Handelns darstellen, sind subjektiv auferlegt[51]. Sie gelten daher nicht objektiv wie

47 *Reflexion*, 1164, *Handschriftlicher Nachlaß* Bd. XV (Akad. Ausg.)

48 *Kritik der reinen Vernunft*, A 841; *Grundlegung zur Metaphysik der Sitten*, A VII, 35, 62 f.; *Metaphysik der Sitten*, A 11, 47

49 *Vorlesung über Ethik*, Hrsg. P. Menzer, Berlin 1924, 2 f., 29, 52)

50 Vgl. oben Exkurs zu Kants Handlungsdefinition.

51 *GMS*, A 84, *MdS*, A 25 f.

Gesetze. Sie beruhen auf Gewohnheit und tätiger Übung[52]. Zwar entstehen sie »unter Mitwirkung der Vernunft«[53], entbehren aber jedes direkt und unbedingt verpflichtenden Charakters. Sie betreffen das »innere Prinzip der Wahl unter verschiedenen Zwecken«[54] und unterstehen dem Interesse[55]. Das Interesse zeichnet Kant zufolge endliche Vernunftwesen aus[56], insofern diese nicht restlos den sinnlichen Antrieben ausgeliefert, aber auch nicht rein vernünftig motiviert sind. Tiere haben kein Interesse, da ihrem Verhalten Vernunft abgeht, während umgekehrt ein Gott ohne jedes Interesse ist, da er sich auf keine Erfahrungswelt bezieht. Interesse heißt die Oberkategorie einer vernunftgeleiteten Weltorientierung nach Regeln, die sich als Maximen präsentieren, solange sie subjektiv beschränkt und zufällig sind, und den Namen der Gesetze erst verdienen, wenn diese Beschränkung aufgehoben ist. Ein subjektiv und empirisch nicht länger limitiertes Interesse darf rein und moralisch genannt werden. ›Interessen‹ und ›Maxime‹ bezeichnen die in der Kantischen Ethik vernachlässigte Gestalt einer *endlichen* praktischen Vernunft[57], die im Bannkreis empirischer Subjektivität verbleibt und deshalb für konkretes Handeln zuständig ist. Eine Hervorhebung der in Maximen niedergelegten, einfachen praktischen Vernunft muß daher der wahren Intention kantischer Moralphilosophie zuwiderlaufen, die das Praktischwerden *reiner* Vernunft kraft einer empirisch nicht bedingten Willensbestimmung dartun wollte. Gleichwohl ist, wie wir später im einzelnen sehen werden, die Maximengestalt praktischer Vernunft die unverzichtbare Voraussetzung des Sitten-

52 *MdS*, A 53, *Über Pädagogik*, A 98 (Hrsg. Rink, 1803)

53 *GMS*, A 62 f.

54 *Logik* (Hrsg. Jäsche, 1800) A 25, *MdS*, A 19 f.

55 *Kritik d. prakt. Vernunft*, A 141; *MdS*, A 3 f.

56 *GMS*, A 38, 121 f.; *KpV*, A 141, 219; *MdS*, A 3 f.; vgl. *KrV*, A 666, 686

57 Moral und »allgemeine Klugheitslehre, d. i. Theorie der Maximen« stehen quer zueinander (z. B. *Zum ewigen Frieden*, Anhang, A 67). – Zu Kants Vorstellungen einer Klugheitslehre im Rahmen der Tradition vgl. P. Aubenque, *La prudence chez Kant* (*Revue Métaph. et Morale*, 1975).

gesetzes. Der kategorische Imperativ läßt sich nämlich nur aussprechen, wenn Maximen bereits vorliegen.

Für Maximen sind demnach die folgenden Merkmale kennzeichnend 1) Maximen haben nur subjektive Gültigkeit. 2) Sie verdanken ihre Geltung der ausdrücklichen Setzung oder Akzeptierung durch den Handelnden. 3) Sie beziehen sich auf die wirkliche Praxis eines empirischen Handlungssubjekts, indem sie dessen Zwecksetzungen in konkreten Situationen regeln.

Maximen sind also keine Regeln, nach denen ein Handeln objektiv und ihm selbst weder bewußt noch verfügbar abläuft. Sie sind des Handelns eigne Regeln. Da Maximen explizit zu machen sind, weisen sie eine Sprachform auf, die sie von den bisher betrachteten Handlungserklärungen unterscheidet. Die teleologische, kausale und intentionale Erklärung besitzen zwar auch eine sprachliche Form, aber die Aussagen, die sie treffen, geben äußere Interpretationen oder vom Betrachter beigebrachte Ordnungsschemata wieder. Alle drei Erklärungen arbeiten mit Verhältnisbestimmungen, die der neutralen Analyse zugänglich sind.

Die teleologische Erklärung unterstellt ein Zweck-Mittel-Verhältnis, die Kausalerklärung ein Verhältnis von Ursache und Wirkung, die intentionale Erklärung geht vom Begründungsverhältnis aus. Im ersten Fall wird die Relation von Über- und Unterordnung bestimmt, im zweiten Falle eine notwendig verknüpfte Folge in der Zeit, im dritten Fall die innere Beziehung von Grund und Begründetem. Die drei Modelle machen das Handeln verständlich, ohne das Selbstverständnis des Handelns adäquat wiederzugeben. Die Zweck-Mittel-Kalkulation mag dem Tun vorausgehen oder auch nicht, sicherlich gibt es ein Tun, dem der Name einer Handlung nicht abgesprochen werden kann, obwohl es nicht nach klaren Zweck-Mittel-Ordnungen organisiert ist. Die Teleologie macht Handlung einem Betrachter rational durchsichtig, ohne so ein Monopol auf die der Praxis immanente Logik zu genießen.

Das Kausalmodell erklärt Handlung aus einem bestimmten Verhältnis objektiver Abläufe, die den Akt per definitionem übergreifen. Der Umstand, daß vom Handeln Wirkungen in der Welt ausgehen, läßt das Ereignis einer Praxis in ein Gesamtkonzept gesetzlicher Systematisierung aller objektiven Ereignisse integrierbar erscheinen. Die Erklärung kommt dem Erkenntnisinteresse des Betrachters entgegen, gibt aber nicht die Regel wieder, der das Handeln seinerseits folgt.

Die intentionale Erklärung schließlich zielt auf das Selbstverständnis des Handelnden ex post. Sie fördert etwas über die Rationalität eines Subjekts zutage, das sich seine Handlungen zurechnet, indem es Gründe für das Tun in der Sphäre subjektiver Intentionalität namhaft macht. Auch hier ist methodisch nicht sichergestellt, ob die das Handeln praktisch tragende Sinnhaftigkeit in Erfahrung gebracht wird. Die Verbalisierung, die jene Erklärungstypen vorlegen, geht daher an der eigentlichen Handlung vorbei. Die Sprachform, in der das Handeln sich selber zum Ausdruck bringt, dürfte am ehesten die Maxime sein.

Eine Maxime mag beispielsweise lauten: ich stehe morgens früh auf. Darin steckt weder eine Tatsachenbeschreibung, die mein wirkliches Verhalten wiedergibt noch eine Willenserklärung, die besagt, daß Frühaufstehen meine Absicht ist. Vollständig müßte die Maxime vielmehr lauten: Immer wenn der Morgen noch jung ist, ist meine Zwecksetzung, mich zu erheben, und ich realisiere sie auch. In Wahrheit stellt eine Maxime eine Folge von Sätzen des Typs Wenn-, dann- dar. Gegeben die Voraussetzung, tritt logisch die Folge ein und zwar ausnahmslos. Der Wenn-Satz umfaßt alle Fälle eines beginnenden Tages, er gilt immer. Genauso universal gilt die Folge: ich erhebe mich stets und nicht nur ab und an. Der Bedingungssatz trifft eine objektive Aussage über einen Zeitpunkt im Tagesablauf, der Folgesatz dagegen trifft keine Aussage der gleichen Art; er sagt nicht, was geschieht, wenn die Bedingung erfüllt ist. Er sagt, was geschehen soll, und weist ein Handeln an.

Der Folgesatz ist aber auch kein Imperativ im einfachen Sinne, derart, daß ein Befehl ergeht, wenn die Aussage des Vordersatzes getroffen wird. Die logische Auflösung der Maxime in das Folgeverhältnis zweier Sätze, von denen der eine eine Allaussage, der andere ein singulärer Befehl ist, scheint mir die praktische Regelnatur der Maxime in ihrer Anwendung zu verkennen, zumal auch unklar bleibt, wie von einer Aussage auf ein Sollen geschlossen werden kann. Woher der Befehl ergeht und kraft wessen er gilt, vermag der Bedingungssatz nicht zu zeigen. Hier offenbart sich der Unterschied einer Maxime von einem *hypothetischen Imperativ*[58]. Nur diese Form des Imperativs kommt für einen Vergleich in Betracht, da der kategorische Imperativ ja von jeder Voraussetzung seines Geltens absieht.

Der hypothetische Imperativ spricht eine Anweisung zum Handeln unter einer gegebenen Zwecksetzung aus: Wenn du x willst, dann tue y. Die inhaltliche Zwecksetzung oder empirische Willensbestimmung geht also in den Bedingungssatz ein und daraus zieht der Folgesatz seine imperativische Kraft. Liegt ein Wollen vor, so ist die zur Erreichung dieses Ziels unerläßliche Handlung analytischerweise mit gewollt. Andernfalls wäre die Willensbestimmung sinnlos, es handelte sich um einen bloßen Wunsch. Wird aber etwas gewollt, so muß notwendig das dazu nötige Mittel ebenfalls gewollt werden. Der Imperativ ist in diesem Falle eine Vorschrift, die kraft Vernunft bindet. Was auch immer konkret zum Ziel genommen ist, unter der Hypothese seines Gewolltseins gilt die Folge konsequent als Handlungsaufforderung.

Anders steht es im Falle der Maxime. Der Vordersatz enthält eine Tatsachenaussage und keine Willensbestimmung. Der Folgesatz darf ebenfalls eher als die Festlegung eines Verhaltens, denn als Willensbestimmung aufgefaßt werden. Was unter der angegebenen Bedingung eintritt, ist doch ein wohl definierter, regelmäßig eintretender Akt. Ich stehe eben tatsächlich immer früh auf, sofern ich mir diese Maxime gesetzt habe. Nichts nötigt mich, gerade diese Maxime einzuhalten. Die Kraft des Vorschreibens ergibt sich weder aus dem Bedingungssatz noch aus dem Folgesatz und auch nicht aus der logischen Verbindung beider. Daß gewisse Maximen als Maximen gelten, muß sich aus einem andern Grunde erklären. Denn sicher bedeutet die

58 *Kritik der praktischen Vernunft*, A 35 ff.

eingehaltene Maxime des Frühaufstehens etwas anderes als die äußere Konstatierung eines ständig wiederkehrenden Verhaltens. Sich eine Maxime zu setzen, heißt einer konkreten, subjektiv akzeptierten und planmäßig ausgebildeten Regel kontinuierlich zu folgen. Gerade dieser Umstand, der eine Maxime erst zur Maxime macht, vermag in die logische Auflösung des Wenn-dann-Satzes gar nicht einzugehen.

Es muß also am geregelten Handeln selber liegen, daß die Maxime als »Regel in Anwendung« befolgt wird[59]. Die Maxime ist mitnichten bereits moralisch zu qualifizieren, sie bezeichnet die faktische Handlungsregel. Sie stellt aber auch keine Regel auf, der sich das Handeln unterwirft, der es sich aber ebensogut entziehen könnte. Maximen sind keine positiv aufgestellten Regeln wie Verkehrsvorschriften oder sonstige vereinbarte Standards des Verhaltens. Jenseits des realen Tuns »gibt es« sozusagen Maximen überhaupt nicht, während positive Regeln oder Gesetze durchaus existieren können, wenn sie nicht faktisch stets und von jedermann befolgt werden. Ihre Form selbständiger Existenz ist ihre objektive Geltung unbesehen der verschiedenen subjektiven Einstellungen ihnen gegenüber. Maximen gelten dagegen nicht, wenn sich niemand an sie hält. Was sich kein Handlungssubjekt zur Maxime macht, verdient nicht Maxime zu heißen. Man mag gelegentlich gegen seine Maxime verstoßen, aber Geltung besitzen Maximen nur kraft tätiger Befolgung.

Ein Verstoß gegen eine Maxime hat daher nicht die geringsten Konsequenzen, da für sie keine praxisunabhängige Geltungsinstanz in Anspruch genommen werden kann. Verstößt man häufiger gegen eine einmal akzeptierte Maxime, so wird es alsbald unsinnig, noch von Verstoß zu reden; denn das setzte Geltung an sich voraus. Man hat die fragliche Maxime ganz einfach aufgegeben. In streng und lückenlos geregelten Zusammenhängen, wie etwa mathematischen Kalkülen, mag der Verstoß gegen eine Regel unmittelbar als Befolgung einer andern Regel eingestuft werden. Eine solche Interpretation der Ab-

59 Vgl. schon E. Gellner, *Maxims* (*Mind* 60, 1951), der Kant mit G. Ryles *The Concept of Mind* zusammenbringen wollte.

weichung von der Regel erleichtert die Auffindung des Fehlers. Ähnliches findet im Fall der Maxime wiederum nicht statt. Es besteht kein Grund zur Vermutung, daß das Aufgeben einer Maxime die Ausbildung einer andern Maxime bedeutet. Wenn der ehemalige Frühaufsteher sich an die selbst gesetzte Regel nicht mehr hält, so wird er allein deshalb nicht zu einem Spätaufsteher. Er hat nicht eine Regel durch andere ersetzt. Er kann die Praxis seines Aufstehens regellos werden lassen, so daß statt der Maxime nun der Zufall regiert.

An dieser Stelle wird die Frage unausweichlich, wie vollständig das Handeln von Maximen geleitet sei. Wenn das Aussetzen einer Regel keine neue Regel zwangsläufig installiert, muß es Spielräume des Ungeregelten oder nicht Regelbedürftigen geben. Es scheint also bis zu einem gewissen Grade beliebig zu sein, ob Maximen vorliegen, die das Handeln regeln oder nicht. Fraglos geht die Beliebigkeit nicht so weit, daß es gänzlich gleichgültig wäre, ob überhaupt Maximen für das Handeln bestehen. Andererseits erkennt man auf den ersten Blick nicht, wieso unbedingt alles Handeln der Ausbildung von Maximen bedürfte. Wie weit erstreckt sich also das Ordnungsfeld der Maximen in die Dunkelzone des Ungeregelten hinein? Strukturieren Maximen nur die Oberfläche des Handelns, so daß, sieht man auf die Gesamtheit aller Lebensvollzüge, darunter eine diffuse Schicht kontingenter Abläufe sich ausbreitet? Oder ist das Netz der Maximen bloß locker gestrickt, so daß in den Zwischenräumen zwischen maximengeleitetem Handeln ungeregelte Tätigkeiten Platz greifen, jedoch nur bis zu der Grenze, wo der klare Regelungsbereich einer weiteren Maxime beginnt?

Diese Frage dürfte kaum ohne weiteres entscheidbar sein. Die Soziologen sind meist von der Fiktion durchgängiger Geregeltheit der Praxis ausgegangen. Max Webers Lehre vom Idealtypus reflektiert diese Forschungsvoraussetzung methodologisch und läßt neben dem klar zweckrational geregelten Handeln noch Abweichungen und Verfallsformen bis hin zum dumpfen Gewohnheitshandeln zu. Andere, wie Pareto, entscheiden sich für die Lösung schlichter Negation: den »logischen Handlungen«, die der Forschung zugänglich werden, stehen »nicht-logische

Handlungen« gegenüber, mit denen die Soziologie freilich kaum etwas anfangen kann, obwohl dies die Breite praktischer Realität darstellt. Die sprachanalytische Handlungstheorie hält es überwiegend für ausgemacht, daß Handlung regelgeleitet sei. Die Parallele zum notwendigen und durchgängig geltenden Regelkodex des Sprachgebrauchs bestärkt eine solche selbstverständliche Annahme. Alle Aktivität, für die sich keine Regel finden läßt, fällt in den Augen mancher Sprachanalytiker aus der Kategorie des Handelns heraus.

Kant, dem wir den Maximenbegriff entliehen haben, bleibt angesichts unserer Frage recht unbestimmt. Ob alles Handeln auf Maximen gründet oder dort nicht gehandelt werde, wo keine Maxime gilt, würdigt er nicht eigentlich der Erörterung[60]. Alles für die moralische Betrachtung relevante Handeln muß jedenfalls Maximen vorweisen können, denn ohne subjektive Handlungsregel kann der kategorische Imperativ nicht ergehen. Er weist ja ein derartiges Handeln einschränkungslos an, dessen jeweilige Maxime allgemein Gesetz werden kann. Die Eignungsprüfung der Verallgemeinerungsfähigkeit einer bestimmten Maxime besitzt ein Objekt und die unbedingte Anweisung des Sittengesetzes findet eine praktische Umsetzung nur dann, wenn in gegebenen Maximen Handlungsmaterie vermittelt wird. Andererseits darf daraus, daß der kategorische Imperativ zwar nicht seine Geltung, aber seine Anwendung dem Vorhandensein von Maximen verdankt, nicht geschlossen werden, daß alle Maximen samt und sonders moralfähig sein müßten.

60 Immerhin sprechen einige Passagen der *Metaphysik der Sitten* für einen intimen Zusammenhang von Handlung und Maxime. Während früher der Wille der *praktischen Vernunft* gleichgesetzt war, unterscheidet die Einleitung in die *M. d. S.* davon noch die *Willkür* als Freiheit eines sich selbst zur Handlung bestimmenden Begehrungsvermögens (A 5). Die freie Willkür indes äußert sich in Maximen. »Von dem Willen gehen die Gesetze aus; von der Willkür die Maximen. Die letztere ist im Menschen eine freie Willkür.« (A 26 f.) Vgl. auch die Korrelation von Vernunftmaximen und Praxis, der entgegengesetzt wird »der selbstsüchtige Hang der Menschen, der aber, weil er nicht auf Vernunftmaximen gegründet ist, auch nicht Praxis genannt werden muß« (*Zum ewigen Frieden*, Anhang, A 88).

Aus der kantischen Benutzung des Maximenbegriffs für die Auslegung der moralischen Forderung läßt sich kein Argument dafür gewinnen, daß alle auffindlichen Maximen im Prinzip der Prüfung des kategorischen Imperativs unterworfen werden müßten, andernfalls sie nicht als Maxime zu betrachten seien. Die Maxime des Frühaufstehens oder ähnlich harmlose Privatregeln des Alltags stellen normalerweise keinen Fall für moralische Entscheidung dar. Jedenfalls wird man sie nicht dann erst Maximen nennen, wenn sie als Kandidaten der Prüfung ihrer Verallgemeinerungsfähigkeit in Frage kommen, und man wird sie als Maximen auch nicht einzig deshalb thematisieren. Die subjektiven Handlungsregeln gibt es in der Wirklichkeit der Praxis und, weil sie hier schon ihre Funktion üben, kann die hinzutretende Moralprüfung sich auf sie beziehen. Daraus folgt, daß der Maximenbegriff weiter reicht als die ethisch relevante Praxis.

Wie weit reicht aber der Maximenbegriff? Deckt er alles Handeln oder gibt es jenseits der maximengeleiteten Praxis noch ein Verhalten, das den Namen des Handelns verdient? Zunächst sollte man sich der Subjektivität und empirischen Kontingenz der Maximen erinnern. Ein jeder kann sich ganz Verschiedenes zur Maxime machen, und der Geltungsbereich der Maximen reicht im Alltagsleben sicher sehr viel weiter und tiefer in triviale Verrichtungen hinab, als die glanzvolle Herkunft des Terminus aus der standesbewußten Moralistik vermuten läßt. Nicht bloß die großen Orientierungen der Politik und des aufgeklärten Weltverhaltens sind Gegenstände der Maxime. Wenn Maxime die Regel des wirklichen Handelns der Subjekte heißt, dann besitzt jedermann eine Fülle von Maximen auch in den »kleinen Dingen«, wo mitunter sogar die Grenze von stehenden Usancen zur Marotte fließend wird. Wiederkehrende Eigentümlichkeiten im Verhalten von Individuen erklären sich wohl aus der Versteinerung ehemals ausgebildeter Maximen, die das Verhalten nun quasi automatisch weiter steuern.

Angesichts der uneingeschränkten Breite dessen, wofür man im einzelnen eine Maxime wird namhaft machen können, bleibt nur ein Kriterium zur Abgrenzung des maximengeleiteten Verhaltens übrig. Da Maxime die subjektive Handlungsregel ist, die mir die Wahl zwischen Zielen kontinuierlich und gleichmäßig anweist, muß alles Handeln, das *Ziele* verfolgt[61], im Prinzip maximenfähig sein. Ob jeweils eine angebbare Maxime vorliegt, bis zu welchem Grade der Artikulation sie ausgeprägt ist und wieweit das Bewußtsein über ihre Leitfunktion hier und da reicht, kann nicht ein für allemal definiert werden. An diesem Punkte setzt die Kasuistik ein. Im Prinzip jedoch soll zielgerichtetes Handeln der Anleitung durch Maximen fähig sein. Wenn wir das annehmen wollen und weiterhin gemäß dem oben entwickelten Handlungsbegriff gilt, daß Handeln immer zielgerichtet ist und Zwecksetzung voraussetzt, so muß daraus der Schluß gezogen werden, daß Handeln überhaupt maximenfähig ist. *Der Bereich möglicher Maximen und der Bereich dessen, was Handlung heißt, sind deckungsgleich.*

Die Entwicklung von Maximen vereinheitlicht die Zwecksetzung des Handelns, indem sie in die Kontingenz der Bestimmungsgründe Ordnung und Kontinuität bringt. Die Kraft der Maximen stellt die je und je in konkreten Situationen anstehende Zwecksetzung des Handelns unter eine allgemeine Regel. Die Allgemeinheit, die beansprucht wird, ist nicht von irgendwoher entliehen. Es ist vielmehr die Allgemeinheit und Regelmäßigkeit, deren das Handeln selber aus sich heraus fähig ist. Keine andere Instanz als die reale Praxis verantwortet die Allgemeinheit der Handlungsregel. Weder die Identität einer Person, die in allem Weltverhalten durchgängig mit sich übereinstimmen soll, noch die maßgebliche Idee einer intersubjektiven Ordnung begründet die Maxime. In ihr bildet sich die immanente Rationalität des Handelns als konsequente Verfolgung von gesetzten Zwecken unter wechselnden Bedingungen zwangsfrei aus. Sie formuliert bloß in einer gewissen Allgemeinheit die Ordnungsleistung, als die man Praxis angesichts der Komplexität der Weltumstände ansehen kann.

61 vgl. *MdS*, A 11

Die Geschichte des Begriffs der Maxime muß noch geschrieben werden. Offenbar stammt der Terminus aus der Latinisierung der aristotelischen Logik durch *Boethius*, der in seinen Kommentaren den Begriff der ›propositiones maximae‹ geprägt hat. *Propositiones maximae* werden eingeführt zur Bezeichnung jener obersten, umfassenden Sätze, die man noch über den von der syllogistischen Logik betrachteten Ober- und Untersätzen annehmen muß, aus denen ein normaler Schluß besteht. Jenseits von propositio maior und minor sei eine propositio maxima anzusetzen, die Aristoteles in den Analytiken vernachlässigt habe und die höchstens in der Topik unter anderem Namen, nämlich als *loci* behandelt würden[62]. Vor allen Sätzen, die in logische Operationen eingehen, gebe es Sätze, die entweder »indubitabiles« oder »indubitatae« seien. »Supremas igitur ac maximas propositiones vocamus, quae et universales sunt et ita notae atque manifestae, ut probatione non egeant, eaque potius quae in dubitatione sunt probent.« Diese allgemeinsten, bekannten und evidenten Sätze dienen der Beweisführung bei andern Sätzen, weil sie selber entweder unbezweifelbar oder faktisch nicht bezweifelt sind. Ersichtlich behandelt Boethius unter dem Rubrum der maximae propositiones gleichermaßen die axiomatisch gültigen Beweisgründe strenger Apodeixis wie die akzeptierten Gemeinplätze des Endoxon, das für rhetorische Argumentation reicht. Die Beispiele lauten wie folgt: Jede Zahl ist entweder gerade oder ungerade; Gleiches von Gleichem abgezogen ergibt Gleiches; alles, was lange währt, ist gut[63]. Die logischen und mathematischen Beispiele einerseits und rhetorischen andererseits zeigen, daß Boethius zusammennimmt, was Aristoteles in der *Schluß- und Beweislehre* der Analytiken und in der *Argumentationslogik* der Topik getrennt untersucht hatte. Propositiones maxi-

62 Boethius, *In Topica Ciceronis Commentaria*, Liber I, Ausg. Basel 1546, p. 765 ff.

63 Zu diesem Beispiel vgl. Aristoteles, *Topik* III 1, 116 a 13.

mae sind dagegen »universales et vel per se necessariae vel per se probabiles ac notae«. Bei Aristoteles entsprechen dem noch am ehesten die Topoi μάλιστα καθόλου[64].

Die von Boethius begründete Tradition des Maximenbegriffs reicht hinüber in die *mittelalterliche Logik*[65] und wirkt unverändert fort in der philosophischen Lexikographie der Spätscholastik. Joh. Micraelius definiert[66]: »Maximae, communia axiomata et generales regulae, complectentes earum rerum summas, quae eodem se habent modo.« Neben diese Standarddefinition tritt bei Rud. Coclenius[67] indes eine Bedeutungserweiterung, die den streng logischen Sinn aufweicht: »... Sunt breves comprehensiones. Dicuntur et definitiones. Aliis Maximae sunt artis documenta praeceptaque ipsa vel saltem eorum fructus et consectaria.« Der *Regelbegriff* bekommt hier in bezug auf Kunstfertigkeit die praktische Dimension der Vorschrift oder der fruchtbaren Nutzanwendung (»die Moral einer Sache«). Der dialektisch-topische Sinn bestimmt ›Maxime‹ bei Joachim Jungius[68], was mit dessen Erfahrung im Aristotelismus der Schule von Padua (Zabarella, Cremonino) zusammenhängen mag. Der rein logische Sinn ist dagegen noch bei Locke präsent, wo Maxime synonym mit Axiom verwendet wird[69]. Ähnlich Leibniz[70].

Eindeutig *praktischen* Sinn haben die Maximen dann insbesondere in der *Moralistik*[71], die seither und bis heute den Wortgebrauch prägt. Die »Maximen und Reflexionen« des späten Goethe treten das moralistische Erbe an. Maximen sind kurz-

64 *Top.* III 5, 119a 12

65 Albertus Magnus, *Post. Anal.* I 2; Petrus Hispanus, *Summulae logicales* V; Albert von Sachsen, *Logik* IV 19f., 32

66 *Lexicon philosophicum*, Stettin 1662²

67 *Lexicon philosophicum*, Frankfurt 1613

68 *Logica Hamburgensis*, 1638, Lib. V: de dialectica, Cap. III: de locis argumentorum et Maximis

69 *Essay concerning Human Understanding*, 1690, IV 7

70 *Nouveaux Essais* IV 12, 6

71 La Rochefoucauld, *Réflexions ou sentences et maximes morales*, 1665

gefaßte Lebensweisheiten, die Erfahrungen kondensieren und auf Anwendung gestellt sind. Die ›morale provisoire‹ des Descartes formuliert sich bereits in ›Maximen‹[72]. Die Maximensammlung, die B. Gracian »Handorakel und Kunst der Weltklugheit«[73] nennt, beschwört das Ideal eines »philosophischen Hofmanns«[74] und zitiert auch eine der Quellen: Seneca. La Bruyère sagt von den Maximen: »elles sont comme des lois dans la morale«[75]. Der Sprachgebrauch wird im 18. Jahrhundert vollends gängig, wie beispielsweise Rousseaus *Emile* beweist[76], den Kant las.

Maximen geben allgemeine Orientierungshilfen, nach denen man sich im Leben und auch in der *Politik* richtet. Der praktische Sinn von Maximen hat im Französischen und Englischen eine ältere umgangssprachliche Basis und verstärkt sich in der Renaissance offenbar durch humanistische Aristotelesbeschäftigung. Die Übersetzung der *Politik* durch Regius spricht von ›les maximes et les mœurs‹ dort, wo Aristoteles die Grundsätze und Ziele von Verfassungen (τὰ ἀξιώματα καὶ τὰ ἤθη καὶ ὧν ἐφίενται) behandelt[77]. Die Rhetorik von Cavalcanti nennt die Topoi »certe proposizioni generali, da alcuni autori chiamate massime«[78]. Zu besonderer Prominenz hat die Übertragung des Römischen Rechts in die Gesetzesregeln des Englischen Rechts dem Maximenbegriff verholfen. Bekannt sind Francis Bacons ›Maxims of the Law‹[79]. D. Hume benutzt in seinen politischen

72 *Discours de la Méthode* (1637), III

73 *Oraculo manual y arte de prudencia*, 1647 (dt. Übersetzung von A. Schopenhauer). – Der Terminus ›maxima‹ taucht freilich nur selten auf: Nr. 205.

74 Nr. 100. – Mit dem ›Hof‹ ist Weltläufigkeit gemeint; vgl. das Vorwort zu Gracian, *El Criticon* (1651-57): Esta filosofia cortesana, el curso de tu vida en un discurso ...

75 *Les Caractères ou les mœurs de ce siècle*, Préf., 1688

76 insbesondere IV Buch (1762)

77 *Pol.* VI 1, 1317 a 39

78 Bartol. Cavalcanti, *La Retorica*, Venezia 1559

79 posthum veröffentlicht 1630. S. dazu: P. Stein, *Regulae Juris. From Juristic Rules to Legal Maxims*, 1966

Essays Maxime und Axiom als »universal axiom in politics« gleichbedeutend[80]. Die politische Bedeutung von ›Maxime‹ findet sich wie selbstverständlich bei Montesquieu[81] und Rousseau[82].

Auf die deutsche Politiklehre des ausgehenden 17. und beginnenden 18. Jahrhunderts wirkt die romanische Maximenliteratur, vor allem Gracian[83]. Christian Thomasius kennt den Terminus »Haupt-Maxime« und betont deren praktische Bedeutung[84]: »Diese Regeln sind nicht zum disputiren, perorerien oder speculieren, sondern zur praxi geschrieben.« C. A. Heumann nennt in seinem erfolgreichen »Politischen Philosophus das ist, vernunfftmäßige Anweisung zur Klugheit im gemeinen Leben«[85] als Beispiele solcher Hauptmaximen: »Cole socialitatem, d. i. ..., man muß sich bemühen, sich so viel Freunde zu machen, (denn alle Menschen zu Freunden zu haben, ist etwas Unmögliches) daß einem die Feinde nicht schaden können.« »Es ist eine politische Haupt-maxime, daß man nicht nur nichts thun, sondern auch nicht einmahl etwas reden soll, man habe denn solches zur Genüge überlegt«. Die generellen Regeln politischer Klugheit betreffen also grundsätzliche Bedingungen sozialen Lebens und vernünftigen Tuns.

Bei Chr. Wolff scheint die praktische Bedeutung von ›Maxime‹ eher zurückzutreten. H. A. Meissner berichtet nur: »Maxime ist eine allgemeine Regel, darnach man etwas beurteilt«.[86] Dagegen gibt es bei Baumgarten einen prägnanten Maximenbegriff,

80 *Political Essays*, 1752, ed. Hendel, Indianapolis 1953, 15, 24, 121, 130 u. ö.

81 *De l'Esprit des Lois*, 1748; III 3, V 2, 7 u. ö.

82 *Du Contrat Social*, 1762, I 4, 7, II 9, III 6, IV 1

83 vgl. immer noch: K. Borinski, *B. Gracian und die Hofliteratur in Deutschland*, 1894

84 *Kurzer Entwurf der politischen Klugheit, sich selbst und andern in allen menschlichen Gesellschaften wohl zu raten und zu einer gescheiten Conduite zu gelangen* (dt. Übers. 1710), Vorrede

85 Frankfurt/Leipzig (1714) 1724³, 11, 17

86 *Philosophisches Lexicon aus Chr. Wolffs sämtlichen deutschen Schriften*, 1737

der sogar an die ἕξις des Aristoteles erinnert[87]. Maximen heißen hier die Obersätze praktischer Schlüsse, in denen vernünftige Wohlberatenheit der Praxis bei Aristoteles sich formalisiert[88]. Das bestätigt eine Bemerkung der ›Metaphysica‹[89]. Baumgarten dürfte die unmittelbare Quelle für Kants Maximenbegriff gewesen sein.

87 A. G. Baumgarten, *Ethica Philosophica* (1740), 1763³; § 246 ... bene praeparatum esse pectus ad deliberationem accessurum bonis maioribus propositionibus syllogismorum practicorum, quas maximas (beigefügt deutsche Anmerkung: die Regel des freyen Verhaltens, die man sich angewöhnt hat) vocant, de iis tam vive convictum, ut constans sit sine pertinacia.

88 *EN* VI 10, 13

89 (1739), 1779⁷, § 699: »... maiores propositiones syllogismorum practicorum sive Maximas (deutsche Anmerkung: jemandes gewöhnliche Gesinnungen)«

IV. Möglichkeiten praktischer Vernunft

Die Untersuchung des Verhältnisses von Sprechen und Handeln verfolgte die Absicht, eine gewisse Ordnung in einem Problemfeld zu erreichen, das durch die mannigfaltige Interferenz zweier heterogener Elemente gekennzeichnet ist. Seitdem die Sprachanalyse und Hermeneutik den Zusammenhang von Sprechen und Handeln deutlicher erkannt haben, ist viel zur Interferenz gesagt worden. Die Heterogeneität scheint darüber eher in Vergessenheit geraten zu sein, so daß mitunter die Vorstellung von Strukturgleichheit herrscht. Sprechen und Handeln – so mag es harmonistischen Programmatikern vorkommen – sind letztlich eins oder doch aus derselben Wurzel zu erklären. Die Beobachtung einiger wichtiger Differenzen ruft demgegenüber zunächst einmal Vorsicht auf den Plan. Die Differenz von Logos und Praxis festzuhalten ermöglicht überhaupt erst, ihren Zusammenhang zu bestimmen. Andernfalls klärt man keine Verhältnisse auf, sondern nennt ein unbestimmtes Eines mit zwei klangvollen Namen. Ohne Anerkenntnis der Strukturdifferenz von Sprachverhalten und praktischer Zweckverfolgung kommt man indes auch bei der Prüfung der Möglichkeit praktischer Vernunft keinen Schritt voran.

Ich rede mit vollem Bewußtsein von »Möglichkeiten praktischer Vernunft«, weil ich nicht sicher bin, ob dies mit *Ethik* notwendig zusammenfällt. Die Tradition hatte nicht den geringsten Zweifel, daß praktische Vernunft eine Sache der Ethik oder Moralphilosophie sei und umgekehrt Moralität so viel wie vernunftbeherrschtes Handeln. Von Platos Leitidee des Guten über die aristotelische Eudaimonia als Bestimmung des praktischen Endzwecks durch Phronesis bis zu Kants Lehre vom höchsten Gut, das die alte Glücksdefinition vollends auf die reine Vernünftigkeit des Sittengesetzes zu gründen versucht, hat die Identität des praktisch Vernünftigen und ethisch Normativen gegolten. Was gut und gesollt ist, war stets das vernünftige Handeln.

Die Identifikation geht so weit, daß Vernunft nicht bloß als Richter darüber eingesetzt wird, was praktisch gut sei. Eine solche Entscheidungsrolle der Vernunft setzte Kriterien der Entscheidung über gut und richtig voraus, die nicht mit der Vernunft selber zusammenfallen. Es ist jedoch schwer zu sehen, woher entsprechende Kriterien mitsamt der Legitimation ihrer Gültigkeit bezogen werden sollen, wenn nicht wiederum aus Vernunft. Die systematische Schwierigkeit, die Vernunft im praktischen Bereich selbständigen Kriterien zu unterwerfen, die der Praxis eigen, aber mit der Vernunft nicht identisch sind, hat zu der geschilderten philosophischen Situation geführt, die zwischen dem Guten und dem Rationalen keinen Unterschied mehr erkennt. Nun dürfte es historisch wohl so gewesen sein, daß vor allem Eingriff der Philosophie jede existierende Gesellschaft bereits Normen entwickelt und mit Normen gelebt hat. Historisch kommt also die Vernunft immer zu spät, denn es gibt eine vorphilosophische Vorstellung vom Guten. Folglich kann Vernunft die historisch gewordenen und gesellschaftlich bedingten Normen, Leitbilder, Verhaltensmuster oder weltanschaulichen Orientierungen nur erkennen und kritisch durchschauen. Anerkennen darf Vernunft keine praktischen Vorschriften, die gegeben sind, es sei denn, sie hätte sie selber geben können. Gültige Normen sind daher solche, die aus dem vorfindlichen Bestande übernommen und vernünftig beglaubigt werden können. Die gesetzprüfende wird auf dem Wege zur gesetzgebenden Vernunft.

Die prinzipielle Frage, die hier gar nicht entschieden werden soll, ist aber, ob Vernunft unbesehen jenes historischen Sachverhalts allein aus sich die Idee einer praktischen Norm überhaupt generieren kann[1]. Stellt Tugend und der Wertmaßstab des Guten in Wahrheit ein ursprüngliches Vernunftskonzept dar oder werden solche Vorstellungen immer in der historischen Menschengeschichte geprägt und durch Vernunft bloß geläutert? Kant hat in klarer Einschätzung der Prioritäten die Grundlegung einer Metaphysik der Sitten auf einen gemeinen Vorbegriff von Sittlichkeit gegründet. Die Idee des Guten lebt bereits im unverbildeten Menschverstand und bedarf »nicht so

1 Vgl. dazu H. G. Gadamer, *Über die Möglichkeit einer philosophischen Ethik*, in: *Kl. Schr.* I, Tübingen 1967.

wohl gelehrt als vielmehr aufgeklärt zu werden«[2]. Philosophiegeschichtlich betrachtet gab der Rousseauismus den Anlaß zu dieser Korrektur, die Kant auch durchaus als Richtigstellung eines irrigen philosophischen Selbstverständnisses empfand: »Rousseau hat mich zurecht gebracht.«[3]

Wer der Rousseau unserer Tage werden könnte, ist auch bei großem Weitblick nicht zu sehen, zumal das Philosophieren immer weniger auf Kirchenväter hören will. Ich verhalte mich daher in der Frage einer Vorgängigkeit sittlicher Erfahrung und inhaltlicher Normen vor der philosophischen Ethik und vor jeder moralischen Reflexion neutral. Die zum Lehrbestand gehörige Identifikation von Gut und Vernünftig, die eine Rolle der praktischen Vernunft nur unter dem Vorzeichen des Sollens denken kann, scheint mir überprüfungsbedürftig. Indes finde ich mich hier nicht in der Lage, das Dilemma aufzulösen, das sich bildet, wo die philosophische Ethik eine Ethik nur für Philosophen zu werden droht. Die leichte Substitution des rational Einsichtigen für das praktisch Angewiesene übt auf Theoretiker naturgemäß eine starke Anziehungskraft aus. Die schwerste Bürde einer philosophischen Ethik dürfte es jedoch sein, moralische Normen so zu begründen, daß sie vernünftig begründet sind und auch noch die Praxis, der sie gelten, zu überzeugen vermögen. Es ist eine wohlfeile, aber trotzdem kaum marktgängige Wahrheit, die J. Ritter erinnert: »Wir besitzen vollendet ausgebaute ethische Systeme, sieht man aber von ihrer Höhe zurück auf die Wirklichkeit des Menschen, wie sie ist, dann fragt man sich, was die Begriffe des Systems mit ihr zu tun haben.«[4]

Der Frage möchte ich mich gerade, weil sie zu respektieren ist, nicht aussetzen. In der Folge wird daher von praktischer Vernunft die Rede sein, ohne daß dies als Beitrag zur philosophischen Ethik gemeint ist. Da kein zwingender Grund besteht, die Möglichkeit des Einwirkens von Vernunft auf die Sphäre des Praktischen ausschließlich unter den Blickwinkel ethischer

2 *GMS*, A 8
3 *Handschriftl. Nachlaß*, Akad. Ausg. XX 44
4 *Metaphysik und Politik*, Frankfurt 1969, 64

Normgebung anzusehen, hindert auch nichts, beide Themen voneinander abzulösen. Das Vorgehen verspricht einen rein methodischen Nutzen. Insbesondere erlaubt die Entlastung von moralphilosophischen Erwartungen eine unparteiliche Abwägung der verschiedenen Wirkmöglichkeiten der Vernunft. Ich sehe vor allem vier Formen eines praktischen Vernunfteinflusses, die sich klar unterscheiden, teilweise kritisch gegeneinander formuliert sind oder der Sache nach einander ausschließen. Eine apriorische Verpflichtung zu der Aufgabe einer Ethikbegründung würde es schon schwer machen, die vier Modelle überhaupt in ihrer unterschiedlichen Anlage ernst zu nehmen und die Argumente für und wider mit Sinn zu erörtern. Vor allem ließe sich kaum mit offenem Blick erkennen, was für eine Art Vernunft jeweils in Anspruch genommen wird bzw. ob es in allen Fällen dieselbe Vernunft ist, der praktische Relevanz zugetraut wird. Und schließlich wird erst im Vergleich ein Maß für die Anpassung an die Struktur des Handelns selber möglich, zu dessen Unterstützung die Vernunft jeweils von den verschiedenen Positionen her aufgerufen ist.

1. Verallgemeinerung der Maximen

Ein erster Weg, der Vernunft Einfluß auf Praxis zu geben, verläuft über die Regeln des Handelns, die man Maximen nennt. Vernunft greift ausdrücklich nicht in die Zwecksetzung oder den Handlungsvollzug als solchen ein. Sie richtet sich ausschließlich auf die subjektiven Regeln, die der Handelnde sich gesetzt hat. *Kants* transzendentale Neubegründung der Moralphilosophie wählt diesen Weg, denn nur so vermag man vorzudringen zum subjektiven Handlungsprinzip, das Wille genannt wird. Kant ist überzeugt, daß an der moralischen Qualifikation des *Willens*, d. h. aber an den praktischen Beweggründen eines Subjekts vor dem Handeln alles liegt. Er ist dieser Überzeugung, weil ihm alle Versuche, Vernunft direkt in die Zwecksetzung und Zielverfolgung zu integrieren, aussichtslos scheinen. Die eudaimonistische, an den Interessen und der Praxis der Menschen orientierte Moralphilosophie scheitert Kant zufolge an einer unüberwindlichen Grenze des Empirischen, wo die wechselnden Vorstellungen und die jeweiligen Bedingtheiten des Einzelnen zu berücksichtigen sind. Was jemand will und wie die Menschen ihr Glück inhaltlich verstehen, kann auf keinen eindeutigen Nenner gebracht werden. Dieser Umstand vereitelt eine echte Einwirkung der Vernunft, sofern sie über die Realität der Praxis läuft. Anders steht es mit dem Versuch, Vernunft auf die Disposition zum Handeln einfließen zu lassen, indem die Motivation eines handlungsfähigen und handlungsbereiten Subjekts ihrer Direktive unterworfen wird. Aus dem Grunde zählt ethisch allein »der gute Wille«.

Ersichtlich spielt bei Kants fundamentaler Überlegung ein Vernunftbegriff die entscheidende Rolle, dessen *Reinheit* gegen die Vermengung mit Empirie definiert werden muß. Die moralphilosophische Hauptschrift versteht sich daher selber mit Bedacht als *Kritik der praktischen Vernunft*[5]. Hatte die theoretische Philosophie eine Kritik der reinen Vernunft zum Thema, insofern die Legitimität der empirisch bedingten Verstandes-

5 s. Vorrede und Einleitung der *K. p. V.*

erkenntnis kritisch gegen alle theoretischen Prätentionen einer reinen und unbedingten Vernunft durchgesetzt werden sollte, so geht die Richtung der Kritik hier umgekehrt auf die empirisch bedingte Vernunft im Praktischen, die einer praktischen Wirksamkeit reiner Vernunft Platz zu machen hat. Die praktische Philosophie kritisiert die schlichte, mit der praktischen Empirie vermittelte Vernunft zugunsten von deren reiner unbedingter Gestalt. Im systematischen Verbund der beiden Kritiken als der theoretischen und praktischen Philosophie wird der praktischen Seite die Aufgabe übertragen, jener Vernunftgestalt ein Wirkungsfeld zu eröffnen, die von theoretischen Gegenständen ausgeschlossen wurde. Das Absolutheitspostulat reiner Vernunft hatte im theoretischen Bereich zu einer fatalen Dialektik geführt, wo metaphysische Ideen und die kategorial geordnete Erfahrungserkenntnis im Streit liegen. Einen Ausweg verhieß allein die Überführung des Absolutheitspostulats reiner Vernunft ins Praktische. Das vermittelnde Glied stellte, wie wir gesehen haben, der Handlungsbegriff dar.

Handlung soll eine solche Folge empirischer Wirkungen in der Welt heißen, deren Ursache nicht ihrerseits empirisch bedingt, sondern frei gesetzt ist. Der Gedanke einer Kausalität aus Freiheit macht den unbedingten Anspruch reiner Vernunft kompatibel mit der empirischen Wirklichkeit, insofern einzig im Falle der menschlichen Praxis reine Vernunft die Verursachung einer Kausalkette verantwortet. Der Handlungsbegriff baut auf der tiefen Geschiedenheit der intelligiblen und phänomenalen Welt auf. Für die Frage einer Möglichkeit praktischer Vernunft gilt es nunmehr zu beachten, daß der für Praxis in Anschlag gebrachte Vernunftbegriff jener für Theorie abgewiesene Begriff reiner, empirisch nicht bedingter Vernunftabsolutheit ist. Dieses systematische Präjudiz erklärt die Instrumentierung des moralphilosophischen Hauptwerks als Kritik der endlichen, mit Praxis verschwisterten Vernunftgestalten.

Ein weiteres Moment erhellt aus der Konstruktion. Da Handlung in Analogie zu Naturkausalität begriffen wird, sind die Regeln einer Kausalität aus Freiheit auch in Analogie zu Naturgesetzen zu entwerfen. Das Sittengesetz gilt für die praktische

Wirklichkeit ganz so wie die Naturgesetze für die empirische Realität[6]. Die reine Vernunft, die auf Praxis Einfluß nehmen soll, muß Handeln genau derselben Unerbittlichkeit und Notwendigkeit unterwerfen, die Naturgesetzen eignet. Die fallweise differierende, auf subjektive Bedingungen Rücksicht nehmende und in die Konkretion des hic et nunc eingebundene Vernünftigkeit im schlicht pragmatischen Sinne ist für diese systematisch definierte Aufgabe nicht bloß untauglich, sie steht deren Erfüllung sogar im Wege. Die Alltagsvernunft der Menschenwelt muß ausgeräumt werden. Die Argumente, die das so verstandene Geschäft einer *Kritik der praktischen Vernunft* stützen, können nicht eigentlich auf dem Niveau der Praxis namhaft gemacht werden. Sie sind vielmehr aus einer übergeordneten systematischen Konstruktion abzuleiten, der es um den Nachweis der Bedeutsamkeit reiner Vernunft aller theoretischen Skepsis zum Trotz geht.
Überraschend ist nun, daß die Durchführung des Programms gar nicht auskommt, ohne einen positiven Rückgriff zu tun auf jene empirisch bedingte Vernunftgestalt, die gerade überwunden werden soll. Hier muß die konstitutive Rolle der *Maximen* für die Aufstellung des kategorischen Imperativs hervorgehoben werden. Wenn der kategorische Imperativ, woran kein Zweifel sein kann, den Modus der Einwirkung reiner Vernunft auf das Feld des Praktischen darstellt, so ist klar, daß unabhängig vom Gegebensein der Maximen die gesuchte Einwirkung gar nicht erfolgen kann. In der bunten Mannigfalt subjektiver Verhaltensregeln und ihrer inhaltlichen Konkretion liegt aber die elementare Form praktischer Vernunftregelung im einfachen Sinne vor. Kant selber betont, daß die bewußt gesetzten und planmäßig ausgebildeten Maximen den Primärgebrauch praktischer Freiheit im empirischen Kontext verkörpern[7] und einer freilich empirisch eingeschränkten Vernunft des Handelnden entspringen[8]; denn andernfalls wäre sie zur Formulierung des kategorischen Imperativs untauglich. Die Maxime, die nicht ein

6 vgl. *KpV* A 123; *GMS* A 52
7 *Religion innerhalb der Grenzen der bloßen Vernunft*, A 6 f.
8 *GMS*, A 51, 62 f.

wesentliches Stück Freiheitsgebrauch und Vernunftübung enthielte, sondern ganz auf pathologische Determination durch Sinnenreize zurückginge und nichts als ein bedingter Reflex der kontingenten Umstände wäre, paßte nicht als Übertragungsmechanismus des Absolutheitsanspruchs reiner Vernunft auf die praktische Disposition des Handelnden.

In den Maximen äußert sich die einfache praktische Vernunft und deshalb ist es Kant möglich, mit dem kategorischen Imperativ ein Prüfungsverfahren anzusinnen und einen Prüfungsmaßstab vorzulegen mit dem Ziel, die Übereinstimmung der je besonderen Maxime mit der reinen Vernunft festzustellen. Der kategorische Imperativ lautet in seiner gängigen Formulierung: »Handle so, daß die Maxime deines Willens jederzeit zugleich als Prinzip einer allgemeinen Gesetzgebung gelten könne.« Der Imperativ weist unmittelbar etwas an. Er weist indes kein bestimmtes Handeln an, er erläßt keine Vorschriften hinsichtlich der Zwecksetzung und gibt auch nirgends Direktiven des praktischen Vollzugs. Er fordert vielmehr eine besondere Weise des Handelns im Allgemeinen. Die Weise, wie überhaupt zu handeln sei, bemißt sich nach einer durchgängigen Eigenschaft der im jeweils praktischen Fall zuständigen Maxime. Was auch immer du erstrebst, wie auch von Fall zu Fall deine Maxime aussehen mag, folge stets einer solchen Maxime, die eine bestimmte Eigenschaft aufweist. Die Vernachlässigung der besonderen Zwecksetzung erhebt den Imperativ zu einem kategorischen: seine Aufforderung ergeht unter allen Umständen.

Die verlangte Eigenschaft der Maxime lautet mitnichten auf die Güte oder sonst eine moralische Qualität des Maximeninhalts. Die Eigenschaft ist vielmehr die Eignung zu einer allgemeinen Gesetzgebung. Es sei einmal unterstellt, ein fiktiver Gesetzgeber hätte zu entscheiden, ob die fragliche Maxime in den juristischen Kodex aufgenommen werden kann. Welchem Kriterium würde der Gesetzgeber folgen? Auch diese Frage erhält im kategorischen Imperativ keine inhaltliche Antwort. Die Idee der Gesetzgebung allein genügt, um den Gesetzgeber anzuleiten. Gesetze haben allgemein zu gelten. Die potentielle Allgemeingültigkeit der Maxime ist mithin der Maßstab der

Entscheidung. Folge nur solchen Maximen, so bestimmt der Imperativ, die umstandslos als allgemeines Gesetz erlassen werden können. Ich soll also nicht etwa meine Maxime, die mein konkretes Handeln wirklich leitet, aufgeben und statt dieser von mir gesetzten Maxime einer anderen Maxime von höherem Allgemeinheitsgrad folgen. Ich soll auch nicht auf Maximen ganz verzichten, um an ihre Stelle irgendwelche Gesetze zu rücken. Ich habe im Gegenteil mich gerade an die Maxime zu halten und mein Handeln tatsächlich ihr zu unterstellen, sofern die Maxime jener einen Bedingung genügt. Die Maxime muß ohne Veränderung gesetzesfähig sein. Ich muß, so wie ich ihr folge, zugleich wollen können, daß alle ihr folgen. Ich muß, mit anderen Worten, *ihre Verallgemeinerung wollen* können.
An das Prinzip der Verallgemeinerung von Maximen hat sich eine lebhafte Diskussion angeschlossen, die vor allem durch einen naheliegenden Vergleich mit der utilitaristischen Ethik angeregt wurde[9]. Was bedeutet eigentlich die Allgemeinheit, in die Maximen zu versetzen sind, falls sie die ethisch relevante Eigenschaft besitzen sollen? Kants Argumentation in dem Punkte gibt zu erkennen, daß er den Charakter der Allgemeinheit wesentlich negativ durch den *Widerspruch* definiert, in den eine nicht verallgemeinerungsfähige Maxime bei der Prüfung ihrer Eignung zur Allgemeingültigkeit gerät[10]. Daraus resultiert umgekehrt die uneingeschränkte Übereinstimmung eines maximengeleiteten Handelns mit sich selbst auch unter Bedingungen potentieller Allgemeinheit. Die Handlungsdisposition, die als ›guter Wille‹ mit sich identisch bleibt, auch wenn sie allgemein wird, erfüllt das sachliche Erfordernis reiner Vernünftig-

9 Ich nenne nur M. Singer: *Generalization in Ethics*, 1961 (Kap. VIII + IX), dt. Übersetzung: Frankfurt 1975; sowie zuletzt: N. Hoerster, *Kants kategorischer Imperativ als Test unserer sittlichen Pflichten*, in: M. Riedel (Hrsg.), *Rehabilitierung der praktischen Philosophie*, II, Freiburg 1974.
Zum Utilitarismus siehe den folgenden Paragraphen.

10 So schon in der frühen *Vorlesung über Ethik*, die der Herausgeber P. Menzer auf 1775-80 datiert (Berlin 1924, 52 f.); s. a. *GMS*, A 53 ff., 81; *KpV*, A 49 f., *MdS*, A V.

keit. *Sich selbst schlechthin als allgemein zu wollen – das ist das letzte Merkmal reiner Vernunft im Praktischen.*

Die Maximen als subjektive Handlungsregeln kennzeichnet von Hause aus schon eine *gewisse* Allgemeinheit. Sie übersteigen grundsätzlich die Anweisung des Einzelfalls und erheben in bezug auf inhaltliche Zwecksetzungen ein bestimmtes einheitliches Verhalten zur Regel. Unklar ist nur, wie weit die Allgemeinheit reicht, die jede Maxime als solche ausspricht. Es gibt egoistische Privatmaximen, die praktisch nur sinnvoll sind, wenn sie nicht jedermann teilt. Beispiele dafür sind die Maximen des Lügens oder des Betrugs[11]. Nur wenn die anderen sich an die Wahrheitsregel halten und bei meinen Äußerungen auch Wahrheit unterstellen, ist eine planmäßige Abweichung pragmatisch erfolgversprechend.

Andere Exempel, die Kant erörtert, sind nicht ganz so leicht zu interpretieren. In der Sekundärliteratur viel diskutiert ist der Fall des Depositum[12]: Ein inzwischen Verstorbener hat bei mir ein Gut hinterlegt, worüber es keine Dokumente gibt, so daß ich mich dieses Besitztums schadlos bemächtigen könnte, wenn ich der Maxime folgte, auf alle sichere Weise mich zu bereichern. Was lehrt die Prüfung der Verallgemeinerungsfähigkeit einer solchen Maxime? Die Maxime scheitert an der Allgemeinheitsklausel, aber nicht nach Maßgabe des erstrebten pragmatischen Erfolgs, denn der wäre angesichts der Unbeweisbarkeit meines Vergehens nicht in Frage gestellt. Vielmehr würde eine gesetzlich vorgeschriebene allgemeine Veruntreuung das Rechtsinstitut eines Depositum als solches aufheben. Die Verallgemeinerung wäre also der Sache nach widersinnig. Noch anders scheinen die Dinge im Fall der Maxime zu liegen, die vorschreibt, keine Beleidigung ungerächt zu lassen[13]. Wenn man dies als Privatjustiz verstehen darf, so erscheint eine entsprechende Gesetzgebung nicht der inhaltlichen Seite nach widersinnig, insofern ein Rechtsinstitut per Gesetz aufgehoben würde. »Jedermann sühne selber Unrecht« ist nicht im gleichen Sinne

11 *GMS*, A 54 f.
12 *KpV*, A 49 ff.
13 *KpV*, A 36

widersprüchlich wie »Jedermann veruntreue das auf Treu und Glauben hinterlegte Gut«. Eher liegt eine logische Paradoxie vor, wenn zum allgemeinen Gesetz erhoben wird, daß jeder sein eigener Richter sein solle.

Wie das Kriterium der Widerspruchsfreiheit bei radikaler Verallgemeinerung vorliegender Maximen auch in den Beispielen genau zu deuten sei, außer Zweifel steht, daß Kant es einführt, um eine Allgemeinheit, die schlechthin und unter allen Bedingungen gilt, abzusetzen gegen jene relative Allgemeinheit, die in Maximen ohnehin schon steckt. Die vage Generalität, die im konkreten Material der Praxis nur möglich ist, läßt die Grenzen unscharf erscheinen oder macht sie überhaupt unkenntlich, so daß man nicht sicher sein kann, an welchem Punkte die Maxime sinnlos wird. Einschränkungslos vernünftig darf erst ein Handeln heißen, dessen Regel ins Unbedingte ausgedehnt werden kann, ohne daß die Funktion der Regel sich dadurch aufhebt.

Die Selektion solcher Regeln vollzieht sich im kategorischen Imperativ, nicht aber ihre *Konstitution*. Die Funktion der Regel, Handlung durch Vernunft anzuleiten und dadurch auf allgemeine Strukturen zu bringen, wird in der Maxime vorausgesetzt. Schlechthin allgemein geltende und unter Bedingungen nur geltende Maximen unterscheiden sich keineswegs in ihrer Weise, Praxis zu steuern. Ihr Unterschied liegt in der potentiellen Reichweite. Somit stellt die vorausgesetzte Maxime die Basis der moralphilosophischen Konstruktion dar. Ohne sie hinge der kategorische Imperativ in der Luft. Seine inhaltliche Konkretion liefern die gegebenen und an der realen Praxis des Handelnden aufgegriffenen Maximen. Seine faktische Wirksamkeit sichern eben dieselben Maximen, die nach bestandener Prüfung das Handeln steuern. Der kategorische Imperativ gibt einzig ein *Prüfungsverfahren* an die Hand, wo Vernunft die subjektiven Handlungsgrundsätze der Maximen einer »Probe« unterwirft[14].

Falls diese Deutung des Kernstücks der transzendentalen Ethikbegründung, auf das allein wir uns konzentriert haben, in sich

14 vgl. *MdS*, A 25

triftig ist, dann verwandelt sich die Hauptfrage, wie reine Vernunft praktisch werde, in ein Epiphänomen. Die praktische Einflußnahme von Vernunft wird in Gestalt der Maximen vorausgesetzt. In den tatsächlichen Handlungsregeln ist Vernunft immer schon praktisch geworden. Auf dieser Grundlage, die Kant annimmt, ohne weiter in sie einzudringen, sitzt der Prüfungsapparat des kategorischen Imperativs auf. Er bietet keine Antwort auf die Frage, wie Vernunft praktisch werde. Diese Frage muß er in gewisser Weise als gelöst oder als unlösbar behandeln, um sich einer spezielleren Frage zu widmen, wie nämlich Vernunft, nachdem sie schon praktisch geworden ist, in ihrer Reinheit gesichert werden kann.

Es fällt nicht leicht, eine evidente Begründung für die Überlagerung der praktischen Vernunft im einfachen Sinne durch die pointierte Forderung nach Reinheit der Vernunft im Praktischen beizubringen. So sehr nach dem kantischen Selbstverständnis das Problem im Praktischwerden der Vernunft zu liegen scheint, so wenig wird in Wahrheit zur Auflösung gerade dieses Rätsels gesagt. Die ganze systematische Anstrengung gilt statt dessen der Durchsetzung der Reinheitsforderung. Es hat mithin den Anschein, als sei von praktischer Vernunft im Ernste gar nicht die Rede, wenn ihr nicht der Status der Unabhängigkeit von empirischen Bedingungen und somit der Absolutheit zukomme. Diese Forderung kann jedoch, wie wir sahen, überhaupt nur erfüllt werden, wenn eine andere Form der Vernunftwirkung auf Praxis als bereits gegeben unterstellt ist, die jener Forderung nicht entspricht, und dann deren Applikation auf Praxis über die Maximenverallgemeinerung im Prüfungsverfahren des kategorischen Imperativs wesentlich trägt. Was aber zu der zentralen Reinheitsforderung eigentlich treibt, kann die Transzendentalphilosophie erklärtermaßen nicht weiter ableiten.

Der Schluß der *Grundlegung zur Metaphysik der Sitten* unter der Überschrift »Von der äußersten Grenze aller praktischen Philosophie« legt fest, daß auf keinen ferneren Grund zurückgegriffen werden kann, um Freiheit denkbar zu machen, als auf die Idee unbedingter Kausalität selber. Moralphilosophie und der gemeine Menschenverstand kommen darin überein, Sittlichkeit, und das heißt: uneingeschränkte Allgemeingültigkeit der Maximen zur Norm zu erheben. Warum sie das tun oder welches das einsichtige Motiv ist, statt der einfachen praktischen Vernunft reine Vernunft auf Praxis Einfluß nehmen zu lassen, entzieht sich weiterer philosophischer Aufhellung[15].

Die resignative Argumentation verläuft im Rahmen des kantischen Systems ganz konsequent. Die theoretische Philosophie hatte bereits vor der Vernunftidee versagt, insofern diese die Totalität aller Bedingungen des Empirischen zu erfassen aufrief, und hatte auf die Praxis verwiesen, wo solche Idee Anwendung finden könnte. Die praktische Philosophie greift die Vernunftidee als Sittengesetz im Modus des unvermittelten Sollens schlechthin auf. Falls dies die einzige Weise einer sinnvollen Präsenz jener Idee bedeutet, verbietet sich weitere Nachforschung von selbst; denn Begründung und Erklärung der absoluten Gültigkeit praktischer Vernunftforderung höbe das einzig sichere Indiz ihrer Absolutheit wieder auf, nämlich die fraglos und klaglos akzeptierte Geltung, die als Achtung für das Gesetz zum Ausdruck kommt. Auf der Ebene der praktischen Philosophie hat der Absolutheitsanspruch der reinen Vernunft nur Platz, wenn er nicht in Frage gestellt wird und ohne weitere Legitimation durch Gründe direkte Geltung besitzt. Jeder Rückfall in theoretische Argumentationsmuster ist verwehrt. Also muß man sich im vollen Bewußtsein mit der Auskunft bescheiden: der kategorische Imperativ gilt, weil er gilt.

Reine Vernunft soll praktisch werden, weil das Prinzip der

15 Diese Behauptung hat seit Kants Tagen immer wieder Kontroversen ausgelöst. Als einer der ersten zeigte Chr. Garve in aristotelischer Manier sich unbefriedigt von der Paradoxie, einen Willen vernünftig nennen zu sollen, dessen reine Vernünftigkeit an der Unaufklärbarkeit seiner Motive hängt oder dessen moralische Valenz nur dadurch definiert wird, daß sich nicht mehr sagen läßt, warum es »gut« ist, so zu handeln, wie der gute Wille will (*Die Ethik des Aristoteles*, Übers. und Einl., Bd. I, Breslau 1798, z. B. 371 f., 375 ff., 547 f.).

Reinheit an sich um keinen Preis aufgegeben werden darf[16]. Der Felsgrund, auf den man am Ende stößt, wird vom bloßen Gedanken der Vernunft selber gebildet. Mit diesem Gedanken zutiefst unverträglich sind Einschränkungen und empirische Bedingtheit. *Vernunft will von ihr selbst her rein sein*, sonst wäre sie nicht, was sie in Wahrheit ist. Reinheit ist von Vernunft in letzter Instanz gar nicht abzulösen. Diesem Leitfaden folgt Kants Systemkonstruktion. Daraus erklärt sich das Eindringen des Reinheitspostulats in praktische Philosophie, die es ursprünglich viel eher mit den unreinen Vernunftgestalten zu tun hat: den Maximen, Interessen, Zweckülberlegungen.

An dieser Stelle wird der systematische Tribut fällig, der für eine *Handlungsdefinition* in Analogie zur *Naturkausalität* gezahlt werden muß. Ist Praxis einmal nach der Relation von Ursache und Wirkung ausgelegt, dann erwächst von selbst die Suche nach einer Regelung von der Strenge des Naturgesetzes. Praktische Gesetze, denen die Notwendigkeit der Naturgesetze eignet, lassen sich aber nur mehr unter Vernachlässigung aller jener Bedingungen formulieren, die in Maximen noch ungehindert Eingang finden. Die Dimension praktischer Konkretheit, worauf die einfache Vernünftigkeit des alltäglichen menschlichen Umgangs geeicht ist, muß grundsätzlich durchgestrichen werden.

Weitere systematische Folgekosten meldet die »Dialektik der reinen praktischen Vernunft« unerbittlich an. Kant gibt zwar zu verstehen[17], dialektische Verwicklungen seien jederzeit ein Schicksal der reinen Vernunft, so daß die architektonische Querverbindung mit der erkenntnistheoretischen Dialektik aus der *Kritik der reinen Vernunft* eine äquivalente Antwort in Aussicht stellt. Genau das ist aber in der praktischen Philosophie irreführend. Die theoretische Dialektik entspann sich zwischen den auf sinnliche Erfahrung bezogenen Verstandeskategorien und der auf Totalität aller Bedingungen dringenden Vernunftidee. Die mögliche Lösung bietet kein Modell der Lösung für die praktische Dialektik. Im theoretischen Bereich konnte durch

16 vgl. *Reflexion*, 7204, 7253, *Nachlaß* Bd. XIX (Akad. Ausg.)
17 *KpV*, A 192 ff.

saubere Bereichsabgrenzung des empirisch bedingten Verstandes und des unbedingten Vernunftgebrauchs Ordnung geschaffen werden. Im praktischen Bereich stehen hingegen zwei gleichberechtigte Vernunftkonzepte für das Handeln einander gegenüber: die Glückseligkeitserwartung in der Sinnenwelt, wofür die einfache praktische Vernunft zuständig ist, sowie das Sittengesetz, das auf der Reinheit praktischer Vernunft gründet. Obzwar Glückseligkeit kein verläßlicher Boden für die Praxisfunktion reiner Vernunft ist, so muß doch anerkannt werden, daß endliche Vernunftwesen wie der Mensch legitimerweise auf Glück in dieser Welt aus sind. Glückseligkeit verdient am Ende neben der sittlichen Forderung angemessene Berücksichtigung. Wie aber ist Glück zugleich mit Moral möglich? Beide Konzepte müssen, statt scharf auseinandergehalten zu werden, in Wahrheit miteinander kompatibel sein. Die Lösung der Dialektik, die zwischen beiden praktisch gleichberechtigten Konzepten besteht, sieht daher auch anders aus als im Falle der theoretischen Philosophie. Die erforderliche Kompatibilität erscheint unter dem traditionellen Titel des »höchsten Gutes« und setzt, um überhaupt einheitlich gedacht werden zu können, zwei *metaphysische* Postulate voraus, die das theoretische ebenso wie das praktische Gebiet der Philosophie übersteigen. Für die ausgewogene Zuteilung von Glückseligkeit wäre nämlich ein gerechter Gott nötig und die Erfüllung des Sittengesetzes, die zur Glückseligkeit erst würdig macht, setzte die Unsterblichkeit der Seele voraus. Beide Ideen gehören jener transzendenten Sphäre an, die die *Kritik der reinen Vernunft* gerade verboten hatte. Der erzwungene Ausgriff auf Metaphysik beweist die Undurchführbarkeit eines Programms, das Glück und Moral, endliche und reine Vernunft im Praktischen zunächst in strikten Gegensatz bringt, um sie dann miteinander vermitteln zu müssen. Nicht umsonst haben die idealistischen Nachfolger Kants diese tiefe Bresche in der ansonsten unangreifbaren Fortifikation kritischer Transzendentalphilosophie benutzt, um die ehedem exilierten Gehalte der Metaphysik legal wieder einzuführen.

2. Prinzip der Utilität

Eine ganz andere Weise, Vernunft in die praktischen Verhältnisse zu bringen, hat der Utilitarismus entwickelt. Er stellt ein Prinzip auf, das die Abwägung von Handlungen nach dem Gesichtspunkt der Nützlichkeit oder Zuträglichkeit vornimmt. Praktische Vernunft wird durch ein Prinzip sichergestellt, das sie mit der Wirklichkeit des Handelns vermittelt. Statt der Gesinnung der Akteure ist die real vollzogene Praxis selber der Adressat von Vernunftansprüchen. Nicht Maximen und subjektive Beweggründe, sondern die faktischen Leistungen und Resultate des Tuns sind Gegenstand einer Prüfung. Das Utilitätsprinzip tritt daher auch nicht als Imperativ auf, der an den Handelnden nötigend ergeht, um vor der Tat Dispositionen zum Tun in ganz bestimmter Weise zu formieren. Vielmehr arbeitet das Utilitätsprinzip eine dem Handeln an sich bereits immanente Rationalitätsstruktur heraus und macht sie allgemein. Der Utilitarismus stellt gewissermaßen eine immanente Vervollkommnung der praktischen Empirie mittels eines ihr angepaßten Ordnungsgesichtspunktes dar.

Zu Recht hat *J. St. Mill*, als er den Utilitarismus mit Hilfe historischer Berufungen erläuterte, sich negativ auf Kant und positiv auf antike Ethik bezogen. Er beklagt die Abstraktheit eines Pflichtgebots, das ein Handeln unter Absetzung von jeder Selbstliebe rein in sich preist, um unter dem Namen einer »Achtung für das Gesetz« Pflicht allein, weil sie Pflicht ist, zum ausreichenden Handlungsmotiv zu erheben[18]. Mill wiederholt somit in utilitaristischer Begrifflichkeit die traditionellen Einwände, die seit Garve u. a. gegen Kants Transzendentalphilosophie erhoben wurden. Die Kritiker verlangen der kantischen Weigerung zum Trotz eine der Sache nach unerläßliche Begründung dafür, warum es praktisch gut d. h. handlungsmotivierend sei, aus Pflicht zu handeln. Das Sittengesetz der reinen Vernunft wird vergeblich daraufhin befragt, ob moralisches Handeln

18 *Utilitarianism* (1861), London 1962 (Everyman) 3 f., 16 ff., 27 f., 49

nicht auch in Übereinstimmung mit dem wohlverstandenen eigenen und allgemeinen Interesse stehen darf. Die Verallgemeinerung der Maximen im kategorischen Imperativ sah nicht nur radikal von der möglichen Verbreiterung der Interessenbasis und dem rationalen Ausgleich ihrer natürlichen Antinomien ab. Das Verallgemeinerungskriterium war dort sogar ausschließlich gegen alle praktische Empirie formuliert, wo eine real bedingte Vernunft ins Spiel kommt. Nur wenn strikte Allgemeinheit bloß um ihrer selbst willen das Tätigkeitsprinzip abgibt, ist reine Vernunft praktisch geworden.

Mill hält wie viele andere die transzendentale Moralforderung für schlechthin irreal. Er kann darüber hinaus keinen Abbruch der Moralität in der Berücksichtigung des allgemeinen Guten erkennen, sofern die kollektiven Interessen wirklich Eingang in die jeweilige Handlungs- oder Beurteilungsnorm finden. Für diese Überlegung bietet die zweite der genannten historischen Berufungen einige Unterstützung. Die Theorie des Utilitarismus sei nichts anderes als die klassische Argumentation, die Sokrates bereits gegen den Sophisten Protagoras im gleichnamigen platonischen Dialog erfolgreich vortrage[19].

Sokrates führt dort eine Widerlegung der typisch sophistischen Ausrede, man habe das Gute gewollt, sei aber von den sinnlichen Triebanreizen überwältigt worden[20]. Das eigentlich intendierte Ziel versäumt zu haben und der Lust erlegen zu sein, heißt in Wahrheit ein anderes Ziel erstrebt zu haben und jenem vermeintlich Guten etwas besser Scheinendes vorgezogen zu haben. Das Argument beruht auf der Prämisse, daß alles Handeln auf ein gut scheinendes Ziel ausgerichtet ist. Dann enthüllt sich die exkulpatorische Rede vom übermächtigen Trieb, der die eigentliche Zielsetzung überrannt habe, als irreführende Darstellung des Falles der Zielersetzung, wo unmittelbare Befriedigung angesichts eines Reizangebots der längerfristigen Zweckerfüllung vorgezogen wurde. Dabei herrscht Blindheit hinsichtlich der Folgen. Man hat einem momentanen Reiz nach-

19 a. a. O., 1, vgl. auch Mills Aufsatz über Plato von 1866 (*Ges. Werke* 12, übers. v. S. Freud, Leipzig 1880)

20 Plato, *Protagoras*, 352-58

gegeben, ohne weiter zu denken. Die augenblickliche Befriedigung im vorgezogenen Genuß kann später aber zu üblen Folgen führen, während das Erleiden etwa ärztlicher Behandlung einen zeitweiligen Lustverzicht bedeutet, dessen Resultate jedoch höher zu werten wären.

Aufgrund der Prämisse einer ursprünglichen Zielgerichtetheit allen Handelns, auch des angeblichen rein sinnlich determinierten, ergibt sich ein Lösungsvorschlag, den man als *Lustkalkül* bezeichnen könnte. Die unbedachte Zielsetzung durch Direktbefriedigung und die begleitende sophistische Selbsttäuschung, das Rechte gewollt, aber leider nicht vermocht zu haben, sind durch rationales Kalkulieren der zu erwartenden Lustquanten auf kürzere und längere Sicht zu ersetzen. Was jetzt größere Erfüllung verspricht, muß im Blick auf seine Folgen beurteilt werden und ist im Vergleich mit einer später eintretenden Befriedigung als Folge jetzt geübter Enthaltsamkeit eventuell geringer einzuschätzen. Das angemessene Überschlagen der zu erwartenden Lustquanten im Blick auf die Handlungsfolgen geschieht auf der Basis der Lustgerichtetheit allen und jeden Handelns. Der Lustkalkül wäre dann eine wirksame Form, wie Vernunft Einfluß auf Praxis nehmen kann. Das gute Leben (εὖ πράττειν) hängt von einer Meßkunst (μετρητικὴ τέχνη) ab[21].

In der Tat läßt sich ohne Mühe eine systematische Verbindung zwischen dem Grundgedanken des Utilitarimus und dem sokratischen Vorschlag das Lustkalküls herstellen. Die sokratische Überlegung erwächst in der Situation einer Kontroverse mit Sophisten und dient dem Versuch, diese auf ihrem eigenen Felde zu schlagen, indem bei Übernahme ihrer Prämisse ein sie widerlegendes Konzept vernunftgeleiteter Praxis verteidigt werden kann. Wie sehr die Formulierung des Lustkalküls von der polemischen Diskussionslage des Sokrates geprägt ist, und ob dahinter die uneingeschränkte Überzeugung der platonischen Ethik steht, darf hier getrost unentschieden bleiben. Ohne Frage besteht die utilitaristische Reklamation einer Ahnenschaft zu Recht. Es liegt im platonischen Dialog *Protagoras* ein hedonisti-

21 356d ff.

sches Handlungskonzept vor, das jedes Tun auf seine Folgen hin ansieht und nach Zuträglichkeit und Abträglichkeit zu einem guten Gesamtzustand bemißt. Dabei gilt das Aussein jeder Handlung auf ein als gut eingeschätztes und daher erstrebtes Ziel, ebenso wie die Gesamtorientierung allen Handelns am Glück als selbstverständliche Voraussetzung.

Nach der überwiegend historischen Vorverständigung über das Utilitätsprinzip im Vergleich mit der kantischen Norm verallgemeinerungsfähiger Maximen und der aus der Antike überlieferten Idee eines Lustkalküls ist es an der Zeit, das Prinzip selber genauer zu untersuchen. *Jeremy Bentham* gilt als der erste, der es ausdrücklich formuliert hat. Er steht allerdings in einer staatsphilosophischen und juristischen Tradition, die bis auf Hobbes zurückgeführt werden kann[22]. Für Benthams *Principles of Morals and Legislation* ist es wichtig, die systematische Parallelität von Ethik und Rechtsprinzipien im Auge zu behalten. Die Literatur hat diese Wechselbeziehung in der Regel übersehen und das Utilitätsprinzip als einen wesentlich ethischen Grundsatz behandelt, während es in Wahrheit *gleichermaßen* auf die *juristisch* fixierte Rechtsordnung gemünzt ist. Das Utilitätsprinzip erlaubt, die moralische Richtigkeit von Handlungen zu beurteilen ebenso wie es einen rationalen Maßstab zur Prüfung der Nützlichkeit von gesetzlichen Institutionen liefert[23]. Eigene Lebensführung und Regierung als Lebensführung anderer stehen unter demselben Prinzip[24]. Das ermög-

22 Eine wichtige Figur ist der italienische Jurist der Aufklärung C. Beccaria, in dessen Werk *Dei delitti e delle pene* (1764) die berühmte Formel vom ›größten Glück der größten Zahl‹ wohl erstmals auftaucht (Einleitung). Bentham zitiert Beccaria (*Introduction to the Principles of Morals and Legislation*, 1789, XIV 8, XVII 27).

23 Ein Vorzug der neuesten Darstellung von D. Lyons (*In the Interest of the Governed. A Study in Bentham's Philosophy of Utility and Law*, Oxford 1973) liegt darin, diesen Zusammenhang herausgearbeitet zu haben. Vgl. auch die Bemerkungen von H. L. A. Hart, *Der Positivismus und die Trennung von Recht und Moral*, in: Hart, *Recht und Moral*, Göttingen 1971.

24 *Introduction* ... XVII, 1 ff.

licht die kritische Beurteilung öffentlichen Handelns nach den Maßstäben, denen das Privathandeln folgt. Die Verkoppelung mit einer Theorie der Gesetzgebung läßt freilich Rückschlüsse auf den Typ von Rationalität zu, der kraft des Utilitätsprinzips auf Handlung Anwendung findet.

Benthams Einführung in die Prinzipien von Recht und Moral beginnt mit einer anthropologischen These, um daraus das Utilitätsprinzip abzuleiten: »Nature has placed mankind under the governance of two sovereign masters, pain and pleasure. It is for them alone to point out what we ought to do, as well as to determine what we shall do. On the one hand the standard of right and wrong, on the other the chain of causes and effects, are fastened to their throne ... The principle of utility recognises this subjection, and assumes it for the foundation of that system, the object of which is to rear the fabric of felicity by the hands of reason and law.«

Die Natur bindet uns realiter durch Lust und Unlust. Diese determinieren, was geschieht, und sie begründen, was geschehen soll. Kausalabläufe und Handlungsvorschriften koinzidieren unter einem naturalistischen Fluchtpunkt. Das Utilitätsprinzip macht die anthropologische Abhängigkeit vom Faktum der Lust nur ausdrücklich und baut darauf ein System vernünftiger Ordnungen und Institutionen, die die Glückserzeugung zum alleinigen Ziel haben. Die technische Vorstellung der Errichtung eines dem allgemeinen Wohlergehen dienenden Sozialgefüges leitet das Rechts- und Moralsystem. Die Voraussetzung für eine solche Glückstechnik, die in der doppelten Funktion rationaler Handlungsanleitung für das Subjekt und gesetzgeberischer Reglementierung für das Kollektiv arbeitet, besteht in der Erkenntnis der durchgängigen Naturbedingtheit allen Tuns durch Lust-Unlust-Determination.

»By utility is meant that property in any object, whereby it tends to produce benefit, advantage, pleasure, good, or happiness (all this in the present case comes to the same thing) or (what comes again to the same thing) to prevent the happening of mischief, pain, evil, or unhappiness to the party whose interest is concerned: if that party be the community in general, then the happiness of the community; if a particular individual, then the happiness of that individual.«

An der berühmten Definition von Nützlichkeit, die das fragliche Prinzip inhaltlich bestimmt, fällt zunächst die große Formalität auf, die sich in austauschbaren Bezeichnungen dokumentiert. Lust, Vorteil, Nutzen, Gut, Glück sind allesamt synonym, desgleichen die jeweiligen Gegenteile. Beförderung des Glücks oder Verhinderung des Unglücks gelten äquivalent. Die Rücksicht auf diejenigen, deren Interesse auf dem Spiel steht, läßt gleichermaßen Einzelne wie die Gemeinschaft als die Betroffenen erscheinen. Die grundlegende Formalität hängt mit der Struktur des Begriffes der Nützlichkeit als solcher zusammen. Nützlich oder zuträglich ist stets etwas in bezug auf etwas anderes und in Rücksicht auf den je Betroffenen. Der Terminus der Utilität ist ein durch und durch *relationaler* Begriff, der nur anwendbar wird, wenn die Verhältnisse bereits hergestellt sind, innerhalb deren er Sinn bekommt. Das, wozu etwas nützlich ist, und der, dem diese Nützlichkeit zugute kommt, sind beides Elemente der Relationalstruktur, die schon festliegen müssen.

Das erklärt die oft bemängelte inhaltliche Offenheit der Definition des Bezugspols jener Nützlichkeit. Das Utilitätsprinzip legt sich hier gar nicht fest und sagt keineswegs, was jenseits der Relation des Nützlichen rein für sich genommen »gut« heißen soll. Der Bezugspol bleibt offen und wird durch eine Auswahl von Synonymen bloß eingegrenzt, nicht so sehr, weil der Utilitarismus eine so vage und undifferenzierte Meinung vom Guten hätte[25], viel eher, weil die Norm des Nützlichen oder Zuträglichen ganz relational angelegt ist. Zuträglich ist eine Sache immer nur relativ darauf, zu dessen Existenz sie beiträgt. Ähnliches gilt von der Austauschbarkeit der »Partei«, deren Interessen betroffen sind, auch diese Festlegung erfolgt von Fall zu Fall rücksichtlich eben jener Bedingungen, unter denen ein Einzelner oder die Gesamtgesellschaft etwas zu ihrem Interesse

25 Diesen Verdacht äußert bereits Mill in seinem Aufsatz über Bentham (*Dissertations and Discussions* I, 1859).

erklären und damit die Leerstelle des »im Interesse von« ausfüllen[26].

Das Utilitätsprinzip kann mithin nur in der *doppelten Relationalität* des Bezugs auf ein Gutes und der Rücksicht auf den oder die Beteiligten definiert werden. Ohne die konkreten Gegebenheiten, die die Relationsmomente besetzen, bleibt das Prinzip unbestimmt. Unterstellt man aber die inhaltliche Erfülltheit des »zuträglich zu ...« und »im Interesse von ...«, dann verkörpert das Prinzip einen empirisch brauchbaren Ordnungsgesichtspunkt.

Das Prinzip legt eine *empirisch vorhandene* Verteilung von Interessen zugrunde. Interessen und Zwecksetzungen brauchen nicht erst entwickelt oder angewiesen zu werden, es gibt sie bereits vor jeder Intervention der Vernunft. Man kann sich getrost darauf verlassen, daß das Handeln immer schon weiß, was es will. Diese Annahme wird seit G. E. Moores Kritik an Mill als »naturalistischer Fehlschluß« diskutiert und in der sprachanalytischen Ethik seither etwas scholastisch weiter gereicht. In der Regel machen die Kritiker Front gegen eine vermeintliche These von der Identität des tatsächlich Erstrebten und des Guten, ohne sich vom rein methodischen Stellenwert jener Prämisse Rechenschaft zu geben, die eine Interessenverteilung als vollzogen annehmen muß, um den Zuträglichkeitsgesichtspunkt überhaupt anwenden zu können[27]. Utilität kann gar nicht eingeschätzt werden, solange man noch nicht weiß, wozu etwas im Verhältnis der Utilität steht. An der Naturgegebenheit der interessenbedingten Zielorientierung allen Tuns ist daher gar nicht zu rütteln; sie soll auch keineswegs ausgeschaltet werden, um einer anderen Motivation Platz zu machen, wo etwa im Modus der schlechthinigen Achtung für das Sittengesetz reine Vernunft als solche einsetzt. Es kann einzig darum gehen, das unmittelbare Aussein des Handelns auf Befriedigung

26 Von Marx scharfsichtig bemerkt in einer freilich abgelegenen und polemisch gehaltenen Fußnote (*Kapital* I, 1867; *Werke* IV, ed. Lieber/Furth, 729).

27 Vgl. dazu die frühe Schrift Benthams *A Defence of Usury* (1787), 1. Brief u. ö.

im Erreichen des je für gut Gehaltenen auf seiner eigenen Ebene aufzuklären.

Die Aufklärung besteht in nichts anderem als einer Horizonterweiterung oder der Abkehr von einer unmittelbaren Fixierung. Das Handeln wird angehalten, seinen Intentionspol im größeren sozialen Maßstab zu sehen, Lusterfüllung oder Glücksverwirklichung à la longue zu beurteilen, Zuträgliches und Abträgliches gegeneinander abzuwägen[28]. Wie groß der Maßstab zu wählen ist und welches genau die Dimension der Beurteilung sei – darüber regt sich bis heute der Streit in der utilitaristischen Diskussion[29]. Bei aller terminologisch-technischen Verfeinerung, die die einschlägige Literatur hervorgebracht hat, bleibt die Grundfrage dieselbe. Bin ich bei jeder Handlung für das Glück der ganzen Menschheit verantwortlich oder nur für die eigne klug kalkulierte Bilanz von Lust und Unlust im Verhältnis? Wie weit ist der Radius der relevanten Konsequenzen und eventuellen Spätfolgen auszudehnen? Welche Sicherheit in der Voraussage ist bei der Einschätzung der relativen Glücksmaximierung oder Nachteilsminderung zu unterstellen? Bis wohin reicht die Gruppe der fallweise Betroffenen (the party whose interest is in question)?

Auf solcherlei Fragen bleibt das Utilitätsprinzip im Grunde die Antwort schuldig, da es kein wirklich auf Praxis gemünztes Prinzip ist. Vielmehr spricht es einen *abstrakten Ordnungsgesichtspunkt ausgewogener Verteilung* aus, der in Verwaltung und Gesetzgebung eine angestammte Funktion übt, aber auf Praxis schwer Anwendung findet. Die Disposition von wohlbemessenen Lustquanten oder das allseitige Ausbalancieren von Vor- und Nachteilen passen auf ein System von Akten, die als faktische oder potentielle in einer Gesamtüberschau vorliegen.

28 Eine der platonischen Meßkunst analoge Methode hat Bentham in seiner *Deontologie* entwickelt, die J. Bowring aus dem Nachlaß edierte. (Mir war nur die franz. Übersetzung zugänglich: *Déontologie ou Science de la Morale*, Bruxelles 1834, bes. 25 ff.)

29 Ich verweise statt vieler auf eine der letzten Veröffentlichungen: J. J. Smart/B. Williams, *Utilitarianism for and against*, Cambridge 1973.

Die Applikation eines derartigen Verteilungsmusters auf Handeln scheitert an der einfachen Tatsache, daß auf der Ebene der Praxis kein solches System vorliegt[30]. Der nötige Gesamtüberblick steht dort nicht zur Verfügung, wo Zwecke gesetzt und als Worumwillen des praktischen Tuns vollzogen werden. Die Verteilungsrationalität urteilt von einer höheren Warte und ermangelt daher der direkten Anknüpfungspunkte an das praktische Geschehen. Gehandelt werden muß aber, auch wenn die totale Information und das umfassende Kalkül nicht gegeben sind.

Das utilitaristische Kalkül wird von oben auf ein größeres Handlungssystem aufgelegt. Es erfordert eine ursprüngliche Einstellungsänderung: man hat das eigne Handeln so zu beurteilen wie ein Gesetzgeber[31]. Dies verlangte nicht einmal Kants kategorischer Imperativ, der durchaus das Handeln auf seine genuine Maxime verpflichtete, wenngleich unter der Bedingung ihrer Verallgemeinerungsfähigkeit. Die Prüfung der uneingeschränkten Allgemeinheit arbeitete mit der Fiktion eines Gesetzgebers, während der praktische Vollzug den ihm eignen Regeln anvertraut blieb. Die gegenüber der Handlungsebene veränderte Position einer streng utilitaristischen Abschätzung von eventuellen Folgen sub specie des ganzen gesellschaftlichen Systems läßt sich höchstens vor dem Eintritt in Tätigkeit oder nach Vollzug des Aktes einnehmen. Sie erfüllt dort die Aufgabe eines prognostischen Überschlags und hier die einer abschließenden Bilanzierung. Die Utilitätserwägung repräsentiert nicht diejenige auf Praxis bezogene Vernunft, die des Praktischen eigne Vernunft wäre.

30 s. auch Williams, a. a. O., 110 ff.

31 Treffende Kritik am künstlichen Betrachterstandpunkt übt J. Rawls, *A Theory of Justice*, London 1972, § 30 (dt. Übers.: Frankfurt 1975).

3. Dialogische Rationalität

Gegen die Prämisse des Utilitarismus, daß jedes Handeln immer schon wisse, was für es gut sei, kann stets die Vermutung grundsätzlicher Täuschungsmöglichkeit auftreten. Zwar mag es so sein, daß man in der Praxis nur solche Zwecke verfolgt, die man für gut oder zuträglich hält, aber das Gut-Scheinen von Zielsetzungen ist, auch wenn es durch tätigen Einsatz legitimiert wird, keine Garantie für das Gut-Sein. Es muß mit der Möglichkeit gerechnet werden, daß ein aktives Handeln sich über seine wahren Interessen täuscht. Dagegen empfiehlt die Philosophie seit altersher eine besondere Abhilfe: man solle sich in eine gemeinsame Prüfung und Beratung mit anderen begeben, um herauszufinden, was dem Handeln wirklich nutzt. Der sokratische Dialog ist das Urbild einer solchen Aufklärung und Beratung über die wahren Interessen des Handelns. Die Ideenlehre Platos, geordnet unter der obersten Idee des Guten, stellt gleichsam die ehernen Gesetzestafeln bereit, auf die jene dialogische Vorbereitung richtiger Praxis blickte. Die systematischen Schwierigkeiten einer praktisch gewendeten Ideenlehre sind seit der aristotelischen Kritik nur allzu bekannt. Wir haben sie oben bei dem Versuch, Platos »Staat« auf Praxis hin auszulegen, gestreift.

Indessen gibt es einen neuen Versuch, unter Anknüpfung an das Dialogmodell bei gleichzeitigem Verzicht auf Ideenmetaphysik und jedes Rationalitätsdogma der Vernunft ein praktisches Anwendungsfeld zu eröffnen. Der Dialog fungiert hierbei nicht bloß als Medium des Beratschlagens und als intersubjektive Vermittlungsinstanz besserer Einsicht. Der Dialog rückt selber zum Garanten richtiger Praxis auf, er ist in eins *Ort und Maßstab* der Prüfung praktischer Vernunft. In ihn einzutreten heißt bereits, Rationalität praktisch wirksam werden zu lassen. Daraus folgt, daß der Forderung nach Vernünftigkeit in praktischen Dingen allein durch die Bereitschaft zum Gespräch und die damit verbundene Unterwerfung unter dessen Regeln genügt wird. Etablierung des Dialogs und praktische Vernunft werden letzten Endes synonym. Dies ist die gemeinsame Voraussetzung des Programms einer ›kommunikativen Ethik‹ ebenso wie desjenigen einer ›konstruktivistischen Ethik‹.

Die Idee einer *Ethik auf der Grundlage der Kommunikation*[32] geht von dem begründeten Zweifel an der Richtigkeit der faktisch gegebenen Interessen aus. Die grundsätzlich nie auszuschließende Täuschungsmöglichkeit aller Handelnden hinsichtlich ihrer Zwecksetzungen kann mit ideologiekritischen Argumenten gestützt werden. Ein Interesse zu haben und guten Glaubens zu verfolgen kann, anders als im utilitaristischen System, nie eine ausreichende Legitimation sein. Nicht allein mag das einzelne Subjekt fallweise einem Irrtum unterliegen, es gibt insbesondere auch gesellschaftliche Lagen, in denen es objektiv unmöglich ist, das eigene Interesse zu erkennen, weil die meisten Subjekte ein fremdes Interesse für das eigene halten. Schließlich sind Situationen radikaler Verblendung denkbar, in denen es allen verwehrt ist, ihr Interesse zu finden, weil nicht nur einige Subjekte von der Täuschung der übrigen profitieren, sondern das Geschäft einer planmäßigen Beförderung jener Täuschung zum Selbstzweck wird, so daß auch die vermeintlichen Nutznießer der Irreführung der Öffentlichkeit in der Praxis leer ausgehen. Statt des oft beschworenen Fetischismus, der nach der marxschen Analyse kapitalistischer Verkehrsformen alle an ihnen Beteiligte, also auch die Kapitalisten, in seinen Bann schlägt, sei an die platonische Diagnose der sophistischen Manipulationstechnik erinnert, die den Opfern der täuschenden Rede zum Übel ausschlägt, aber den Technikern auch nichts einbringt, weil sie selber nicht mehr zu bestimmen vermögen, was für sie gut ist, wenn sich darin nur der Schein des für alle anderen Guten niederschlagen soll.

Angesichts eines solchen Verblendungszusammenhangs muß *Aufklärung* über die wahren Interessen des Handelns betrieben werden und zwar im Namen dieser Interessen. Der Verweis auf

32 vgl. zuletzt J. Habermas, *Legitimationsprobleme im Spätkapitalismus*, Frankfurt 1973, 121 ff., 131-162; K. O. Apel, *Das Apriori der Kommunikationsgemeinschaft und die Grundlage der Ethik*, in: *Transformation der Philosophie* II, Frankfurt 1973, bes. 397 ff.

die Faktizität von Interessen wird nicht mehr als Ausweis für das Wissen um die Interessen anerkannt. Ein bestimmtes Interesse zu haben heißt nicht analytisch, sein Interesse zu kennen. Mit dem wahren Interesse, das durch Wissen sich auszeichnet, wird jedoch keineswegs ein heterogenes Substitut an den Platz praktischer Interessen gerückt. Nicht soll, einer gängigen Kritik des Platonismus zufolge, reine Erkenntnis nunmehr die Stelle des Interesses einnehmen. Das wahre Interesse bleibt praktisches Interesse, das mit ihm verbundene Wissen bedeutet allein eine Sicherung gegen die drohende Täuschung und etabliert somit auf der praktischen Ebene die leitende Funktion von Interessen nur um so nachdrücklicher. Das falsche und das wahre, das verfehlte und das eigentliche Interesse sind und bleiben beides Interessen. Das eine hebt sich vom anderen nur durch Aufklärung ab.

An diesem Punkt tritt der Dialog in seine Rechte ein. Wenn die Realität praktischer Interessen beibehalten werden soll und das tätigkeitsmotivierende Aussein auf Zielsetzungen sich nicht in ein theoretisches Gespinst aufheben darf, so muß die Aufklärung des je vorliegenden Interesses wieder auf die Handlungsebene zurückführen. Der Dialog muß zwischen vermeintlichen und wahren Interessen dazwischen geschaltet werden, um die erstrebte Aufklärung mit der Praxis zu vermitteln. Eine solche Konstruktion macht nur Sinn, wenn der dialogische Filter die *dem Handeln eigene* Rationalität befördert. Um den Preis erneuter und noch tiefer sitzender Verblendung muß vermieden werden, daß der Dialog eine eigenständige Form der Rationalität ausbreitet, die dann fälschlich für die dem Handeln zukommende Rationalität gehalten und auf dem Gesprächswege der Praxis oktroyiert wird. Der Dialog hat allein die Aufgabe praktischer Aufklärung, d. h. der Unterscheidung wahrer von täuschenden Interessen. Diese Aufgabe ist nicht identisch mit der Einrichtung eines geregelten Redeaustauschs unter Dialogpartnern. Die Ermöglichung des sinnvollen Miteinanderredens stellt vielmehr die formale Voraussetzung dar für jene inhaltliche Aufgabe praktischer Interessenklärung. Es wäre wiederum eine Täuschung zu meinen, Eintritt in und Mitwirkung am Dialog sei an sich ein sachlicher Beitrag zur gesuchten praktischen Aufklärung. *Weder ist jedes gemeinsame Gespräch auf Interessen bezogen, noch ist jedes intersubjektive Reden über Interessen per se aufklärend.* Genau diese Täuschungsmöglichkeit zweiter Stufe droht jedoch in den Modellen dialogischer Rationalität.

Die Möglichkeit einer vertrackten Täuschung *im* Dialog, der gerade *über* Möglichkeiten praktischer Täuschung geführt wird, ist nicht ohne weiteres wahrzunehmen. Man wird sogleich einwenden, gegen die Gefahr schütze eine ganz bestimmte Festlegung des dialogischen Verfahrens durch Regeln. Die Gleichberechtigung der Partner, die als Kommunikationssubjekte einander anerkennen, gilt als konstitutive Bedingung des Dialogs. Aus der Grundbedingung fließen weitere Regeln, die auf Gleichheit der Redechancen aller Beteiligten, sowie Verzicht auf externen Zwang und willkürlichen Abbruch des Gesprächs durch eine Seite lauten. Ein derart geregelter Dialog läßt die Aussicht begründet erscheinen, daß kein einseitiges Interessenübergewicht statt hat und die Übervorteilung des einen durch den anderen Partner ausgeschlossen ist. Offenbar ist auf diese Weise dem unkontrollierten Geltendmachen von Interessen, die dem Dialog äußerlich bleiben und nicht in ihm Thema werden, ein Riegel vorgeschoben. Aber sind mit dem Ausschluß der unreflektiert von außen wirkenden Interessen schon die *wahren* Interessen ans Licht gehoben? Ist die praktische Aufklärung bereits vollzogen, wenn ein Dialog oder Diskurs installiert wird, der auf Regeln der gleichberechtigten Teilnahme gründet? Ist Äquivalenz der Redechancen schon tätige Anerkennung der lebendigen Subjekte? Deckt sich rhetorische Emanzipation inhaltlich mit guter Praxis?

Habermas schreibt: »›Vernünftig‹ darf der diskursiv gebildete Wille heißen, weil die formellen Eigenschaften des Diskurses und der Beratungssituation hinreichend garantieren, daß ein Konsensus nur über angemessen interpretierte *verallgemeinerungsfähige* Interessen, darunter verstehe ich: Bedürfnisse, *die kommunikativ geteilt werden*, zustande kommen kann.«[33] Die

33 Habermas, a. a. O., 148 f., vgl. 152

formalen Eigenschaften des Dialogs, der gleiche Teilnahmebedingungen einräumt, leisten als solche Gewähr für den Charakter der Verallgemeinerungsfähigkeit, der die dialogisch geprüften Interessen auszeichnen soll. Das gemeinsam Beredete ist unmittelbar das praktisch Geteilte. Es fragt sich aber, ob »Bedürfnisse, die kommunikativ geteilt werden«, wirkliche Handlungszwecke sind, die jeder hat oder die potentiell jeder andere auch verfolgen könnte, und nicht vielmehr solche hypothetischen Ziele und Verhaltensnormen, über die wir uns diskursiv miteinander verständigt haben. Die Allgemeinheit, deren die Interessen gemäß der Definition fähig sein sollen, liegt nicht in der Intersubjektivität ihrer Geltung, sondern in der Intersubjektivität ihrer Thematisierung. Der Unterschied zwischen allgemein *geltenden* und allgemein *beredeten* Handlungszielen dürfte nicht zu leugnen sein. Nun steht nichts dafür ein, daß Interessen, Ziele oder Normen, die wir in sprachlicher Übereinstimmung thematisiert haben, auch genau die Interessen, Ziele oder Normen sind, die wir praktisch verfolgen und in ihrer Geltung tätig bestätigen. Wenn die genannte Differenz aber stichhaltig ist, so darf nicht eins ins andere auf dem Wege gleitender Definitionen überführt werden.

Die kommunikative Ethik erweckt den Eindruck, als sei die diskutierende Öffentlichkeit schon ein Reich der Zwecke, und als sei der kategorische Imperativ durch den Eintritt in einen Dialog abzulösen[34]. Die Maximenverallgemeinerung, die der kantische Imperativ fordert, hat das *Wollen* der Allgemeinheit innerhalb des Geltungsmodus einer Maxime zum Gegenstand: die bestimmt gesetzte, den subjektiven Interessen dienende Maxime soll zugleich als allgemein geltende gewollt werden. Das Wollen der Allgemeinheit jener Maxime vermag nicht dadurch ersetzt zu werden, daß man die gehabte Maxime einer öffentlichen Diskussion anheim gibt. Die mehr oder minder kontingente Allgemeinheit solcher Beratungssituationen stellt weder die strikte Universalität eines Geltungsbereichs unter Beweis, noch überträgt sie in realistische Termini das die Sittenpflicht erst erfüllende Wollen des Allgemeinheitscharakters der frag-

34 vgl. a. a. O., 124

lichen Maxime, das in Kants Ethik vom Ruch des Formalismus umgeben war.

Die erste Schwäche stellt sich ein, weil Dialogsituationen zwar potentiell, aber nie faktisch *alle* relevanten Subjekte umfassen, so daß kaum je sichergestellt ist, daß ein in einem gewissen Dialog einverständig akzeptiertes Interesse auch wirklich das allgemeine Interesse ist, das heißt die vielen partikularen Interessen aller übrigen, die dem Dialog fernblieben, aber Gesichtspunkte zu ihm hätten beitragen können, automatisch mit abdeckt. Das kantische Prinzip, Maximen als Gesetze vorzustellen, und auch das utilitaristische Prinzip, das größte Glück der größten Zahl zu befördern, leiden an dieser Einschränkung nicht. Der zweite Mangel hinsichtlich einer konkreten Umformung des klassischen Allgemeinheitskriteriums tut sich dort auf, wo der gelungene Konsens im Dialog ein *bestehendes* Interesse legitimiert, aber seiner Struktur nach *nicht verwandelt*. Das von andern akzeptierte Interesse ist nicht ipso facto ein Allgemeininteresse geworden, sondern kann sehr wohl ein erlaubtes kontingentes Interesse sein, gegen das bloß niemand Einwände erhebt, das aber auch keineswegs jedermann als sein eigenes übernimmt. Wiederum differieren das kantische wie das utilitaristische Prinzip, insofern sie Allgemeinheit in das moralisch beglaubigte Interesse inhaltlich einbauen.

Die dialogisch plausibel gemachte Verallgemeinerungsfähigkeit büßt, da sie ein inhaltliches Moment der Allgemeinheit vernachlässigt, die wesentliche Abschirmung gegen Täuschungsmöglichkeit ein. Denn der Umstand, daß alle oder die meisten kompetenten Miteinanderredner ein Interesse billigen, entweder indem sie ihm nicht widersprechen, oder indem sie es ausdrücklich bejahen, weist ein derartiges Interesse nicht mit letzter Sicherheit als das wahre Interesse aller und in dem Sinne als allgemein aus. Gegen die erneut sich meldende Skepsis hat die Kommunikationstheorie nur eine Versicherung bereit: der Dialog solle kontrafaktisch als ein idealer unterstellt werden. Man müsse eben annehmen, alle Redenden seien kompetent, alle Betroffenen kämen zu Wort, alle Argumente würden vorgebracht und alles Vorgebrachte sei triftig, Kritik und Selbstkritik hielten sich die Waage, allein unparteiliche Objektivität leite die Prüfung, das verbindende Ziel sei gemeinsame Wahrheitssuche im Praktischen. Die Liste idealer Postulate ließe sich noch verlängern. Sie spiegelt das *negative Komplementärantlitz der tatsächlich geführten Dialoge*, die wir kennen, und die, wie wir wissen, den Postulaten kaum entsprechen. Was gang und gäbe ist, soll nicht sein und sein soll, was nie und nirgends ist.

Das Urbild der Dialogkonzeption, das sokratische Gespräch, bietet der Forderung nach kontrafaktischer Idealität keine Berufungsinstanz. Der *sokratische* Dialog mahnt zwar stets Sachlichkeit und Unparteilichkeit an, wird aber im Kontrast gegen solche Bedingungen geführt. Die von Plato überlieferten Dialoge demonstrieren an allen Stellen bewußt die reale Verletzung jener idealen Regeln, weil erst auf dem Hintergrund der unvollkommenen Gesprächsführung der Dialog seine Funktion bekommt. Die Gesprächspartner sind gerade nicht allesamt brave Philosophen, nicht jedes vorgebrachte Argument vermag zu überzeugen, die Einschüchterung durch Autoritäten wird geschildert, die Eitelkeit, um jeden Preis recht zu behalten, wird offengelegt und am Ende geht man fast immer auseinander in der Erkenntnis, das Wahre noch nicht einverständig gefunden zu haben. In der realistischen und aporetischen Dialogkonstruktion steckt die Pointe. Wir bemühen uns nämlich um sachgerechte und unparteiliche Rede, weil wir selten so reden, und nicht, weil wir immer schon so reden. Es gäbe gar keine ernsten Gegenstände dialogischer Bemühungen mehr, wenn die idealen Bedingungen erfüllt wären. Der ideale Dialog verlöre seine aufklärerische Bedeutung, er würde einfach verstummen oder, was für seine praktische Rolle gleich viel wäre, er könnte spielerisch ins Unendliche weiterlaufen. Es sind also die *idealen* Bedingungen, die den Dialog zur *praktischen Aufklärung untauglich* machen.

Nicht ganz dem gleichen, aber einem ähnlichen Verdacht setzt sich die andere Position aus, die Dialogrationalität als Basis praktischer Philosophie behauptet. Sie war eingangs als die *konstruktivistische Schule* von der kommunikationstheoretischen abgesetzt worden. Der Konstruktivismus ist ursprünglich ein wissenschaftstheoretisches Konzept methodisch folgerichtiger Einführung aller einschlägigen Termini und Begriffe einer Wissenschaftssprache. Seine Übertragung auf praktische Fragen verspricht, dem naturwüchsigen und ungeordneten Komplex menschlicher Handlungen dieselbe methodische Ordnung und Einübung angedeihen zu lassen[35]. Praxis soll lehrbar werden, indem alle ihre Momente in eine Folge schrittweiser Festlegung von Begriffen aufgelöst und derart »rekonstruiert« werden. Die methodische Rekonstruktion ermöglicht das Verfahren argumentativer Begründung, von dem man sich das Praktischwerden der Vernunft erhofft.

Das groß angelegte Programm der Lehrbarkeit von Praxis gehört seit den Tagen der sophistischen *Rhetorik* zu den Bestandstücken der Tradition. Die Erwartung, durch Einübung einer Technik des Redens das private und politische Handeln zu befördern, ist von den antiken Rhetoren erstmals formuliert worden. Die klassische praktische Philosophie des Plato und Aristoteles hat sich, wie wir gesehen haben, wesentlich in der Auseinandersetzung mit dem Programm der Lehrbarkeit entwickelt. Die Ausbildung eines philosophischen Handlungsbegriffes auf der Grundlage der Distinktion von Praxis und Poiesis verdankt ihren Anstoß dem Zweifel an der praktischen Angemessenheit und wissenschaftlichen Durchführbarkeit des anspruchsvollen Unternehmens, Praxis lehrbar zu machen. Seither hatte das Programm an Anziehungskraft verloren und Ethik pflegte kaum jemals mit dem pädagogischen Globalanspruch aufzutreten. Diese Lage meinen die Konstruktivisten endgültig bessern zu können, nachdem das Lehrprogramm auf methodisch sichere Füße gestellt ist.

Lehrbarkeit der Praxis heißt dialogisches Einüben von praxisbezogener Rede in methodischer Abfolge von Schritten. Als lehrbar wird ein bestimmtes Reden über Handlung begriffen, das in einer Dialogsituation festgelegt und habituell gemacht wird. Die dialogisch gelernte und geübte Rede über Handlung besitzt den Vorzug argumentativ ausgewiesener Begründung,

35 P. Lorenzen/O. Schwemmer, *Konstruktive Logik, Ethik und Wissenschaftstheorie*, Mannheim 1973

weil sie im methodisch geregelten Zusammenhang der Einführung relevanter Redeteile steht. Rationalität darf solcher Rede prinzipiell beigemessen werden, weil nur innerhalb des geregelten Zusammenhangs geredet wird, dem seinerseits eine methodische Ordnung zugrunde liegt. Das Element des Methodischen im konstruktiven Aufbau sorgt für das Eindringen der Vernunft in praktische Fragen im gleichen Maße, wie diese sich in den geordneten Sprachaufbau eingliedern lassen. Hängt demnach der Anspruch der *Lehrbarkeit* von Praxis an der Konzentration auf Reden über Praxis, so ist die auf Praxis einfließende Vernunft die einer *methodischen* Ordnung.

Die konkrete Breite der Lebenspraxis wird vorausgesetzt, sie ist ausdrücklich nicht Thema der praktischen Philosophie. Diese hat es vielmehr nur mit argumentationsfähigen und argumentationsbedürftigen Handlungen zu tun[36]. Die Argumentationsbedürftigkeit stellt sich heraus, wenn im realen Leben Konflikte zwischen Zwecksetzungen auftreten. »Eben darum sollte man eine Ethik, die die Prinzipien des Argumentierens für oder gegen bestimmte Zwecksetzungen aufstellen will und die nicht jeden allgemeinen Satz schon als ein Argument gelten läßt, sondern nur dann von (praktischem) Argumentieren zu reden bereit ist, wenn es der Handlungsvorbereitung dient, auf die Aufgabe einengen, Prinzipien der Konfliktbeseitigung durch Rede aufzustellen.«[37] Die fraglichen Argumente sollen der Handlungsvorbereitung dienen, das erhebt sie in den Stand *praktischer* Relevanz, andernfalls wären sie als allgemeine Sätze ohne Folgen anzusehen. Die Argumente werden verlangt und ausgetauscht in einer Beratungssituation, die unter einem Vernunftprinzip steht. Vernünftig heißt hier die methodisch herzustellende Gemeinsamkeit im Reden, also in der Verwendung von Wörtern und dem Akzeptieren von Sätzen, und zwar derart, daß nicht nur die je betroffenen Dialogpartner, sondern im Prinzip jedermann

36 vgl. Schwemmer, *Appell und Argumentation. Aufgaben und Grenzen einer praktischen Philosophie*, in: F. Kambartel (Hrsg.), *Praktische Philosophie und konstruktive Wissenschaftstheorie*, Frankfurt 1975, 204 ff.

37 Lorenzen/Schwemmer, a. a. O., 109

umfaßt wird. Das vertraute Kriterium der *Verallgemeinerbarkeit* kehrt hier unter dem Namen der Transsubjektivität wieder.

Es zeigt sich, daß Vernünftigkeit in praktischen Beratungen wesentlich auf dem methodischen Aufbau solcher Redesituationen gründet. Die *praktische* Vernunft ist die den zuständigen *Dialog konstituierende*. Immerhin führt das strenge Methodenprinzip über die Kontingenz faktisch zustande gekommener und dann kraft bloßer Versicherung kontrafaktisch idealisierter Gespräche hinaus. Die Forderung der Transsubjektivität sinnt jedermann die Allgemeinheit als Teil des von ihm Gewollten an. Insofern gilt der entsprechende Einwand, der gegen die kommunikationstheoretische Ethik erhoben wurde, hier nicht.

Die schwankende Brücke, die das Kommunikationsmodell von der Dialogrationalität zur realen Praxis schlug, muß indes vom Konstruktivismus auch betreten werden. Es bleibt ein *Appell* an die Ernsthaftigkeit[38], wenn man erklärt, nur solche Argumente praktische Begründungen nennen zu wollen, die der Handlungsvorbereitung dienen. In der Tat ist richtiges Handeln noch nicht vollzogen, wenn man Handeln korrekt zu begründen weiß. Die konstruktivistische Idee der Begründung ist als solche völlig neutral gegen praktische Zusammenhänge. Ihre Anwendung im Rahmen praktischer Philosophie hängt an der zu unterstellenden, aber weder sachlich konstruierbaren, noch methodisch erzwingbaren Bereitschaft der je Beteiligten, aus dem beratenden Reden auch tätige Konsequenzen zu ziehen. Wer über Praxis redet, ohne damit Praxis vorbereiten zu wollen, kann gerade so gut argumentieren wie der Entschlossene. Die Struktur des Dialogs, die Regelung der Rede und das Beibringen allgemeiner Sätze als Begründungen für Handlungen, Zwecke und Normen sind in sich weder spezifisch praxisbezogen, noch eindeutig präliminar für wirkliches Handeln.

Aus diesem Grunde besteht jedoch die konstruktivistische Lösung des Problems praktischer Vernunft in nichts anderem als einer Übertragung der methodisch fixierten Rationalität eines Dialogs, dessen Praxisbedeutung mit einem Appell steht und

38 vgl. Schwemmer, a. a. O., 188 f., 205

fällt. Praktisch wird diese Vernunft nur versicherungsweise, womit sie zweifellos gegen das permanent deklamierte Methodenethos verstößt. Der Sache nach scheitert das Programm lehrbarer Praxis ganz ähnlich wie im klassischen Vorbild der sophistischen Rhetorik. Das Einüben einer Redetechnik täuscht sich und andere über die praktische Relevanz, wenn diese als systematisches Resultat der Technik ausgegeben, in Wahrheit aber theoretisch nicht eingeholt und der Kontingenz eines guten oder schlechten Willens überlassen bleibt. Denn auch diejenige Teilnahme am Beratungsdialog, die Entschlossenheit zu den entsprechenden Konsequenzen nur vorspiegelt, um aus dem Glauben der andern Nutzen zu ziehen und selber ganz anders zu handeln, dient einer gewissen »Handlungsvorbereitung«. Die Perversion einer durch Täuschung uminstrumentierten Beratung, die eine Praxis ermöglicht, deren wahre Ziele sich gerade hinter dem hellen Schein konstruktiver Rationalität verhüllen, kann methodisch nicht mehr gebrochen werden.

Die konstruktivistische Lösung des Problems praktischer Vernunft extrapoliert die in einem methodisch geordneten Dialog herrschende Rationalität, die ebenso gut logischen und wissenschaftstheoretischen Themen dient, auf praktische Fragen, wobei der eigentliche Praxisbezug der Gutwilligkeit der Beteiligten anheimgestellt wird. Das Problem praktischer Vernunft löst sich aber nicht, indem man den schon Bekehrten predigt.

4. Praktischer Syllogismus

Der Versuch hat bereits Tradition, dem Formalismus der Moralphilosophie Kants durch die auf Praxis geeichte Vernunft, die Aristoteles *Phronesis* nennt, eine Korrektur zu verschaffen. Der kategorische Imperativ macht zunächst nur die logische Prüfung der Widerspruchsfreiheit unserer faktischen Handlungsregeln unter Bedingungen der Allgemeingültigkeit zur Pflicht, um dann ein Handeln nach verallgemeinerbaren Maximen unmittelbar anzuweisen. Die Vernunft bindet uns namens der Autonomie als Selbstidentität vernünftiger Wesen, so zu verfahren, wie in positiv aus der Prüfung hervorgegangenen Maximen bereits vorgesehen. Die Gesetzlichkeit solchen Handelns bedeutet nur abstrakte Allgemeinheit, die unabhängig von Praxis ein Begriff reiner Vernunft postuliert. Eine elementare, empirisch bedingte und mit dem realen Handeln vermittelte Vernunftorientierung liegt in den mannigfachen Maximen bereits vor und wird für die Einwirkung der Gesetze auf das Verhalten benutzt. Die Pflicht, dem Gesetz gemäß auch tatsächlich zu handeln, ergibt sich dagegen aus dem Bedürfnis nach Selbstübereinstimmung eines endlichen und zugleich vernünftigen Wesens, wofür das Vernunftmoment rein aus sich Imperativcharakter bekommt.

Die Kritik der *praktischen* Vernunft bezieht sich zugunsten der praktischen Wirksamkeit *reiner* Vernunft kritisch auf jene Rationalität, die Aristoteles für Praxis einzig zuständig glaubte. Reine Vernunft gehörte für Aristoteles auf die Seite der Theorie und hat im Praktischen keine Funktion. Daher muß ein besonderer Typ von Vernunft ausgebildet werden, der auf die Konkretionsbreite des Handelns Anwendung findet, ohne dadurch an Vernünftigkeit einzubüßen. *Die praktische Klugheit ist nicht weniger, sondern auf andere Weise vernünftig.* Freilich fällt es schwer, diese Forderung, die sich aus der Trennung theoretischer und praktischer Wissenschaft ergibt, überzeugend einzulösen. Da Aristoteles den Strukturunterschied von Praxis und Produktion betont, lassen sich für die auf Zweckverwirklichung gerichtete Vernunft der Praxis nicht dieselben Maßstäbe angeben, die ein auf Objektherstellung zielendes Machen technisch anleiten und qualifizieren. Die praktische Vernunft bleibt sich selbst überlassen. Sie bewährt sich in der richtigen Anwendung, entzieht sich jedoch der Prüfung und Lehrbarkeit. Ob nämlich die Anwendung richtig erfolgt, läßt sich nicht jenseits der Anwendung festlegen. Daher rekurriert Aristoteles notgedrungen auf die beispielhafte Übung praktischer Vernunft in Vorbild und Autorität, ohne die Bemessung des Richtigen am Faktischen noch durch neutrale Standards stützen zu können. Man muß sich an diejenigen halten, die bereits klug handeln (φρονιμος)[39]. Die letzte Auskunft der Ethik lautet trocken: ὡς δεῖ – wie es sich gehört[40]. Offenbar ist damit jedoch zirkelhaft der Maßstab schon vorausgesetzt, nach dem gesucht wird.

Mit der Einbettung praktischer Vernunft in Tätigkeit und der Qualifikation des Vernunftgemäßen durch paradigmatische Verweise hängt ein weiteres Skandalon der aristotelischen Ethik zusammen. Aristoteles erweckt den Eindruck, als beträfe Vernunftanstrengung genau genommen nur die rationale *Mittelwahl*, während die Zwecke in der historischen Realität der Polis immer schon gesetzt sind. Vernünftige Überlegung betrifft den Weg zum Ziel, das Ziel hat man jeweils schon vorgegeben. Ob freilich in der Zielsetzung Vernunft waltete, darüber hat längst die ethische Einstellung des Handelnden entschieden, von der auszugehen ist. Zielabwägung und Präferenzen bei Zielkonflikten scheinen keine Aufgaben der praktischen Vernunft darzustellen.

Die konkrete Verwicklung der Vernunft mit der Praxis, die zirkelhafte Angabe ethischer Maßstäbe und die merkwürdig affirmative Haltung der Vernunft hinsichtlich gesetzter Ziele hat die Ethiker unbefriedigt gelassen. Kants systematisch begründete Absolutheitsforderung des Pflichtgebots markiert die Gegenposition. Jene offenen Fragen stehen einer bruchlosen Erneuerung des Aristotelismus unverändert im Wege[41]. Es ent-

39 *EN* VI 5, 8, 9, 12

40 z. B. *EN*, 1115 b 12, 1142 b 28, 1144 b 23

41 Die »Rehabilitierung« der antiken Philosophie der Praxis hat insofern andere Motive zur Grundlage; vgl. meinen oben genannten

behrt daher nicht jeder Grundlage, daß sich am ehesten im Rahmen einer *hermeneutischen Verstehenslehre*, die nicht auf einem Handlungsbegriff gründet und auch keine ethischen Ansprüche erhebt, aus dem Konzept einer bloß in Anwendung wahrhaften Vernunft Sinn machen ließ[42]. Der Rückzug in Hermeneutik gibt allerdings den harten Kern der Phronesislehre auf, die die Geltung von Vernunft für reale Praxis behauptet und damit wesentlich über die Idealität theoretischen Tuns, die Vernunftpraxis des Verstehens, hinausreicht. Inzwischen hat aus denselben Gründen, die jene hermeneutische Umdeutung sachlich motivieren, ein besonderes Lehrstück der praktischen Philosophie des Aristoteles Karriere gemacht, das den genannten Schwächen der Ethik nicht ohne weiteres erliegt, aber Vernunft direkter mit Praxis zusammenspannt, als es im hermeneutischen Verstehen möglich schien. Wenn diesem traditionellen Bestandteil der praktischen Philosophie überhaupt Eindeutigkeit abgewonnen werden kann, so gehört er doch sicher nicht zu den zentralen Themen der *Nikomachischen Ethik*. Der latente Aristotelismus der Oxforder Sprachanalyse hat zur Wiedergeburt der Lehre vom *praktischen Schließen* geführt[43].

Ursprünglich diente die Erinnerung an den praktischen Syllogismus, von dem Aristoteles in der Tat gelegentlich spricht[44], der

Überblick: *Eine Renaissance der praktischen Philosophie* (*Phil. Rundschau* 22, 1975).

42 Gadamer, *Wahrheit und Methode*, 1960, B II, 2b. Die Struktur der Phronesis als Vermittlung zwischen Allgemeinheit und je Einzelnem wird in Analogie gesehen zum hermeneutischen Verstehensakt, der Wissen auch nur in der Dimension einer ›applicatio‹ zuläßt. Die Strukturanalogie hat freilich verdeckt, daß dieser Typ von Wissen bei Aristoteles auf der Basis des Handlungsbegriffs ausgeformt wird. Daher geht auch der Rückschluß von der Hermeneutik auf Praxis fehl, der umstandslos »Hermeneutik als praktische Philosophie« bestimmen ließe (s. Gadamers gleichnamigen Beitrag in: M. Riedel, Hrsg., *Rehabilitierung der praktischen Philosophie*, Freiburg 1972).

43 angeregt durch G. Anscombe, *Intention*, 1957

44 Die wenigen einschlägigen Stellen sind verstreut: *EN* 1144a 31ff., 1147a 1ff., 25ff., 1151a 16f.; *Met.* 1032b 6ff.; *de Motu Animalium* 701a 12ff.; *Phys.* 200a 15ff., vgl. auch *de anima* 434a 7ff.

Gewinnung von Argumenten für die intentionale Handlungserklärung. Der praktische Schluß lieferte anscheinend ein Rekonstruktionsmodell, nach dem das Haben einer Intention als Grund einer Handlung die Tat notwendig folgen läßt. Die intentionale Auslegung des praktischen Syllogismus zur Handlungserklärung ist später erweitert worden zu einem Schlüssel für das Methodenproblem des Verstehens. G. H. v. Wright[45] hofft, im praktischen Schluß ein gleichberechtigtes Gegenstück zur nomologisch-deduktiven Erklärungsmethode zu gewinnen, das die Hermeneutik des Verstehens von Handlungen streng logisch aufzubauen gestattet.

Die methodologischen Konsequenzen brauchen uns nicht zu bekümmern, sofern es um die Problematik der praktischen Vernunft geht. Vom Modell praktischen Schließens her können durchaus weitere Funktionen der Vernunft im Praktischen erfaßt werden. Ich bin mir indes wohl bewußt, daß üblicherweise eine Wiedergabe der aristotelischen Position ganz anders aussieht. Das Vorgehen unter dem Aspekt des praktischen Schließens kann keine doxographische Korrektheit in Anspruch nehmen. Es besitzt aber den Vorzug, von einem abgelegenen Theorem aus, das heute wieder in systematischer Absicht erwogen wird, in die Komplexität der Rolle der Vernunft im Praktischen einzuführen, wie Aristoteles sie zu bestimmen suchte.

Die Besonderheit des praktischen Schließens besteht in dem Umstand, daß dessen Conclusio *kein Satz*, sondern *ein Tun* ist. An dem wesentlichen Unterschied zum normalen Syllogismus, der aus zwei Prämissen, einem Obersatz und einem Untersatz, die notwendige Folgerung des Schlußsatzes zieht, läßt Aristoteles keinen Zweifel. Die Frage ist nun, ob man Handeln in irgendeinem Sinne als Ergebnis des Schließens auffassen kann oder wie die Behauptung zu verstehen ist, der praktische Schluß sei auch ein Syllogismus[46]. Die syllogistische Qualität eines

45 *Erklären und Verstehen* (engl. Original 1971), dt. Frankfurt 1974, bes. 93 ff. – Die ausführlichste und jüngste Behandlung: von Wright, *On So-Called Practical Inferences, Acta Sociologica* 15, 1972

46 *EN* 1142b 23, 1144a 31 f. – Vgl. die im Blick auf Praxis ge-

Schlusses, der in Praxis endet, steht und fällt aber mit der Art der Prämisse. Die Standardform des logischen oder theoretischen Syllogismus beruht darauf, daß einer allgemeinen Aussage eine Einzelaussage subsumiert wird, so daß die als wahr unterstellte erste Aussage ohne weitere Annahmen auch von dem im zweiten Satz Gesagten gilt. Ist einmal sichergestellt, daß die Einzelaussage einen Fall des allgemeinen Satzes betrifft, so hat die Notwendigkeit der Folgerung allein kraft des Inklusionsverhältnisses zwischen Allgemeinem und Einzelnem statt. »Wenn alle Menschen sterblich sind und nun S. ein Mensch ist, so ist S. sterblich.« Welche Prämisse enthält dagegen ein praktischer Schluß, der nicht die notwendige Wahrheit eines Satzes, sondern das notwendige Eintreten einer bestimmten Handlung zum Resultat haben soll?

Zunächst ist klar, daß der praktische Schluß kein theoretischer Schluß über Gegebenheiten praktischen Verhaltens darstellt. Er darf also nicht verwechselt werden mit Schlüssen von der Art: »Alle Personen mit den und den Eigenschaften (aus der und der sozialen Schicht etc.) verhalten sich so und so. Nun gehört diese Person zu jener Gruppe, Schicht etc., also verhält sie sich entsprechend.« Derlei Aussagen betreffen regelmäßige Verhaltensweisen, Dispositionen, gesellschaftliche Determinanten, psychologische Mechanismen, konstante Bedürfnisse. Es handelt sich um *theoretische* Aussagen, die von den Sozialwissenschaften oder auch aufgrund von Alltagserfahrung aufgestellt werden, um daraus gewisse Erklärungen oder Prognosen eines Verhaltens zwar nicht stets mit zwingender Notwendigkeit, aber mit hoher Wahrscheinlichkeit abzuleiten. Solche Schlüsse scheiden aus.

Weniger offensichtlich ist freilich, ob praktische Schlüsse nicht vom Typ des Schließens aus *Imperativen* sind[47]. Angenommen,

äußerte Skepsis hinsichtlich der »Schlüssigkeit« praktischer Syllogismen bei J. Hintikka, *Practical vs. theoretical Reason, an Ambiguous Legacy*, in: S. Körner (Ed.), *Practical Reason*, Oxford 1974, bes. 98 ff.

47 Allein in diesem Sinne faßt M. Moritz den Syllogismus der Praxis auf (*Der praktische Syllogismus und das juridische Denken*, *Theoria* 20, 1954).

einer Aufforderung oder Vorschrift kommt allgemeine Geltung zu; wenn dann ein Fall vorliegt, für den die Aufforderung zutrifft, so kann auf die Geltung auch in diesem Fall geschlossen werden. »Alle Zwanzigjährigen sollen Militärdienst leisten, dies ist ein Zwanzigjähriger, also soll er Militärdienst leisten.« Der Schluß bezieht sich zwar auf eine gesollte Praxis, unterscheidet sich aber logisch vom normalen Syllogismus nur durch eine deontische Wendung, während die Notwendigkeit des Folgerns davon unberührt bleibt.

Ein weiterer Vergleich mit dem *hypothetischen Imperativ* im Sinne Kants liegt auf der Hand[48]. Der hypothetische Imperativ kann möglicherweise als eine Art Schluß aufgefaßt werden, wobei das hypothetische Element der gegebenen Zwecksetzung in den Obersatz Eingang findet, der Untersatz eine darin analytisch enthaltene Einzelheit angibt und die Kraft des Schließens sich in einer konkludierenden imperativen Anweisung ausdrückt. Der Obersatz enthält also keinen Imperativ, wie im vorangehenden Falle. Der Imperativ entsteht vielmehr aus der angenommenen Zwecksetzung und dem logisch-analytischen Verhältnis zum Untersatz.

Die Schwierigkeit liegt freilich darin, den Untersatz oder die zweite Prämisse zu interpretieren. Ist sie bloß die konkrete Bestimmung einer unterstellten Zwecksetzung, dann sagt sie nichts Neues aus. »Wenn Du das älteste Gebäude in X aufsuchen willst, – das älteste Gebäude ist aber der Dom –, so geh in den Dom!« Die Anweisung, in den Dom zu gehen, ergibt sich aus der Tatsachenfeststellung, daß der Dom das älteste Gebäude in X ist. Anders liegen die Dinge, wenn der Untersatz einen integralen Teil der Zwecksetzung inhaltlich angibt oder gewisse mit gewollte Implikationen entwickelt. »Wenn Du den Roman verstehen willst, so lies ihn in der Originalsprache.« Hier müßte eine zweite Prämisse ergänzt werden, die etwa besagt, daß das Verstehen nur im Original möglich ist, weil alle Übersetzungen beispielsweise untauglich sind. Diese Prämisse nennt nicht bloß

48 vgl. R. Hare, *The Language of Morals*, Oxford 1961² (dt. Frankfurt 1972), 33 ff.; A. Kenny, *Practical Inference, Analysis* 26, 1966; Antwort von P. Geach ebd.

eine konkrete Tatsache, die im Sinne analytischer Wahrheit die Aussage des Obersatzes erfüllt. Sie spezifiziert die Zwecksetzung nach Maßgabe »wirklichen«, »adäquaten« oder »ästhetisch befriedigenden« Verstehens. Denn natürlich kann man sich auch mit Übersetzungen behelfen. Ähnlich sieht das nächste Beispiel aus. »Wenn Du heute abend dort ankommen willst, so schreite zügig voran.« Hier wird weder faktisch substanziiert, was die Zwecksetzung enthält, noch wird »das« Mittel zu »dem« Zweck genannt. Es wird inhaltlich genauer bestimmt, was die Zwecksetzung impliziert: man verschmäht andere Verkehrsmittel oder ist auf die eigenen Füße angewiesen, man gilt als guter Läufer oder neigt zum Trödeln usw. Dies alles in Rechnung gestellt, ergeht der imperativische Schluß allererst. Als Untersatz wäre hier einzufügen: die Distanz ist nur bei gehöriger Geschwindigkeit zu überwinden. Den letzten Fällen liegen Probleme der Urteilskraft zugrunde, die wir alsbald genauer betrachten.

Zunächst sind davon solche hypothetischen Imperative zu unterscheiden, die *eindeutig* das Mittel zum Zweck angeben. Vor allem die Zweck-Mittel-Relation hat Kant im Auge, wo er »Handlung als Mittel zur Wirkung als Absicht« eine »Vorschrift der Vernunft« nennt[49]. Die Zuordnung der einschlägigen Mittel zu gewählten Zwecken gilt als analytisch, so daß die Handlungsanweisung aus reiner Vernunft ergeht. Wer die Absicht will, muß auch das Mittel wollen, also soll er es ergreifen. »Wenn Du im Alter nicht darben willst, dazu aber Vermögen erforderlich ist, so spare.« Unklar bleibt allerdings, ob wertneutrale, bloß analytisch sich ergebende Mittel zum Imperativ werden, oder ob solche Mittel gesollt sind, die unter mehreren Alternativen für ein gegebenes Ziel die »beste« Lösung versprechen. Eine weitere Differenz würde dann entstehen, wenn die Wertung der Mittel den objektiven ökonomischen Gesichtspunkten gehorcht (am einfachsten, schnellsten, billigsten etc.), die man gemeinhin »zweckrational« nennt, oder noch einer von der Immanenz des Handlungsprozesses unabhängigen subjektiven Beurteilung unterliegt (am anständigsten, vornehmsten, offensten, elegantesten u. ä.). Für Kant, dem hypothetische Imperative nur

49 *KpV*, A 36

»technische« Probleme stellten, weil Moralität im allgemeinen Sittengesetz verankert war, existierte diese Differenz nicht. Für die aristotelische Tugendlehre, die Vernunft gerade an den Einzelheiten der Praxis festmachte, würde sie aber Erwägung verdienen.

Indes sind wir immer noch nicht bei praktischen Schlüssen angelangt. Wir haben theoretische Schlüsse über Praxis, deontische Schlüsse und Spielarten des hypothetischen Imperativs betrachtet. Die Prämissen enthielten zuletzt Sollaussagen oder Intentionalitätserklärungen. Der praktische Schluß des Aristoteles arbeitet anstelle von Gesolltem oder Gewolltem mit einer Prämisse anderer Art. Ausgegangen wird von etwas Gutem, das als *Worumwillen* Ziel der Handlungsaktivität ist und deren Wirklichkeit begründet. Die Formulierungen der Prämissen fallen zwar lax und elliptisch aus, sind mitunter nur aus Andeutungen zu erschließen und enthalten daher auch Terme des Sollens und Wollens[50]. Aus der ganzen Konzeption des Schließens im Praktischen geht jedoch hervor, daß in den Prämissen stets die als gut geltenden und daher ein Handeln motivierenden Ziele oder Zwecke stecken.

Die Beispiele, die Aristoteles gebraucht[51], lauten wie folgt: »Trockene Nahrung ist gut für jeden Menschen, ich bin ein Mensch, bzw. diese Speise ist trocken, also esse ich sie.« Oder: »Alles Süße muß man kosten, dies ist süß, also greife ich zu.« Weiterhin: »Ich muß mir etwas Gutes machen; ein Haus ist gut; also beginne ich den Hausbau.«

Das »Gute«, worüber die Prämissen praktischer Schlüsse etwas aussagen[52], hat mit Moral im eigentlichen Verstande noch gar nichts zu tun. Gut wird im Sinne des Reflexionsbegriffs ›Worumwillen‹ allein im Bezug auf ein zugehöriges Handeln begriffen. Als gut ist ausgezeichnet, was ein Handeln als für sich nützlich, wertvoll, positiv bestimmt und so zum Ziel erhebt. Die ganz unpathetischen Beispiele sprechen von leichter Kost, Süßwaren, Bekleidungsbedürfnis, Spazierengehen usw. Diese Beobachtung

50 z. B. *EN* 1147 a 29, *de Motu* 701 a 32
51 a. a. O.
52 vgl. *EN* 1144 a 31 ff.

erlaubt es, sowohl Fragen moralischer Qualifikation hintanzustellen, als auch den Unterschied zwischen subjektiven und objektiven Intentionsausdrücken (ich will ..., A will ...) zu vernachlässigen, woran den Vertretern intentionaler Handlungserklärung natürlich viel gelegen war. Die aristotelische Analyse verhält sich gegenüber dieser Distinktion stumm, da sie von der Eigenstruktur des Handelns statt von der Person des Handelnden her denkt. Wie auch immer die Formulierung der Prämissen lauten möge (Man muß ..., Für jeden ist gut ..., Ich soll ...), in ihnen kommt in Wahrheit die Grundbedingung des Handelns als eines solchen, die jeweilig inhaltliche Zweckbestimmung, zum Ausdruck. Für das ärztliche Tun beispielsweise gilt Heilung als unbezweifeltes und unbefragtes Ziel, das sozusagen »von Hause aus« (φύσει) gut heißen darf[53]. Nur Sophisten würden diesen Grundsatz des Folgerns noch zum Gegenstand der Argumentation machen[54].

Man versteht den praktischen Syllogismus nur, wenn man im Blick behält, daß die Skizzen praktischen Schließens die *Handlung strukturell voraussetzen.* Handeln wird also nicht durch Syllogismen geboren oder kraft logischer Notwendigkeit erzeugt. Mit dieser Einsicht erübrigen sich die meisten Schwierigkeiten, die man bisher im praktischen Syllogismus zu erkennen glaubte. Der Ausgangspunkt ist daher kein Wissen oder Wollen oder Sollen, aus dem ein logisches Verfahren rätselhafterweise einen wirklichen Akt herauszauberte. Die fraglichen Syllogismen stehen bereits unter der Bedingung praktischer Aktivität und demonstrieren die Leistung der Vernunft als eindeutig und folgerichtig. Geht man von der im Schließen vorausgesetzten Handlung aus, dann erscheint die praxisleitende und -motivierende Zwecksetzung als obere Prämisse, aus der, wenn man Vernunft richtig einsetzt, die Tat mit der Schlüssigkeit logischer Konsequenz fließt.

Diese Lesart erfährt wesentliche Stützung durch die Rücksicht auf den Kontext, in dem besonders die *Nikomachische Ethik*

53 *Eudemische Ethik* 1227 a 18 u. ö.

54 a. a. O., 1218 b 22 ff., vgl. 1217 a 1 ff., 1227 a 6 ff.

den praktischen Schluß abhandelt. Es geht dort[55] um die sokratische These, daß, wer das Rechte weiß, auch zwangsläufig gut handelt. Der Haupteinwand gegen die notwendige Folge des Tuns aus dem Wissen ist die Willensschwäche oder Unbeherrschtheit. Wie ist es zu erklären, daß jemand wider besseres Wissen falsch handelt? Aristoteles lehnt die sokratische Antwort ab, es sei eben nicht wirklich gewußt worden und Täuschung sei der Grund des Fehlverhaltens. Die Parallele zwischen theoretischer Erkenntnis und praktischem Wissen gründet auf einem fundamentalen Mißverständnis, wenn sie für die Praxis einen analogen Schlußvorgang annimmt, wie ihn die erkennenden Wissenschaften im apodiktischen Beweis üben. Vernünftiges Handeln ist keine Conclusio wahren Wissens. Auch die Paradoxien, die aus sophistischen Schlüssen entstünden, wenn man diese Auffassung über Praxis zuließe, beweisen das[56]. Denn dann müßte man eine besondere Art von Praxis als klare Folge aus Trugschlüssen annehmen. Wo läge die Grenze zur »richtigen« Praxis? Der intellektualistische Ursprung von Handeln aus Wissen muß also verworfen werden. Vom Handeln ist immer schon auszugehen[57].

In dem Lichte betrachtet gewinnt die Lehre vom praktischen Schließen einen neuen Sinn. Der methodologische Versuch, eine Art Gegenstück zum beweisenden Syllogismus in den theoretischen Wissenschaften herauszupräparieren, geht fraglos über die aristotelische Absicht hinaus. Ein strenges Erkenntnisverfahren, das beim Verstehen intentionalen Handelns der naturwissenschaftlichen Erklärung aus Gesetzen die Waage hält, war keinesfalls gemeint, als gegen den theoretischen Wissensbegriff und seine vermeintliche Übertragung ins Feld der Praxis die Sonderstellung praktischer Vernunft dadurch hervorgehoben wurde, daß ihr »Schließen« Praxis voraussetzt und in Praxis endet. Die Aufbereitung des praktischen Syllogismus als Methodenpendant zum nomologisch-deduktiven Verfahren verstößt gegen die von Aristoteles erstmals prinzipiell herausgearbeitete Scheidung des

55 VII 3-5
56 1146 a 21 ff.
57 1146 a 8

theoretischen vom praktischen Wissen. Man versteht Aristoteles nicht, wenn man nicht davon ausgeht, daß für Praxis ein anderer Typ von Vernunft zuständig ist als für theoretische Erkenntnis und dennoch in jenem Fall nicht weniger vernünftig verfahren wird als in diesem. Das aristotelische Spiel mit dem syllogistischen Modell und seinen für Praxis unerläßlichen Modifikationen erlaubt allerdings erst, die Differenz zwischen theoretischer und praktischer Vernunft auszumachen.

Der *theoretische* Syllogismus oder der *apodiktische Beweis* als Methode erkennender Wissenschaft[58] geht von einem allgemeinen Obersatz aus, der den Beweis trägt und deshalb selber unbeweisbar ist. Andernfalls droht die Gefahr eines unendlichen Regresses. Dieses logische Argument hat Aristoteles stets zur Hand, wenn die Notwendigkeit des Gegebenseins der explanativen Obersätze gesichert werden soll. Die Obersätze, die die Realgründe des Seienden enthalten, können keine Beweisergebnisse darstellen, da sonst das gesamte Beweisgebäude hinfällig würde. Da sie andererseits auch nicht aus Einzelbeobachtungen erwachsen, fordert Aristoteles, daß sie Inhalte der reinen Vernunft (νοῦς) sein müssen, in sich einsichtig und als solche unmittelbar zu erfassen. Die Untersätze sprechen dagegen Tatsachenfeststellungen aus, die nicht der Vernunft, sondern dem Erfahrungswissen übertragen werden. Das Schlußverfahren subsumiert das faktische Einzelne unter das als wahr eingesehene Allgemeine und leistet damit eine wissenschaftliche Erklärung, der die Valenz zwingenden Beweisens (ἀπόδειξις) zukommt.

Die Praxis hat es demgegenüber mit dem *Einzelnen* zu tun. Der konkrete Fall besitzt gleiche Bedeutung wie die allgemeine Regel. Das Einzelne, das im Syllogismus der Untersatz wiedergibt, kann keiner schlichten Tatsachenbeobachtung überlassen bleiben. Es ist ebenso Vernunftgegenstand wie das Allgemeine. Der konkrete Fall des Handelns muß genauso vernünftig bestimmt werden wie der allgemeine Gesichtspunkt, dem das Handeln folgt. Ob etwas der Fall einer Regel ist bzw. ob eine gegebene Regel hier und jetzt richtig Anwendung findet, kann nicht von einer anderen Instanz entschieden werden als eben

58 *Analytica posteriora* I 1 ff., 13; II 19

derselben, die auch für die allgemeine Regel zuständig ist. Denn die Allgemeinheit der Regel hat allein für sich keine Bedeutung. Die Rationalität von Regeln kann stets nur im Zusammenhang mit den passenden Fällen verständlich gemacht werden. Ähnliches gilt nicht für die allgemeinen Gründe theoretischer Seinserkenntnis. Zwar stehen die Gründe als Gründe in einem Prinzipiierungsverhältnis zum Begründeten. Das heißt aber nicht, daß sie in ihrer Allgemeinheit nur einsichtig wären dank einem jeweils hergestellten Zusammenhang mit dem Einzelseienden, für das sie gelten. Die Fälle vernünftiger Praxis sind jedoch nur, was sie sind, in gleichberechtigter Erfassung mitsamt der Regel et vice versa.

Die Behauptung, daß im Rahmen von Praxis das Einzelne ebenso wie das Allgemeine Vernunftgegenstand sei, hat natürlich eine Modifikation des Schlußmodells zur Folge. Offenbar geht es bei praktischen Schlüssen gar nicht um Subsumtionen, sondern um die richtige Zuordnung des Einzelnen und Allgemeinen. Und Richtigkeit (ὀρθότης) ist nicht gleich Wahrheit (ἀλήθεια)[59]. Praktische Vernunft hat es nicht wie Wissenschaft mit unveränderlichem Seienden zu tun, sie muß sich statt dessen im Veränderlichen, im Wandel der Situationen, im So-und-auch-anders durchsetzen. *Das Allgemeine und das Einzelne sind daher gleichermaßen vernünftig zu beurteilen*: die konkreten Fälle stellen keine geringere Anforderung an praktische Vernunft als die Prinzipien. Das kann letztlich nur bedeuten, daß beides aufeinander bezogen werden muß, Allgemeines und Einzelnes, Obersatz und Untersatz des Schlusses. Zum Allgemeinen muß nicht nur der entsprechende Fall gefunden werden, um zwingendes Schließen in Gang zu setzen. Am Einzelfall muß auch die allgemeine Regel entworfen werden, um die Vermittlung mit Praxis zu vollziehen. Wir hatten früher die Beziehung von Regel und Fall die Sache einer *Urteilskraft* genannt[60].

59 vgl. *EN* 1140a 10, VI 3, 10; 1144b 18-31
60 Kants Schwierigkeiten mit der »praktischen Urteilskraft« entfallen, da im praktischen Syllogismus das Verhältnis von Regel und Fall nicht die Unverträglichkeit aufweist, die Kant zwischen seinem Sittengesetz und der Empirie annimmt. Kant vermag sich daher nur

Sind beide Seiten dann richtig aufeinander bezogen, so resultiert Handlung, und nicht allein wahre Erkenntnis. Damit eine solche Conclusio das Schließen beendet, muß Handlung schon strukturell vorliegen. Da nun die Richtigkeit der Wechselbeziehung von Allgemeinem und Einzelnem nur praktisch sich äußert, kann sie auch kein Gegenstand von Erkenntnis werden. Richtigkeit zeigt sich am vernunftgeleiteten Tun. Aus dem Vorausgesetztsein von Praxis für eine praktisch schließende Funktion von Vernunft erwächst die Einsicht in den paradigmatischen Charakter des Maßstabes der Richtigkeit. »Richtig« heißt »wie es sich (gemäß dem richtigen Logos) gehört«. Woher weiß man jedoch, wie »es sich gehört«? Für die Richtigkeit stehen letztlich nur die personalen Vorbilder der klug Handelnden zur Verfügung. Phronesis orientiert sich am Phronimos, das heißt: dem, der praktische Vernunft übt. Die Vermittlung mit Praxis läßt für Vernunft keine anderen Kriterien mehr zu als eine gelungene Vermittlung selber.

Genau betrachtet ist das praktische Schließen kein Gegenstück zum theoretischen Syllogismus, da es über keine gesicherten Obersätze verfügt. Man entfernt sich wohl von der ohnehin schmalen aristotelischen Textbasis, geht aber philosophisch kaum fehl, wenn man das Verhältnis von Obersatz und Untersatz im praktischen Syllogismus als den Zusammenhang zwischen Regel und Fall interpretiert. Da die Regel nicht unabhängig von ihren Fällen theoretisch feststeht, sondern sich praktisch an ihren Fällen bewährt, besteht zwischen beiden auch kein schlichtes Subsumtionsverhältnis. Da der praktische Syllogismus nicht subsumiert, folgt statt des Schlußsatzes die Tat; denn Praxis ist strukturell der Rahmen des Schließens.

mit einer »Typik« zu behelfen, die Handlungsmaximen im Konkreten wie Naturgesetze vorstellt, um ihre sittliche Eignung zu prüfen (*Kritik der praktischen Vernunft*, A 119ff.).

3. Wie ist praktische Vernunft möglich?

Diese von Kant für unbeantwortbar erklärte Frage sei ausdrücklich gestellt. Kant[61] entzog sich der Frage nicht. Er warf sie jedoch nur auf, um durch ihre Unbeantwortbarkeit eine transzendentale Grenzziehung desjenigen Reiches vorzunehmen, das der menschlichen Einsicht zugänglich ist. Die Frage, aus welchem Grunde es dazu kommt und wie es möglich sein soll, daß reine Vernunft praktisch wird, ist eine Frage, die sich nicht abweisen läßt und der die Philosophie sich daher auch aussetzen muß. Das Stellen der Fragen schließt indes keine Lösungsmöglichkeit von vornherein ein. Die menschliche Vernunft erkennt, indem sie sich der Frage ausgesetzt sieht und zugleich doch keinen Weg zu ihrer Beantwortung weiß, die Inkongruenz ihrer eigenen Forschungsintentionen und analytischen Kapazitäten. Die Vernunft will mehr wissen, als sie wissen kann. Die Gewahrung einer ursprünglichen Inkongruenz von Erklärungswille und Erklärungsvermögen soll Kant zufolge der Vernunft die wichtige Einsicht in ihre eigne Endlichkeit verschaffen. Zu diesem kritischen Zweck läßt Kant die berechtigte Frage scheitern. Sie stellen zu müssen und ihre Unbeantwortbarkeit einzugestehen vermittelt immerhin die negative Erkenntnis der Grenzen der Vernunft.

Unbeantwortbar ist die Frage, weil die Möglichkeit des Praktischwerdens reiner Vernunft innerlich mit dem Freiheitsbegriff zusammenhängt, die Freiheit aber unbedingte Kausalität bedeutet und dieses Konzept die Sphäre unseres Verstandes übersteigt. Freiheit müssen wir annehmen, ohne sie beweisen zu können, da das Sittengesetz andernfalls bodenlos würde. Des Sittengesetzes sind wir uns aber unmittelbar gewärtig im Modus der Pflicht, die als kategorischer Imperativ uns zugemutet wird. Hinter die Achtung vor dem Gesetz ist nicht zurückzugehen. Konsistent wird das Pflichtgefühl aber erst mitsamt der Freiheitsannahme, da ohne den Raum der Freiheit auch nicht aus Pflicht gehandelt

61 *Grundlegung zur Metaphysik der Sitten*, Schlußabschnitt

werden kann. Freiheit meint Kausalität ohne empirische Bedingungen, die Chance, eine Folgenkette in der Welt auszulösen, die nicht ihrerseits bedingt ist. Die Unbedingtheit der Verursachung stellt das überempirische Moment einer Kausalität aus Freiheit sicher. Diese Konstruktion läßt sich nur halten, wenn außer der Welt der Empirie noch eine andere Welt des Überempirischen angenommen werden kann. Die Zweiweltenlehre macht praktische Freiheit als die Wirkung des homo noumenon auf den homo phaenomenon denkbar. Genau dieser Zusammenhang ist aber theoretisch unerklärbar, er hat nur das praktische Interesse auf seiner Seite.

Sofern man Praxis als ein Analogon zu Naturabläufen nach dem streng geregelten Verhältnis von Ursache und Wirkung denkt, entsteht die Paradoxie einer unbedingten Ursache, die zwar Ursache von Wirkung, in sich aber absolut indeterminiert ist. Weiterhin entsteht die Forderung nach einer gesetzlichen Regelung, die im Felde der Praxis mit gleicher Strenge Ordnung schafft wie die Naturgesetze im Reich der Erscheinungen. Gibt man das Analogiekonzept der Handlung nach dem Vorbild der Naturkausalität jedoch auf, stellen sich die Schwierigkeiten des Freiheitsbegriffs nicht, zumindest nicht in der kantischen Form. Die Zweiweltenlehre wird überflüssig und damit entfällt die Schranke, die sich vor einer Beantwortbarkeit unserer Frage nach der Möglichkeit praktischer Vernunft prinzipiell aufgerichtet hatte. Die Entlastung von den transzendentalphilosophischen Problemen wird noch durch das Potential sachlicher Einwände verstärkt, die sich vom Boden unserer Untersuchung aus gegen das Kausalmodell des Handelns erheben ließen. Wir stehen nicht unter dem kantischen Verdikt und können uns daher unbefangen fühlen, die abgewiesene Frage erneut zu stellen: wie ist praktische Vernunft möglich?

Zunächst zeigt sich, daß es ganz im Gegensatz zu der Meinung, nur eine einzige solche Möglichkeit sei gegeben und auch die könne nicht zwingend demonstriert werden, verschiedene Möglichkeiten gibt, Vernunft auf Praxis zu beziehen. Die von Kant in Vorschlag gebrachte Weise einer Verallgemeinerung der Handlungsmaximen ist nur eine unter mehreren. Die sachliche

Prüfung des Verallgemeinerungsprinzips, die wir vorgenommen haben, und der Vergleich mit alternativen Vorstellungen praktischer Vernunft, den wir sodann anstellten, offenbart zumindest die Relativität des kantischen Programms. Darüber hinaus ist aber auch die innere Eingeschränktheit der transzendentalen Begründung der Moralität deutlich geworden. Das Kriterium der Verallgemeinerungsfähigkeit unterwirft die je akzeptierte und faktisch befolgte Regel, die das Handeln konkret für sich verantwortet, einem abstrakten Gesichtspunkt der Gesetzesfähigkeit. Das sich regelnde Handeln soll in den Status einer Naturgesetzlichkeit erhoben werden. Was jetzt und hier in einer bestimmten Situation bei gegebenen Präferenzen und einer unverwechselbar subjektiven Kondition gilt, soll stets und immer gelten, abgesehen von Situationswandel, Zweckhierarchien und praktisch engagierter Subjektivität. Praktische Vernunft soll rein werden und dabei praktisch bleiben.

Wir hatten gesehen, daß für dieses systematische Vorhaben die Leistung praktischer Vernunft im empirisch bedingten einfachen Sinne unvermeidlich vorausgesetzt werden muß, weil sonst eine noch so gereinigte Vernunft keinen Einfluß auf das Verhalten gewinnt. Das Erstaunliche des kategorischen Imperativs liegt darin, daß er die Leistung, kraft deren er einzig wirksam wird, seinem Inhalt nach verleugnen und zurückdrängen muß. Nicht die Maximen, sondern die Gesetze sollen gelten, was praktisch nur heißen kann, daß Gesetze in die Position von Maximen einrücken. Pointiert gesagt, sitzt der kategorische Imperativ parasitär auf der Struktur der Maximen als Handlungsregel auf. Unterhalb der ausgeführten Theorie Kants über die reine praktische Vernunft tut sich eine Grundlage einfacher praktischer Vernunft auf, die dafür erst die Möglichkeit schafft.

Die Transzendentalphilosophie deckt nicht all jene Gründe auf, die ihr zur Grundlage dienen. Sie hat sogar mit dem nachdrücklich vorgebrachten Verbot, über die Möglichkeit von Freiheit weiter nachzuforschen, das Ihrige dazu beigetragen, die Fundierung praktischer Vernunft im Dunkeln zu belassen. Die Insistenz auf der Reinheit der fraglichen Vernunftgestalt erzeugt eine partielle Blindheit gegenüber den leitenden Absichten der Analyse. Die Reflexion erreicht folglich nicht die gesamten, für eine Vernunftfunktion im Praktischen relevanten Bestände. Die kantische Lösung des Problems von Vernunft im Praktischen leidet an der Präokkupation durch die erstrebte Gesetzlichkeit der Praxisregel. An der Anlage des kategorischen Imperativs als eines Prüfungsverfahrens für gegebene Maximen läßt sich zeigen, daß nicht die *Notwendigkeit* des verbindlichen Gesetzes für Handlung allein einstehen kann für die *Möglichkeit*, in die gelebte Praxis Vernunft zu bringen.

Stärkere Zweifel entstehen naturgemäß, wenn man sich entschließt, den Boden der kantischen Moralphilosophie überhaupt zu verlassen und den Ansatz für praktische Vernunft anderswo zu suchen. Die nächste von uns erörterte Alternative gründete sich auf das *Utilitätsprinzip*, womit in Wahrheit eine Idealperspektive potentieller Gesetzgeber in Anspruch genommen wird. Die gerechte Verteilung von Nutzen und Lasten im Kollektiv miteinander existierender und miteinander handelnder Einzelner im Sinne der Ausgewogenheit eines Gesellschaftssystems erscheint als diejenige Vernunftgestalt, unter der Praxis wesentlich zu beurteilen und einzurichten ist.

Die Einschätzung von Praxis nach der Zuträglichkeit ihrer Folgen für ein als gegeben angenommenes und deshalb inhaltlich unbestimmtes Ziel allen Tuns aller Tätigen erhebt sich über die konkrete Bestimmtheit der jeweiligen Praxis, der speziellen Situation, der besonderen Interessen eines Subjekts und der explizit gesetzten Zwecke. Die Ebene, auf der gehandelt wird, die Ebene der Zielwahl und des realen Vollzugs wird verlassen zugunsten der Überschau und Balance eines ganzen Systems gleichartiger Subjekte, Ziele und Vollzüge. Die Nivellierung der spezifischen Konkretion wirklicher Praxis zu einer Menge typisch gleich zu behandelnder Einheiten und die Quantifizierung des Zuträglichen oder Abträglichen in Hinsicht auf eine Summe allen Glücks arbeiten Hand in Hand. Die systematische Erfassung und Distribution der verfügbaren Glücksquanten ist der für den Utilitarismus selbstverständliche Prüfstein von Rationalität im Praktischen. Das Paradigma liefert die Legislatur. Sofern die Moral als Ausdruck der partikularen Reglementierung des Tuns sich der Gesetzgebung als allgemeiner Vorschrift für Tun und Lassen gleichschalten läßt, greift praktische Vernunft in der Tat Platz.

Die legislatorische Verknüpfung von allgemeinem und einzelnem Tun unterstützt auf realistische Weise die utilitaristische Forderung. Fern von leerer Philosophenethik und abhold allem postulatorischen Idealismus scheint das Prinzip der Utilität für eine echte Beförderung von Rationalität Sorge zu tragen. Was unter diesem Vorzeichen rational heißt, reicht bis in die tatsächliche Interessenlage eines jeden im gegebenen gesellschaftlichen Zusammenhang hinab, denn das empfohlene Prinzip trifft die aktuelle Wirklichkeit des Handelnden so, wie es positive Gesetze auch tun. Die gesellschaftliche Durchsetzbarkeit zählt demnach wesentlich mit zu den Indizien, die für den Utilitaristen eine praktisch gewordene Vernunft vor einem rhetorischen Appell, den niemand befolgt, auszeichnet. Statt dem *Purismus unbedingter Gesetzesförmigkeit* von Handlungsmaximen wird dem *Realismus positiver Gesetzesfähigkeit* der Handlungsorientierung das Wort geredet.

Der Anschluß der utilitaristischen Moral an das Vorbild der Legislatur begründet die Erwartung, daß die anvisierte Rationalität praktisch wird. Dafür, daß die legislatorische Umsetzung auch vernünftig bleibt, sorgt eine weitere Voraussetzung. Es könnte ja immerhin sein, daß eine Verwaltungs- und Zuteilungsrationalität, die in der Gesetzgeberperspektive einleuchtet, in der Anwendung, deren letzte Instanz das positive Recht darstellt, an Überzeugungskraft verliert. Das für allgemein gehaltene Gute muß nicht notwendig das für jeden Einzelnen Gute sein. Der Umschlag des über die Köpfe der betroffenen Subjekte hinweg festgelegten summum bonum zum Inbegriff der privatpraktischen Übel bedroht stets die am Allgemeinen ausgerichteten Glückskonzepte.

Die Prämisse, die der Utilitarismus ins Spiel bringt, um einer solchen Verkehrung zu entgehen, ist schlicht, aber von entscheidender Bedeutung: Es wird angenommen, daß jedermann das, was er faktisch erstrebt, auch wirklich will[62]. Demnach ist es

62 vgl. Bentham, *Introduction* III, 1; Mill, *Utilitarianism* IV

unsinnig, eine prinzipielle Diskrepanz zwischen tatsächlichen und wahren Zielen anzunehmen. Wie auch immer die Vokabeln lauten mögen – besonders die Definition Benthams läßt bewußt alle Nuancen von ›Lust‹ bis ›Glück‹ zu – im Grunde wollen alle dasselbe, nämlich direkte Bedürfnisbefriedigung. Eine Theorie, die diesen Umstand zum Ausgangspunkt nimmt, kann sichergehen, mit ihren Vorstellungen zur rationalen Organisation der Pluralität von Interessen im kollektiven Gesellschaftszusammenhang auch die ursprüngliche Ratio des gegebenen Handelns selber zu treffen. Es besteht kein struktureller Unterschied zwischen dem privaten und allgemeinen Guten, wenn jedermann das, was er anstrebt, auch wirklich will und alle dasselbe wollen.
Die als fraglos unterstellte Identität des Erstrebten mit dem Guten schließt die Möglichkeit einer Täuschung aus, die sich etwa bei der Verallgemeinerung jeweils vorfindlicher Intentionen einstellen könnte. Seit der Kontroverse um die Sophistik ist aber gerade dieser Zusammenhang umstritten: deckt das für alle Gute auch wirklich und mit Sicherheit das für den Einzelnen Gute oder liegen Täuschungsmöglichkeiten verborgen auf dem Wege der Überführung des Einzelnen ins Allgemeine?
Die Formulierung von Kants kategorischem Imperativ trägt dieser Schwierigkeit zumindest Rechnung. Der fiktive Gesetzgeber, der hier die Tauglichkeit einer Maxime des faktischen Handelns zur allgemeinen Gesetzgebung prüft, geht nicht von der Unterstellung aus, alle wollten ohnehin dasselbe, so daß der Übergang zur allgemeinen Geltung des je Gewollten im rationalen Ausgleich der gegebenen Interessen bestünde. Vielmehr wird in der Verallgemeinerungsformel für Maximen das *Wollen der Allgemeinheit* der Maxime ausdrücklich zur Pflicht gemacht. Das Sophisma einer Ausnahmeregelung, das verbal zwar Zustimmung zum allgemein gültigen Gesetz erklärt, für den eigenen Sonderfall aber leicht rationalisierende Ausreden findet, war für Kant der Anstoß, den Allgemeinheitscharakter als Element des zu Wollenden in den guten Willen aufzunehmen. Der gute Wille zeichnet sich dadurch aus, daß er die allgemein gemachte Maxime befolgt, weil sie allgemein gilt, und nicht, weil sie den gehabten Intentionen ohnehin entspricht.

Die Achtung für das Gesetz schließt die latente Möglichkeit einer Täuschung über das wirkliche und wahrhaftige Gute aus, die in der Schizophrenie deklarierter Gesetzestreue bei Aufrechterhaltung eines Reservats für egoistische Handlungsvernunft liegt. Weil er mit diesem Problem fertigwerden mußte, hat Kant die für praktische Philosophie wesentliche *Moralität* hervorgehoben. Der Utilitarist kann es nur bis zur *Legalität* bringen: formale und äußerliche Koinzidenz des Tuns und der Gesetze sind ihm genug. Die Moralität, die Kant in der gewollten Übereinstimmung als einer solchen sieht, ist auf utilitaristischem Wege nicht zu erreichen, aber auch nicht zu postulieren. Der kritische Vergleich zwischen Kant und dem Utilitarismus, den insbesondere der beiden gemeinsame Gedanke der Verallgemeinerung angeregt hat, ist in der Literatur, soweit mir bekannt, vorwiegend im Blick auf das Unterscheidungskriterium der Handlungs*folgen* im Prinzip der Utilität und der Handlungs*disposition* im kantischen Willensbegriff durchgeführt worden. Die Differenz zwischen Moralität und Legalität als Prüfstein des Wollens im Sinne einer nicht bloß zufälligen Koinzidenz mit dem Allgemeinen verdiente stärkere Beachtung, da in ihr eine Antwort auf das intrikate Problem der Sophistik steckt, soweit sie mit kantischen Mitteln gegeben werden konnte.

Verwickelter noch liegen die Dinge im Falle der *dialogischen Rationalität.* Dieser Typ von Vernunft wird nämlich in Anspruch genommen, um die Möglichkeit einer Täuschung vieler durch einen oder aller gemeinsam auszuschließen. Die geregelte Einrichtung und der geregelte Verlauf eines Dialogs soll mit der Gleichberechtigung der Rollen, der Äquivalenz der Argumente und dem Zwang zur Begründung jeder ideologisch verschleierten Übervorteilung von Einzelinteressen im Namen des Allgemeinen entgegenwirken. Der Dialog verheißt Aufklärung und das bedeutet sowohl den Zugriff unverkürzter Rationalität auf Praxis als auch den unverstellten Zugang der Praxis in die Redesituation. Die Zweigleisigkeit dieses Vermittlungsvorganges zeigt indes die Mißlichkeit, in die das Dialogmodell gerät. Ist der ungehinderte Eingang der Praxis in den Dialog schon so viel wie die uneingeschränkte Kontrolle von Vernunft über Praxis? Wird Handeln dadurch vernünftig, daß es Gegenstand intersubjektiver Rede wird, die einem bestimmten Prinzip von Rationalität durch methodisch festgelegte Regeln genügt? Außer Zweifel steht, daß zumindest die Frage erlaubt ist und kritisch erörtert werden muß, ob dialogische Rationalität, weil Praxis ihr Thema werden kann, das Rätsel praktischer Vernunft löst. Die Abweisung dieser Fragen und die Weigerung, sie zu erörtern, würde geradewegs den erklärten Regeln des Dialogs zuwider laufen. Der argumentationslose Verweis auf eine Koinzidenzprämisse, der dem Utilitaristen viel Mühe erspart, bedeutete für die Dialogtheorie den offenen Selbstwiderspruch. Allerdings wird von der Dialogtheorie so etwas wie die Koinzidenz der Einzel- und Allgemeininteressen angenommen, wenngleich unter der Vorsichtsklausel des Kontrafaktischen. Entgegen aller Erfahrung und dem Zug aller im Leben geführten Dialoge zum Trotz muß man mit *Idealbedingungen* rechnen, wenn man den Dialog als philosophisches Instrument einsetzen darf. In jedem tatsächlich geführten Dialog, der historischen Einschränkungen unterliegt und Privatinteressen nicht vollständig auszuschließen vermag, steckt ein idealer Kern, ohne den der Dialog insgesamt sinnlos würde. Man redet miteinander immer in der letztendlichen Erwartung, wechselseitige Anerkennung zu üben, die eigene Meinung möglichst klar zum Ausdruck zu bringen und Argumente sachlich abzuwägen. Die ideale Sprechsituation ist durch die bruchlose Überführung der einzelnen Handlungsinteressen in ein allgemeines Erkenntnisinteresse charakterisiert. Der Eintritt in den Dialog markiert einen Entschluß zur Rationalität, der idealiter das wiedergibt, was der Utilitarismus bloß als realistisch konstatiert hatte. Die *praktische* Relevanz des Wissens um die Idealbedingungen muß indes Behauptung bleiben. Obwohl der Status der Voraussetzung weitaus differenzierter angegeben wird, als es der utilitaristische Realitätssinn für nötig hielt, gilt die Vermutung einer grundsätzlichen Übereinstimmung der als vernünftig anerkannten und allgemein verbindlichen Dialogregeln mit der praktischen Interessenlage der Subjekte, die handeln, bevor sie in den Dialog eintreten, die möglicherweise parallel handeln, während sie reden, und die weiterhandeln, wenn sie – sei es einverständig oder im Konflikt – den Dialog beendet haben. Die aus der Sprachanalyse erwachsene und von der Linguistik ausgebaute Sprechaktlehre hat, wie mir scheint, ein fatales Alibi geliefert für den Verzicht, Kommunikation und Praxis begrifflich klar zu unterscheiden.

Die Dialogtheorie vermag daher aus der Analyse der besonderen Akte des Sprechens und intersubjektiven Verkehrs mittels Worten keine stichhaltige Begründung zu beziehen für die Annahme, auf der zumindest ihre Praxisansprüche basieren. Die Prämisse eines endgültigen Zusammenfalls oder doch einer eventuellen Übereinstimmung der Handlungsinteressen der Subjekte mit den Rationalitätsbedingungen des Dialogs ist unverzichtbar, wenn die Dialogtheorie auf ihre Weise das Problem praktischer Vernünftigkeit in Angriff nehmen will. Hatte Kant die fragliche Übereinstimmung durch das Prüfungsverfahren des kategorischen Imperativs ausdrücklich hergestellt, indem subjektive Maximen verallgemeinert werden, so hatte der Utilitarismus die Koinzidenz des von jedermann naturgemäß verfolgten Lustziels mit dem rational legitimierten Zuträglichkeitsquantum im Verteilungssystem des allgemeinen Glücks einfach unterstellt. Eine vergleichbare Unterstellung benötigt auch das Konzept dialogischer Rationalisierung von Praxis, freilich ohne sie im imperativischen Test zu bewähren, wohl aber gegen unreflektierte Versicherung durch die kontrafaktische Klausel geschützt. Nach Einräumung des Kontrafaktischen lauten Handlungssubjektivität und Redesubjektivität auf den selben Nenner.

Auch im Rahmen der Dialogtheorie meldet sich indes das sophistische Täuschungsproblem. Da der Zusammenhang von methodisch erzeugter Rationalität und konkreter Praxis postuliert wird, ist er einer kritischen Betrachtung nicht mehr zugänglich. Man muß von dem Vorhandensein des Zusammenhangs schlechterdings ausgehen und hat keine theoretischen Mittel mehr zur Hand für den Fall, daß er nicht besteht. Die Vertreter der Dialogtheorie helfen sich mitunter durch Appelle an Ernsthaftigkeit: natürlich müsse erwartet werden, daß die Teilnehmer am Dialog zum praktischen Vernunftgehorsam entschlossen seien und somit die dialogisch gewonnene Erkenntnis auch ohne Umschweife in die Tat umsetzen. Wenn dies kein bereits auf etablierter Moral fußender Imperativ sein soll – wobei der Zirkel einer petitio principii vorläge –, so ist die theoretische Begründung eines vorausgeschickten Ernsthaftigkeitsappells ebenso wie dessen praktische Verläßlichkeit überaus fragwürdig.

Vollends machtlos wird der Ernsthaftigkeitsappell gegenüber den Formen planmäßigen Betrugs, wo eine zum Schein erklärte Gesprächsbereitschaft den Deckmantel für eigennützige Interessen abgibt, oder gegenüber solchen Formen falscher Selbstgerechtigkeit, wo ein offenes Bekenntnis zur Vernunft den objektiven Mechanismen des egoistischen Verhaltens ein subjektiv gutes Gewissen verleiht. Die strategisch eingesetzte Täuschung und die Selbsttäuschung, der man unbewußt erliegt, erwachsen im Umkreis des nicht kontrollierbaren Übertrags von Redevernunft in Praxis. Das Gute zu deklarieren und das Gute zu tun ist allerdings zweierlei.

Die Antwort, die Aristoteles durchaus auch im Blick auf das Phänomen der Sophistik[63] für die Verknüpfung von Handlung mit Vernunft zu geben weiß, ist unter dem Titel des praktischen Schließens behandelt worden. Die logische Notwendigkeit, die der syllogistischen Folge von Sätzen auseinander eignet, wird dabei auf praktische Fälle übertragen. Die den praktischen Syllogismus kennzeichnende Eigenschaft, im Handeln statt im Folgesatz zu enden, geht nicht auf einen geheimnisvollen Prozeß der logischen Erzeugung von Praxis zurück. Die Handlungsstruktur ist vielmehr beim praktischen Schließen bereits vorausgesetzt, so daß der als Schluß auseinandergefaltete logische Zusammenhang immanent in den Handlungskomplex hinein gehört. Die Logik ist in die Praxis eingebaut und nicht so von ihr getrennt wie Ursache und Folge. Die Immanenz der Logik innerhalb der Praxisstruktur zeigt sich darin, daß der Obersatz das Worumwillen des Handelns, die allgemeine Zielsetzung ausdrückt, während der Mittelsatz der grundsätzlichen Handlungsausrichtung eine fallweise Konkretion vorgibt. Der Schluß, den der

63 vgl. *EN* 1141 b 28, 1144 b 18, 33, 1181 a 1

besondere Syllogismus nun herstellt, betrifft nicht das Verhältnis der Wahrheit zwischen Sätzen, sondern dasjenige einer Zugehörigkeit von Fall und Regel. Die im Mittelsatz angegebene Konkretion erfüllt die im Obersatz festgelegte, allgemeine Zielorientierung.

Da die erste Prämisse nicht sagt, was ist, sondern was erstrebt wird, gesollt oder gewollt ist, tritt auch der Gehalt der zweiten Prämisse in den praktischen Horizont ein. Obwohl der Mittelsatz wie eine Tatsachenfeststellung aussieht, ist er doch die Angabe eines konkreten Handlungsziels. Wenn nach dem Obersatz allgemein Süßes zu erstreben ist und der Mittelsatz aussagt, daß Kuchen süß ist, so bringt er nicht nur einen objektiven Sachverhalt zum Ausdruck, sondern bestimmt Kuchen zugleich als zu Erstrebendes. Wenn trockene Nahrung gut zu essen ist und dieses besondere Gericht trocken ist, so ist es auch dem Verzehr empfohlen. Das Allgemeine und das Besondere, das Obersatz und Mittelsatz enthalten, muß von vornherein auf die Handlungssituation bezogen werden. Die logische Relation, die der praktische Schluß aufzeigt, erscheint vor dem praktischen Hintergrund eher als das Verhältnis von Regel und Fall der Regel denn als die Subsumtion einer realen Instanz unter eine allgemeine Aussage. Wenn feststeht, daß alle Menschen sterblich sind und wenn man weiterhin erfährt, daß Sokrates ein Mensch ist, so gehört dieser Einzelne automatisch unter die Allgemeinheit, er erfüllt teilweise den vom Allsatz umschriebenen logischen Raum. Daher gilt von ihm notwendig, was von allen vergleichbaren Individuen gilt. Die Wahrheit der Conclusio, daß Sokrates sterblich ist, besitzt zwingenden Charakter allein kraft der Gültigkeit des Allsatzes und der Subsumtion der Einzelinstanz.

Das logische Verhältnis von Regel und Fall der Regel erscheint dagegen nicht als einfache Subsumtion, vielmehr als Wechselbestimmung. Es genügt nicht, eine allgemeine Aussage zu treffen, um dann Einzelinstanzen zu benennen, die logisch darunter subsumierbar sind. Eine Regel ist viel stärker auf die Erfüllung durch konkrete Fälle bezogen. Es zählt zum eigentümlichen logischen Status einer Regel, ganz auf Anwendung gestellt zu sein, d. h. sich gerade in der Allgemeinheit als Regel nur durch die einschlägigen Fälle zu bewähren. Von einem Allsatz wird man dergleichen nicht sagen können. Sicher werden Allaussagen, für die sich keine einzige Instanz finden läßt, die die genannten Bedingungen erfüllt, in einem ganz bestimmten Sinne problematisch. Man muß dann sozusagen eine Nullklasse der möglichen Erfüllung des Wahrheitswertes annehmen. Aber der logische Status des Allquantors ist nicht so unmittelbar von der Konkretionsbasis abhängig wie die Allgemeinheit einer Regel, die überhaupt nur verständlich ist, wenn sich mehrere Fälle ihrer Anwendung zeigen lassen.

Wenn der Obersatz des praktischen Schlusses eine generelle Zielordnung der Praxis angibt, so ist dem die Konkretion des Mittelsatzes gleichberechtigt. Aus der logischen Zusammenstimmung beider ergibt sich daher kein neuer Satz, sondern der praktische Vollzug. Denn der Schluß macht nur die Entsprechung von Regel und Fall ausdrücklich, auf der das rational geleitete Handeln beruht. Wir sind mit diesen Überlegungen zum besonderen logischen Aufbau eines praktischen Schlusses an die Schwelle unseres übergreifenden Themas gelangt: wie ist praktische Vernunft möglich?

Der praktische Schluß dient der Formalisierung desjenigen Typs von Vernunft, den Aristoteles für die Praxis vorgesehen hatte. Phronesis heißt die im Praktischen sich bewährende Vernunft, die die Allgemeinheit der Zielausrichtung des Handelns mit der Mannigfalt der Fälle in den wechselnden Situationen vermittelt. Im Handeln ist Phronesis immer schon am Werk und die Aufgabe praktischer Philosophie besteht darin, diese Rationalitätsbasis in der gelebten Praxis aufzuspüren und zu verbreitern. Der praktische Syllogismus bietet dazu ein Werkzeug, indem er die Vermittlungsleistung der Phronesis ausdrücklich macht. Der Syllogismus vertritt sozusagen die Stelle der praktischen Urteilskraft, die dem Tun angibt, was der passende Fall einer gewählten Regel ist, und so zeigt, wie zu handeln sei. Unsere Interpretation hatte den praktischen Schluß wesentlich nach dem Schema von Regel und Fall der Regel ausgelegt. Sie war damit abgewichen von dem überwiegend methodologischen

Interesse, dessen der Syllogismus der Praxis sich als ein Gegenstück zur theoretisch-wissenschaftlichen Erklärung erfreut. Sie hat dafür aber den Vorteil eingehandelt, den Syllogismus wirklich auf Verhältnisse der Praxis zu beziehen, so wie Aristoteles sein unorthodoxes Lehrstück wohl am ehesten gemeint hat, nämlich als Anregung zur formalen Betrachtung der realen Wirksamkeit von Phronesis.

Im Vergleich mit den anderen Vorstellungen von praktischer Vernunft, die wir herangezogen haben, darf der aristotelische Versuch für sich in Anspruch nehmen, die der Praxis eigne Vernünftigkeit auf den Begriff zu bringen. Es wird kein Vorbegriff von Vernunft anderswo entliehen, der dann mit mehr oder weniger geschickten Veranstaltungen auf die Realsphäre des Handelns zu applizieren ist. Vernunft bedeutet nicht gesetzliche Notwendigkeit und absolute Freiheit von empirischen Bedingungen, auch bedeutet Vernunft nicht die allseitige Ausgewogenheit von Zuträglichem und Abträglichem als Ordnungsgesichtspunkt für ein Gesellschaftssystem und schließlich fällt Vernunft nicht zusammen mit den kontrafaktischen Voraussetzungen eines idealen Dialogs unter wechselseitiger Anerkennung der Mitunterredner. Die drei vorangehenden Modelle, das transzendentalphilosophische, utilitaristische und dialogische gewannen ihre Auffassung von Vernunft grundsätzlich in einem Bereich, der mit der konkreten Praxis in ihrem tätigen Vollzuge nicht identisch war und zum Teil sich mit Bedacht gegen ihn absonderte. Man meinte offenbar, die Kontamination mit der Praxis schade der Authentizität des fraglichen Maßstabs der Rationalität. Kants Kritik der einfachen praktischen Vernunft zugunsten der Reinheit des Vernunftkonzepts ließ sich jedenfalls von einem solchen Motiv leiten, ebenso wie das Dialogmodell, das ideologiekritische Bedenken gegen die herrschende Alltagsvernunft mit der Annahme kontrafaktischer Bedingungen ausräumen will. Auch im Prinzip umfassender Utilität wird man eher die übergeordneten Kriterien des Gesetzgebers als die des Handelnden erkennen.

Da der Vorbegriff von Vernunft *heterogenen* Ebenen der Konzeptualisierung entstammt, macht seine Anwendung auf Praxis

Schwierigkeiten, zu deren Überbrückung unterschiedliche Mechanismen ersonnen wurden. Der kategorische Imperativ stützt sich in höchst raffinierter Weise auf die Vernunft, die in Form der handlungssteuernden Maximen vorliegt, um sie durch reine Vernunft zu ersetzen. Der Utilitarismus unterstellt, jedermann möge sich in die Position eines Gesetzgebers mit der Absicht ausgleichender Verteilung hinein begeben. Die Dialogtheorie läßt Handeln im geregelten Gespräch vorspielen und erwartet dann im Sinne einer Moral vor der Moral die Ernsthaftigkeit bruchloser Übertragung ins Tun.

Die prinzipielle Heterogenität des jeweils gewählten Vernunftkonzepts gegenüber dem Bereich der Praxis bildet einen, wenngleich formalen Vorbehalt gegen die systematischen Entwürfe einer praktischen Vernunft. Einschneidender aber scheint mir der Einwand zu sein, der auf dem *Verdacht sophistischer Täuschung* gründet. Wir hatten das historische Vorbild der Sophistik herangezogen, um eine besondere, im Feld zwischen Theorie und Praxis latente Täuschungsmöglichkeit formelhaft zu benennen. Die hier drohende Täuschung reicht tiefer als die bloße unreflektierte Diskrepanz zwischen Meinen und Tun. Die Verblendung von der Art der Sophistik wird gerade durch Reflexion erzeugt: je perfekter eine Theorie auf Praxis projiziert wird, je mehr das Tun einer Verwissenschaftlichung unterliegt, desto weniger decken sich die rationalen Begründungen und das faktische Verhalten. Diese Auseinanderentwicklung vollzieht sich gerade im Schutze der Reputation, die eine bewußte theoretische Anstrengung hinsichtlich der praktischen Dinge verleiht. Die selbstsicher auf Praxis gerichtete Theorie läßt gar keinen Raum mehr für die kritische Überlegung, ob die theoretisierte Praxis auch die geübte Praxis sei.

Die genannten Modelle, wie Vernunft praktisch wirksam zu machen sei, finden ihre letzte Bewährungsprobe am Sophismusproblem. Sie mögen noch so sehr aus dem Ungenügen an den gängigen Maßstäben der Rationalität der Praxis entworfen worden sein, der Umstand, daß sie heterogene Rationalitätsvorstellungen auf Praxis applizieren und dafür Übersetzungsmechanismen einführen müssen, eröffnet die neue Möglichkeit falscher Praxis unter dem Schein der Rationalität. Einer ähnlichen Täuschung ist das aristotelische Konzept der Phronesis nicht ausgesetzt, weil es, anstatt einen heterogenen Vorbegriff der Vernunft auf Praxis zu beziehen, vom Wirken der Vernunft in der Praxis bereits ausgeht und die praxisimmanente Vernünftigkeit bloß ausbaut.

6. Verwirklichung und Kontingenz

Der Ausgangspunkt, der bei einer dem Handeln selber schon eignen Vernunft gewählt wird, scheint fürs erste den sophistischen Täuschungsmöglichkeiten enthoben, die aus der Übertragung eines heterogenen Vernunftbegriffs erwachsen. Gibt es jedoch in diesem Fall nicht auch eine spezifische Täuschung, nämlich die der Verläßlichkeit einer dem Handeln eigenen Vernunft? Offenbar herrscht doch die Grundüberzeugung vor, in der Welt des Handelns sei alles, so wie es ist, in Ordnung und habe folglich auch so zu bleiben, wie es ist. Der äußerste Maßstab der Phronesis besteht in der gelingenden Entsprechung zu den bestehenden Sitten und Ordnungen, inkorporiert im personalen Vorbild des klugen Praktikers: ὡς δεῖ – wie es sich gehört. Ist aber nicht Treue zum Schicklichen und Anmessung an die gesellschaftlichen Leitbilder in sich falsch?

Zweifellos trifft diese Frage die Konzeption praktischer Vernunft im Sinne der aristotelischen Phronesis ins Herz. Mit ihrer Beantwortung steht und fällt die Glaubwürdigkeit des letzten Lösungsvorschlags für unser Problem. Eine befriedigende Antwort auf den gewichtigen Einwand bietet sich nicht ohne weiteres an. Zunächst kann freilich eine Pauschalskepsis abgewehrt werden, die methodisch mit einer Variante des cartesischen ›genius malignus‹ argumentiert, inhaltlich indes die Radikalisierung der marxschen Ideologiekritik darstellt. Denkt man den Gedanken des gesellschaftlich bedingten Fetischismus zu Ende, so stößt man auf das angebliche Faktum eines *universalen* und *lückenlosen Verblendungszusammenhangs* in der gegebenen historischen Situation. Alles ist grundfalsch, weil es so richtig scheint, und niemand vermag sich dem versteinernden Medusenblick der Verhältnisse zu entziehen. Adorno insbesondere hat aus dieser Paradoxie vielfältig erhellende Funken geschlagen. Der tiefe Zweifel, den die Annahme eines universalen Verblendungszusammenhangs aufrührt, geht noch hinaus über die aus christlicher Tradition stammende und von Kant im transzendentalphilosophischen Rahmen teilweise erneuerte Lehre von der Erbsünde. Das irdische Treiben der Menschen ist aufgrund ihrer Natur unheilbar verkehrt, aber es gibt gnadenweise die Einsicht darein und, wenn Einsicht, schließlich auch die Vergebung der Schuld. Die These vom universalen Verblendungszusammenhang endet dagegen in apokalyptischer Verzweiflung. Die bestehenden Verhältnisse üben einen derartigen Bann aus, daß Einsicht in ihre Falschheit unmöglich wird. Ist aber Einsicht verwehrt, so entrückt Befreiung vollends ins utopische Nimmermehr.

Dem aufgezeigten Widerspruch erliegt jedoch die These selber. Entweder ist ihre Aussage triftig und Einsicht in die allgewaltige Verblendung damit ausgeschlossen, dann entfällt auch jede Möglichkeit, die These selber aufzustellen. Oder die These vom universalen Verblendungszusammenhang kann tatsächlich mit Wahrheitsanspruch aufgestellt werden, dann kann der Verblendungszusammenhang nicht so total sein, wie die These behauptet. Die These selbst markiert eine der Lücken der Verblendung und widerlegt sich mit ihrem Auftreten selber. Das logische Dilemma lohnt nicht, weiter durchgespielt zu werden. Die äußerste Zuspitzung des Ideologieverdachts zur These vom universalen Verblendungszusammenhang enthält kaum genügend Erkenntniswert, um unsere Frage wirklich voranzubringen. Die Untersuchung der Verläßlichkeit oder Täuschbarkeit derjenigen Vernunft, die als Phronesis praktische Wirksamkeit behauptet, muß anders angegangen werden.

Betrachtet man den Maßstab des Gehörigen und Schicklichen, wonach praktische Vernunft sich richten soll, ebenso unbefangen, wie Aristoteles ihn ausspricht, so ist damit nicht mehr gemeint als die *faktische Grenze*, an die alle Erwartungen einer Vernunft, die praktisch werden will, gebunden bleiben. Daß die faktische Grenze einen *historischen* Charakter besitzt, ist unserem aufgeklärten Bewußtsein wohl selbstverständlicher, als es der Gesellschaftsanschauung der Antike war; doch ändert dieser Umstand nichts an der Aussage. Praktische Vernunft hat ihre natürliche Grenze an ihren faktischen Realisierungen. Wenn man wissen will, woran sich die tätige Anwendung von Vernunft auf das Handeln bemißt, so sind keine anderen Kriterien zu sehen als diejenigen, die in der tatsächlich geübten Anwendung greifbar vorliegen. Diese Kriterien werden exemplarisch repräsentiert von jenen, die nach allgemeiner Überzeugung vernünftig handeln und das heißt richtig leben. Der personale Verweis auf das Vorbild des klugen Praktikers, der im Rahmen der Polis identisch mit dem anerkannten Staatsmann ist, hat nichts mit blinder Autoritätshörigkeit zu tun. Der Verweis auf konkrete Vorbilder entspricht dem anerkannten Sachverhalt, daß die gesuchten Maßstäbe in der gelebten Praxis selber stecken. Ich möchte die aristotelische Aussage so auffassen, daß das ὡς δεῖ die Faktizität angewandter praktischer Vernunft bezeichnet, die in Personen inkarniert vorgestellt werden kann und so anschauliche Qualität bekommt.

Formal gesehen bedeutet eine solche Maßstabsetzung den Zirkel, daß die praktischen Ambitionen der Vernunft sich an bereits praktisch gewordener Vernunft orientieren müssen. Darin liegt der klare Verzicht auf Maßstäbe, die außerhalb der Sphäre praktischer Vernunftwirkung liegen. Ist dies aber zu beklagen? Die Mißlichkeiten mit heterogenen Vernunftkonzepten sind zur Genüge deutlich geworden, um eine Bescheidung zumindest nicht unsinnig erscheinen zu lassen, die alle Anmaßungen leichtfüßiger Theorien, ihre jeweilige Rationalität auch praktisch gewürdigt zu sehen, auf den Boden der faktischen Verwirklichung zurückzubringen. Die auf Praxis ausgreifende Vernunft sollte ihre Praxisansprüche so wörtlich nehmen, daß sie zugibt, nur in dem Maße Vernunft zu sein, wie sie auch praktisch zu werden vermag. Eine praktische Vernunft, die ihr auszeichnendes Adjektiv nur im Munde führt, während sie ihrer systematischen Konstruktion gemäß alles dazu tut, nicht oder nicht unverzerrt auf Praxis Einfluß nehmen zu können, sollte aus dem ohnehin redundanten philosophischen Vokabular gestrichen werden.

In der vorgeschlagenen Lesart stellt der strittige Maßstab des Gehörigen, Passenden oder Richtigen (ὁ ὀρθὸς λόγος) die faktische Grenze der Realisierbarkeit des Vernünftigen dar. Diese Grenze ist aber identisch mit der *Grenze der praktisch sich verstehenden Vernunft selber*. Der unleugbare Zusammenhang verliert meines Erachtens alles Anstößige, wenn man ihn nicht sklavisch auf eine bestimmte Gesellschaftsordnung bezieht. Nichts spricht dafür, daß allein die historisch vergangene Polis der angemessene Ort war, wo jener Zusammenhang Geltung hat. Die Grenze der tätigen Realisierbarkeit des Vernünftigen als die Grenze der Möglichkeit praktischer Vernunft überhaupt kann ohne Schwierigkeit historisch differenziert und evolutionär ausgelegt werden. Diese Grenze hat zu allen Zeiten existiert, denn es ist die Grenze, die sich im Prinzip vor der Frage, wie Vernunft praktisch werden könne, aufrichtet. Obwohl an dieser Stelle die historische und evolutionäre Perspektive nicht weiter zu entwickeln ist, mag das Gesagte beitragen zu einer gerechteren Deutung der auf den ersten Blick schwer verständlichen These des Aristoteles über die der Phronesis zugänglichen Maßstäbe.

Einem weiteren Einwand muß begegnet werden. Man könnte zweifeln, ob die Handlungsanalyse und die darauf gegründete Lehre vom praktischen Schließen nicht ein stark idealisiertes Bild von der Wirklichkeit der uns umgebenden und von uns selbst geübten Praxis wiedergibt. In der Tat kennzeichnet eine dem Handeln eigne und im praktischen Schlusse logisch explizit gemachte Vernunft die *Höchstform*, deren Praxis aus sich heraus fähig ist. Praxis ist dann ganz sie selbst, wenn ihre innere Logik sich auf jene syllogistische Formel bringen läßt. Der Bedingung wird jedoch bei weitem nicht von allen konkreten Fällen genügt: Praxis ist keineswegs stets und unter allen Umständen sie selbst. Immerhin liefert die herausgestellte Höchstform zugleich den theoretischen Schlüssel für die Erfassung der Abstufungen, in denen die authentische Praxisstruktur bis in quasimechanische Abläufe eines sinnentleerten Tuns hinabreicht. Die Breite der Phänomene erschließt sich solcher Betrachtung zwanglos, so daß der Handlungsbegriff, von dem unsere Überlegung ausging, nicht mit zusätzlichen Annahmen über Subjekte, ihr Bewußtsein, ihre freien und gestörten Einstellungen usw. überlagert werden muß, um Formen des Handelns Rechnung zu tragen, in denen sich nur schwer jene immanente Vernünftigkeit finden läßt, die der praktische Syllogismus entfaltet. Zusatzannahmen über Lage und Selbstverständnis von Subjekten würden die Klärung der Verfallsformen des Handelns insofern nicht erleichtern, als erst zwingend gezeigt werden muß, wie subjektive Dispositionen auf das Handeln in der Tat einwirken. Nimmt man diese Aufgabe über das bloße Versichern von »Einflüssen« hinaus ernst, steht man doch wieder beim Handlungsbegriff, den wir zur Grundlage nehmen.

Jedes Handeln geschieht umwillen eines Zwecks, der im Handlungsvollzug selbst verwirklicht wird. Das Worumwillen kann angelernt, unbewußt übernommen und durch gesellschaftliche Konvention oktroyiert sein. Der Vollzug kann entsprechend in dumpfer Gewohnheit verlaufen, von latenten Zwängen diktiert werden und unter der Heteronomie des eingefahrenen Soziallebens fast verschwinden. Die äußeren Umstände, die zu den angedeuteten *Verfallsformen* der Praxis führen, gehören allesamt der eigentlichen Handlungsstruktur nicht an. Sie sind kontingenter Natur und decken das weite Feld der historischen Gegebenheiten einer bestimmten gesellschaftlichen Situation ab. Es besteht gleichwohl kein Grund, ein derart fremdgesteuertes, manipuliertes oder zum Automatismus verselbständigtes Handeln nicht länger Handeln zu nennen, denn auch bei zielvergessenem Gewohnheitshandeln wird ein Worumwillen tätig realisiert. Allein der Modus des realisierenden Vollzugs ist degeneriert und die klare Erfassung des Worumwillen durch Surrogate ersetzt. Die sinnhafte Zweckorientierung eines solchen Tuns verblaßt und mag nur noch in Resten feststellbar sein. Es ist fraglos wahr, daß die Verfallsform des Handelns einen großen Teil der realen Abläufe unserer Alltagspraxis ausmacht.

Soziologen haben viel Mühe auf die Beschreibung und Klassifikation der uneigentlichen Handlungsmodi in der beobachtbaren Realität historischer Gesellschaften verwandt. Unbeschadet solcher empirischen Durchgliederung lassen sich die genannten Phänomene theoretisch nur auf den Begriff bringen, wenn man sie nach dem Muster von Handlungen interpretiert, allerdings mit der wichtigen modalen Einschränkung der Uneigentlichkeit. Verfallsformen des Handelns liegen vor, nicht eine grundsätzlich andere Gegebenheit, die kategorial völlig differente Auffassungsweisen erforderte. Eigentliches Handeln hebt sich umgekehrt von den Verfallsformen ab durch klare Herausarbeitung der Struktur des Worumwillen und die Fähigkeit zu ausdrücklicher Formulierung der immanenten Rationalität gemäß dem Modell praktischen Schließens.

Mit dem Aufweis handlungsimmanenter Vernunftmomente und der Delegation der Verfallsformen in den historischen Bereich ist es freilich nicht getan. Die Frage nach der Wirklichkeit praktischer Vernunft ist so nur in die richtige Dimension gerückt, aber keineswegs befriedigt. Es mag zwar gelungen sein, fälschlich in Anschlag gebrachte Konzeptionen von Vernunft abzuwehren und damit das Problem der Sophistik zu bannen. Man mag wohl einsehen, daß von vornherein Vernunft und Praxis in der engsten Relation miteinander gedacht werden müssen, um überhaupt der zentralen Forderung nach Konkretion gerecht zu werden. Die Erfüllung der Konkretionsbedingung läßt aber die Leistung der Vernunft in der Welt der Praxis eigentümlich unbestimmt, so daß weitere Auskunft verlangt wird. Bislang fehlen nämlich die Mittel, die in einem Handlungsfall konkretisierte Rationalität, ohne ihrer praxiswirksamen Eigenart Abbruch zu tun, *planmäßig auszuweiten*. Es sind Leitlinien für die Aufgabe zu entwickeln, anhand eines Handelns die Gesamtheit der übrigen Vollzüge mit zu veranschlagen.

Beginnen wir nochmals mit dem praktischen Syllogismus. Der Schluß, aus dem das Handeln folgt, formalisiert die Leistung der Vermittlung zwischen Allgemeinem und Besonderem, die die Rationalität im Handeln erbringt. Das Allgemeine erschien als die Regel, der zufolge das Handeln sich seine Zwecke geordnet und im Zusammenhang setzt, während das Besondere den konkreten Fall der Regel für das Handeln definierte. Der Schluß als solcher stellt demnach den Akt der Urteilskraft dar, worin Regel und Anwendungsfall praktisch zusammengebracht werden. Die Gleichberechtigung der Rationalitätsfunktion bei Bestimmung des allgemein und des konkret Vernünftigen macht es unmöglich, die praktische Vernunft einseitig im Festlegen einer allgemeinen Handlungsregel zu suchen, wogegen die Erkenntnis der Fälle einer bloßen Tatsachenfeststellung überlassen bliebe, so daß das Schließen sich im Subsumieren erschöpfte.

In gewissem Sinne muß die Schlußrichtung umkehrbar sein. Wenn dem Allgemeinen und dem Besonderen gleichermaßen Anwärterschaft auf praktische Vernunft zukommt, ist die logische Konsequenz nicht auf Unterordnung des Besonderen unter das Allgemeine fixiert. Praktisch vernünftig müßte auch das Folgern oder Fortschreiten vom Besonderen zum Allgemeinen sein[64]. Inwieweit die strengen Techniken formaler Logik dafür Unterstützung bieten, wäre eigens zu prüfen. Die Idee einer Umkehrung der Schlußrichtung innerhalb des praktischen Syllogismus, der von Hause aus formallogischen Prinzipien wenig konform ist, dürfte fürs erste nur einen intuitiven Anregungswert besitzen. Die Aufgabe lautet: wie ist die systematische Ausweitung der im Einzelakt aufweisbaren Rationalität auf die gesamte Reihe folgender Akte und schließlich den einheitlichen Zusammenhang einer Lebenspraxis anzuleiten?
Es gilt, hierbei in Erinnerung zu behalten, daß das Anwendungsfeld praktischer Vernunft die Konkretion ist und bleibt. Auch die weitergehende Perspektive auf die Gesamtheit aller Akte vermag sich nicht über diese Wesensbedingung von Praxis zu erheben. Daher sind all jene Allgemeinheiten, die als Handlungsregeln in den Obersatz eines praktischen Schlusses eingehen, keine Gegenstände strenger Theorie, die vom Wandel der Situationen, von der Kontingenz des So-und-auch-anders absehen könnte und ein für allemal gültige Richtlinien des Worumwillen jeder Praxis aufzustellen vermöchte. Ein schlechthin gültiges und wohl definiertes Prinzip, auf das alle allgemeinen Handlungsorientierungen nochmals eindeutig zu beziehen wären, eine exakte Formalregel gleichsam für die Umkehrung des praktischen Schlusses vom Besonderen zum Allgemeinen läßt sich nicht angeben. Vielmehr ist von dem Tatbestand auszugehen, daß immer schon eine gewisse, mehr oder weniger klare, in verschiedenen Graden der Bestimmtheit durchgeführte Ordnung der allgemeinen Handlungsorientierung vorliegt. Es gibt subjektiv verschiedene Zweckhierarchien, es gibt Komplexe von Maximen, die bereits in sich gegliedert sind, es gibt praktische Strategien, die eine bestimmte Reichweite haben. Es kann nur

64 vgl. Aristoteles, *EN* 1143 b 4 f.

darum gehen, diese vorliegende Handlungsorientierung zu *systematisieren.*
Der einzige Richtpunkt, der sich auf der gegebenen Basis finden läßt, und der formal betrachtet hinter der populären Ausdrucksweise vom gelungenen Leben (εὐδαιμονία) steckt, ist jener der Einheit. Die *Einheit* einer Pluralität praktischer Vollzüge, die aufeinander folgen, miteinander kooperieren und wechselseitig verflochten sind, macht aus der unübersehbaren Summe von Akten erst das Ganze eines gelebten Lebens. Sinnvolle Praxis ist charakterisiert durch Einheitlichkeit, die durch alle isolierten Vollzüge hindurchgeht und die einzelnen Handlungen vermittelt. Wäre solche Einheitlichkeit der Praxis im Ganzen nicht gegeben, so würde das Tun sich verlaufen, eine Handlung oder ein Handlungsgefüge stünde funktionslos neben einem andern, ohne daß eins ans andere anknüpfte oder ein Vollzug in die folgenden Vollzüge zwangsfrei überginge. Zielsetzungen gerieten in unaustragbare Konkurrenz, miteinander unverträgliche Intentionen würden gleichzeitig verfolgt oder Alternativen, die nicht zu vereinen sind, blockierten jedes Tun endgültig, wenn der Einheitsgesichtspunkt aus dem Handeln verschwände. Die Einheit wird durch eine *Systematisierung der Maximen* erreicht, die untereinander in einen durchgängig kohärenten Zusammenhang zu bringen sind.
Natürlich läuft keine reale Praxis, kein gelebtes Leben vollendet einheitlich ab. Praktische Vernunft hat gerade deshalb die Aufgabe, konkretes Handeln im jeweiligen Vollzug auf Einheitlichkeit im Ganzen zu verpflichten. Sie stellt auf dem Wege über die Systematisierung der Maximen eine Grundübereinstimmung der allgemeinen Handlungsorientierung her. Erschwert wird diese Aufgabe noch durch einen weiteren Umstand, der zu den Naturbedingungen der Praxis zählt: ihre *Endlichkeit.* Ob eine Praxis einheitlichen Zusammenhang besitzt, läßt sich im Grunde erst entscheiden, wenn sie über keine Zukunftsmöglichkeiten mehr verfügt. Wann aber keine ferneren Möglichkeiten mehr zur Verfügung stehen, weil das Leben zuende ist, weiß man nie im voraus. Die kontingenten Bedingungen, denen die vernünftig zu schaffende Einheit der Praxis unterliegt, sind auf

keine Weise auszuräumen. Es nützt dagegen auch nichts, auf Erden nur eine Ethik zu verfolgen, die einen jederzeit für den Himmel bereit sein läßt oder das »Reich der Zwecke« antizipiert; denn so zahlt man den Endlichkeitsbedingungen einen ganz unangemessenen unendlichen Tribut. In der Tat sind manche christlich geprägten Ethiken so verfahren, die praktische Vernunft von vornherein auf etwas anderes als das konkrete Handeln zu verpflichten, da dies ohnehin von der Endlichkeit derart gezeichnet ist, daß es über sein Ende nicht verfügt. Soll Vernunft jedoch praktisch wirksam werden und auf das Handeln tatsächlich Einfluß nehmen, so hat sie mit der Bedingung der Endlichkeit und d. h. eines unausrottbaren Elements der Kontingenz bei Anwendung von Vernunft zu rechnen. Ausdruck dessen ist es, daß man ein Urteil über die durch Vernunft beförderte Einheitlichkeit einer Praxis im Ganzen erst fällen kann, wenn die Praxis nicht mehr fortbesteht. Solange weiter gehandelt werden kann, bleibt dies Urteil über Einheit suspendiert. Streng genommen *hat* kein Leben Einheit, sondern hat Einheit *gehabt*.

Handeln ist Handelnmüssen und das heißt Weiterhandeln, um das letzte Ziel zu erreichen. Handeln ist somit Ausdruck eines Mangels. Die Götter genießen ihr »Glück« ohne den Zwang zur Praxis, meint Aristoteles[65]. Die Seligkeit ist ein bedürfnisloser Zustand, während das Handeln immer noch auf Ziele aus ist, und sein Worumwillen erst tätig verwirklicht. Der Vergleich mit einer praxisenthobenen Seinsweise unterstreicht die Momente der Kontingenz alles Praktischen.

65 *EN* 1178 b, *de caelo* 292 a 22 ff.

7. Die Geschichtlichkeit von Normen

Keine Gesellschaft existiert ohne Normen. Dies ist zunächst ein empirisches Faktum, mit dem sich die Philosophie allerdings nie hat abfinden mögen. Der Sachverhalt sozialer Normen wirkt auf den logischen Ableitungsdrang wie ein Skandalon, zu dessen Bewältigung immer wieder Begründungsversuche angestellt worden sind. Wenn es schon ohne Zutun der Philosophie Normen gibt, so sollen sie wenigstens vernünftig legitimiert erscheinen. Das *Naturrecht* ist die älteste Antwort, die die Philosophie dem Faktum sozialer Normen entgegenhält. Aus der Vernunft allein entspringen zwar Normen nicht so wie Begriffe, aber die Vernunft läßt sich damit befriedigen, alle sozial vorfindlichen Normen auf eine letzte einsichtige Gegebenheit wie die Natur zurückzuführen. Kraft des überschaubaren Verhältnisses der Prinzipiierung erscheinen dann die Normen selber ausgewiesen.

Weiterhin streben Philosophen seit Platos Staatsutopie danach, Normen und praktische Vernunft einander anzunähern. Unter *idealen* Bedingungen dürfte keine Diskrepanz zwischen dem Gesollten und dem Vernünftigen mehr bemerkbar sein. Alles kommt darauf an, die historisch bedingte Diskrepanz zum Verschwinden zu bringen. Nun ist aber genügend Anlaß zu zweifeln, ob im Grunde genommen Normen sich vollständig von Vernunft durchdringen lassen, ob nicht stets ein unauflösbarer Rest bleibt, der im Wesen von so etwas wie Norm selber der Vernunftherrschaft Widerstand leistet. Diese Frage erscheint verzerrt innerhalb der herkömmlichen Fronten eines Streits um Idealismus und Realismus, um utopische Antizipation oder Beharren auf der Wirklichkeit, wie sie nun einmal sei. Es geht nicht darum, ob die Utopie sich irgendwann verwirklichen läßt, sondern ob sie als Utopie überhaupt möglich ist.

Zur Debatte steht, ob es sinnvoll sei, auch bei unterstellten Idealbedingungen und ohne Rücksicht auf Schwierigkeiten ihrer Erreichung, von Normen zu reden, die vollends Vernunft spiegeln und doch Normen bleiben. Vertragen sich die reinen Gedanken der Vernunft und der Norm überhaupt ohne weitere

Annahmen? Wenn sich zeigen sollte, daß *in Normen ihrer eignen Natur nach ein von Vernunft nicht voll aufzulösender Rest* steckt, dann muß die Erörterung philosophischer Utopien entweder vom Streit über Realisierungschancen entlastet werden oder man muß sich entschließen, auf Normierung im Vernunftideal vollends zu verzichten. Vielleicht verläuft das Sozialleben uneingeschränkter Vernunftwesen in Wahrheit ganz spielerisch und was läge schon an der Rettung der Erdenschwere in Gestalt von Normen!

Die Abwägung, wie Vernunftutopien denkbar, und das heißt nicht, wie sie historisch realisierbar seien, liefert im Kontrast einen Beitrag zu unserer Frage. Da es zweifelhaft scheint, ob Normierung im Reich der Vernunft ohne Hinzunahme einschränkender Prämissen überhaupt eine Funktion behält[66], darf man auf eine sachnotwendige Sperre bei jedem Prozeß totaler Rationalisierung von Normen schließen. Der unauflösbare Rest, der den Normen eine Eigenständigkeit gegenüber allen Vernunftanstrengungen bewahrt, kann nicht anders interpretiert werden denn als eine Bedingtheit *historischer* Art, die den Versuch, gesellschaftliche Normen ganz unter Kontrolle zu bringen, immer wieder ereilt. Normen sind strukturell an Geschichtlichkeit gebunden, so daß Philosophie nur um den Preis, Normen endgültig aus der Hand zu geben, sich darüber zu erheben vermag.

Unsere oben angestellten Überlegungen zu Möglichkeit und Wirklichkeit praktischer Vernunft haben auf Normen keinen Bezug genommen. Das Problem blieb planmäßig ausgespart, und im Zusammenhang damit war auch vermieden, auf die Struktur von *Intersubjektivität* zu rekurrieren. Die systema-

66 Man vergleiche etwa das kantische Gedankenexperiment eines »heiligen Willens«, dem das unmittelbarer Willensinhalt ist, was uns gesetzlich als Sollen auferlegt wird. Im Gegensatz zum endlichen Sinnenwesen Mensch fällt für einen rein aus Vernunft bestimmten Willen Gesetz und Erfüllung zusammen. An dieser Grenze wandelt sich aber die Bedeutung von »Gesetz«, insofern Norm und Sein identisch werden. Das Gesetz gilt nicht länger, weil es das Ungeregelte regelt, es beschreibt bloß eine Wirklichkeit oder spiegelt, was ist.

tische Einheit, welche aus den allgemeinen Handlungsorientierungen der subjektiven Maximen das Ganze eines Lebens aufbaut, wird vom kontinuierlichen Handlungsfluß eines Einzelnen getragen. Wenn auch niemand allein lebt, sondern die Andern in den Orientierungen mannigfach präsent sind, und die meisten Maximen sogar einen sozial bedeutsamen Inhalt haben, so bedurfte es doch nicht der Andern, um dem Handeln seine Einheit zu geben. Die intersubjektiven Bedingungen von Praxis sind nicht von vornherein identisch mit den Bedingungen praktischer Vernunft. Die intersubjektiven Bedingungen wirken jedoch massiv über die gesetzten Normen auf Praxis ein. Die methodische Abblendung des sozialen Rahmens, die sinnvoll war, um das Rationalitätsthema vom Normenproblem abzusondern, muß nunmehr aufgegeben werden. Die Frage lautet dann, wie weit Normen das Werk praktischer Vernunft darstellen.

Normen können begriffen werden als die erstrebte und nicht bloß zufällige *Übereinstimmung* zwischen den subjektiven Maximen mehrerer Handelnder. Es geht dann nicht mehr um die immanente Einheit der vielen untereinander verbindbaren Maximen eines Einzelnen. Übereinstimmung soll nun herrschen unter den verschiedenen Maximen vieler Subjekte. Jene Einheit des gelungenen Lebens stellt sich selber zwanglos aus der genuinen Allgemeinheit von Handlungsregeln auf dem Wege systematischer Ausweitung her. Die Übereinstimmung aber der jeweiligen Maximen vieler Subjekte muß *eigens gewollt* werden. Maximen sind subjektiv auszubilden und können ebenso wieder verworfen werden, sie enthalten die tatsächlich befolgte Regel des jeweiligen Handelns. Normen haben demgegenüber objektive Bedeutung und geben die Regel an, die von jedermann in seinem Handeln befolgt werden soll. Maximen hatten wir ›Regeln in Anwendung‹ genannt, Normen können dementsprechend ›Regeln in Geltung‹ heißen. Geltung meint die Objektivität und relative Unwandelbarkeit, die darin zum Ausdruck kommt, daß viele Handelnde veranlaßt werden, dieselbe Maxime zu befolgen.

Der Sinn von Normen liegt in der herzustellenden Übereinstimmung der Handlungsorientierung zwischen den Subjekten.

Daher sind Normen nicht mit Imperativen zu verwechseln. *Imperative* ergehen grundsätzlich an Einzelne, um ein bestimmtes Handeln anzuweisen. Sie können auch an viele oder alle Einzelnen ergehen. Die Anzahl der Betroffenen ändert nichts daran, daß Befehle, um ausgesprochen werden zu können, einen Adressaten brauchen. Die eigentümliche Geltung von Normen dagegen erfüllt sich in der Herstellung einer intersubjektiven Kongruenz von Handlungsorientierungen. Wenn viele Subjekte dieselbe Maxime befolgen, weil sie allen dieselbe ist, dann gilt eine Norm.

Natürlich lassen Normen sich fallweise in Imperative an ein oder mehrere Subjekte übersetzen. Es ist gleichwohl nicht der Sinn der Norm, daß ich oder du oder wir, das heißt einzelne Handelnde, einer ganz bestimmten, an uns ergangenen Anweisung gehorchen, sondern daß unser Handeln intersubjektiv geordnet verläuft. Die Subjektbezogenheit von Imperativen im Gegensatz zur intersubjektiven Geltung von Normen zeigt sich daran, daß zwar Normen in ausdrückliche Befehle an benennbare Adressaten übersetzt werden können, niemals aber ein Befehl an ein Subjekt Normencharakter annimmt. So etwas wie eine Privatnorm wäre ein Widerspruch in sich. Im übrigen spielt für die Geltung von Normen der Grad der Bewußtheit keine Rolle, den einzelne Handelnde über den Umstand entwickeln, daß sie Normen folgen. Die meisten Normen wirken auf der Ebene unreflektierter Gewohnheit, ohne dadurch an Geltung einzubüßen. Befehle wiederum werden üblicherweise nur befolgt, falls sie ausdrücklich gemacht und als solche vom Betroffenen aufgefaßt werden. Höchstens in Grenzfällen extremer Internalisierung läßt sich von einem »Automatismus« der Befehlsbefolgung sprechen.

Die Unterscheidung von Norm und Imperativ korrigiert nicht allein einen gängigen, undifferenzierten Wortgebrauch in der moralphilosophischen und auch juristischen Literatur[67]. Sie lenkt insbesondere das Augenmerk auf die entscheidende Aufgabe der

67 z. B.: K. Engisch, *Einführung in das juristische Denken*, Stuttgart 1956, Kap. II; R. Schreiber, *Die Geltung von Rechtsnormen*, Heidelberg 1966, 36 ff.; R. Zippelius, *Einführung in die juristische Metho-*

Normen, Übereinstimmung intersubjektiver Handlungsorientierung herzustellen. Offenkundig besteht eine der fundamentalen Voraussetzungen jeder Vergesellschaftung darin, die privaten Handlungsregeln der vielen Subjekte auf einen gemeinsamen Nenner zu bringen. Nur so ist die Organisation sozialer Handlungskomplexe möglich. Normen schaffen Konformität und Stabilität in größeren Handlungsfeldern, sie ermöglichen zusammenfassenden Überblick und erlauben Prognosen zukünftigen Verhaltens. Die Leistung gesellschaftlicher Organisation kann Normen insofern zugetraut werden, als sie die Regel, die als subjektive Maxime das jeweilige Handeln leiten, nicht durch einen Zwangsmechanismus ersetzen. Das Gelten von Normen hängt im Gegenteil davon ab, daß die genuine Steuerung des Handelns durch dessen *eigne* Regeln erhalten bleibt, obgleich ein Prinzip eingeführt ist, das die Übereinstimmung zwischen solchen Regeln sichert.

Worauf gründet aber das Prinzip der Übereinstimmung? Ich sehe keine Möglichkeit, in der bloßen Übereinstimmung von Handlungsregeln an sich schon ein Werk praktischer Vernunft zu sehen. Das Prinzip der Übereinstimmung bleibt abstrakt gegenüber der konkreten Rationalität der Praxis, die in den Maximen als Obersätzen praktischer Schlüsse und weiter in der Systematisierung einer Pluralität von Maximen zur Einheit des Lebensganzen vorliegt. Im Vergleich mit der kantischen Ethik, die praktische Vernunft gerade an der radikalen Verallgemeinerung von Maximen festmachte, offenbart sich der wesentliche Unterschied. Kants Kritik der *praktischen* Vernunft kritisiert die konkrete Gegebenheit der empirisch bedingten Vernunft zugunsten der Geltung *reiner* Vernunft im Praktischen. Für eine solche Position ist folglich das abstrakte Prinzip der Übereinstimmung nicht begründungsbedürftig, es fällt mit der Stellung von Vernunft im Felde der Praxis unmittelbar zusammen. Praktisch vernünftig heißt das pure Wollen des Allgemeinen als Allgemeinen. Die Rekonstruktion der Rolle der Vernunft auf der Ebene prak-

denlehre, München 1971, 9ff. – Vgl. aber dagegen: H. L. A. Hart, *Der Positivismus und die Trennung von Recht und Moral*, in: Hart, *Recht und Moral*, Göttingen 1971, 24ff.

tischer Konkretion muß dagegen das normenstiftende Prinzip der Übereinstimmung zwischen Handlungsregeln anders begründen. Dies fällt auch gar nicht schwer, wenn man das Prinzip auf einen *Akt des Willens* zurückführt. Die fragliche Übereinstimmung ist nicht in sich praktisch vernünftig, sie muß eigens gewollt werden. Man hat also einen unabhängigen, mit der praktischen Vernunft nicht identischen Willen anzunehmen, der das Prinzip der Übereinstimmung aufstellt. Wann der Wille sich rührt, um in einem Akt eine bestimmte Norm zu zeugen, unterliegt keinen Regeln. Dies bedeutet ein letztlich unbegründbares Faktum, das auf die Seite der unhinterschreitbaren historischen Bedingungen gehört, wenngleich soziologische, psychologische und ökonomische Kenntnisse manches zur Aufhellung der besonderen Hintergründe von Fall zu Fall beitragen mögen.

Es dürfte einleuchten, daß die Mehrzahl der historisch bekannten Normen sich mit Hilfe des Modells erklären läßt. Willkürakte eines Herrschers, einer dominierenden Gruppe oder eines beschlußfähigen Organs stehen am Ursprung der meisten überlieferten Normen. Als Paradigma dient das gesatzte positive Recht. Aber auch weniger ausdrückliche und prominente Normsetzungen bis zu »ungeschriebenen« Gesetzen, Konventionen, Usancen und stillschweigenden Übereinkünften gehen letztlich darauf zurück, daß die Übereinstimmung gewisser Handlungsregeln als solche gewollt ist. Gegen die Fundierung von Normen in einem Willen dazu verschlägt es nichts, daß alle Spielarten zwischen Präzision und Vagheit, zwischen expliziter Formulierung und implizitem Ansinnen möglich sind.

Nun steht die Tatsache, daß Übereinstimmung gewollt ist, noch keineswegs für die Vernünftigkeit des Gewollten ein. Der abstrakte Willensinhalt der Übereinstimmung zwischen vielen Handlungsmaximen müßte in dieser Hinsicht erst genau geprüft werden. Wiederum liefert die Geschichte ein unendliches Anschauungsmaterial solcher Normen, die durchaus der Definition genügen, daß Übereinstimmung hergestellt sei, die aber unterschiedliche Urteile über Vernünftigkeit zulassen. Normen können auf vernünftige Weise regeln, wie im Falle der Moral, aber auch vernunftneutral, wie es Moden zu tun pflegen. Normen regeln vernunftlos, wie tyrannische Willkürherrschaft beweist, und Normen regeln durchaus widervernünftig, wie totalitäre Unrechtsstaaten demonstrieren.

Naturgemäß hängen Entscheidungen darüber wesentlich vom *Inhalt* der Norm ab. Kein kurzgefaßtes Schema steht zur Verfügung, das unter Vernachlässigung des Inhalts die praktische Vernünftigkeit bestimmter Normen überzeugend zu beurteilen gestattete. Kant hatte ganz konsequent die Zuflucht zu einem rigiden Formalismus reiner Vernunft genommen, nachdem ihm die empirisch inhaltliche Beurteilung allzu schwankend und daher a priori aussichtslos schien. Auf inhaltliche Bestimmung der Normen bezogene Urteile sehen sich primär einer Interpretationsaufgabe gegenüber, die das, was übereinstimmend befolgt wird, genau erfaßt und richtig deutet. Alle inhaltlichen Bestimmungen verweisen auf historische Umstände zurück, aus denen sie entstanden sind. Die ganze Breite der Normeninhalte gibt die besonderen historischen Bedingungen wieder, unter denen Normen generiert und anerkannt werden. Häufig wird das Normierte schwer verständlich sein und im äußersten Fall gar nicht als sinnhaft nachvollziehbar erscheinen. Die Beobachtungen fallen um so befremdlicher aus, je mehr wir uns von der Gegenwart oder unmittelbaren Vergangenheit und aus dem eignen Kulturkreis entfernen.

Man muß diese verwirrende Situation ertragen und bei historischer Betrachtung den Gegenständen ihr ursprüngliches Recht belassen. Zwanghafte Vereinfachungen, die alles unter möglichst weitmaschige Kategorien wie Funktion und Struktur oder auch unter generelle Geschichtsgesetze zu bringen versuchen, zahlen in aller Regel mit dem Verlust an historischer Spezifität. Ebenso wenig erreicht die Besserwisserei der Spätgeborenen, die direkte Rückschlüsse aus der eigenen Position bevorzugt, oder die blanke moralische Entrüstung, die über dem Verdammen erblindet. Wo es auf Deutung des Normeninhalts ankommt, liegt vor allem andern eine Aufgabe sorgfältiger Interpretation vor. Die Interpretation erschließt das Was der Normen, zumindest bis zu einem gewissen Grade je nach Lage des Falls.

Daß Normen aber Inhalte haben müssen und daß sie sinnlos

wären, wenn sie nicht ein bestimmtes Was vorschrieben, kann durch keine noch so verfeinerte hermeneutische Soziologie aufgefangen werden. Normen sind, um zu normieren, auf Inhalte angewiesen, die sie nur aus den gegebenen historischen Umständen aufgreifen können. Dies ist Signum ihrer *Geschichtlichkeit* und als solches keineswegs ideologiekritisch reduzierbar. Zur Entscheidung steht gar nicht, *welche* Inhalte von Normen sanktioniert sind, wo etwa die Macht des Bestehenden ungebrochen durchschlägt und wo sie reflexiv vermittelt oder gänzlich aufgehoben ist. Unüberwindlich bleibt vielmehr, daß Normen, auch die aufgeklärtesten, Inhalte angeben müssen, um als Normen Geltung zu beanspruchen. Wenn Normen nicht leer werden sollen und damit in ihrer praxislenkenden Bedeutung verschwinden, muß es etwas geben, das sie normieren. Über den zur Norm erhobenen Inhalt verfügt aber die Norm aus sich heraus nicht. Sie muß dazu auf etwas Vorgegebenes zurückgreifen. Der Struktur nach verhält es sich bei Metanormen ganz ähnlich: die Normen, die auf der nächst höheren Ebene normiert werden, sind für die Metanorm vorgegebener Inhalt. Aus diesem Grunde ist der Regreß in weitere Metaebenen nicht aufzuhalten; es herrscht nämlich jedesmal wieder das alte Verhältnis von Norm und unverfügbarem Inhalt vor.

Die Angewiesenheit von Normen auf Inhalte hat einen einfachen Grund. Wenn Normen die intersubjektive Übereinstimmung von Handlungsregeln verlangen, so machen sie nur die *Form* einheitlicher Befolgung derselben Regel verbindlich, was auch immer die Regel im Einzelfall besagen mag. Ob man sein Vaterland lieben oder links fahren soll, liegt der Normformulierung notwendig vor und gehört gegenüber der nackten Forderung nach Einheitlichkeit auf eine Stufe. Alles kann gleichermaßen in den Rang einer Norm kraft Willensakt erhoben werden, denn das normative Prinzip taugt selber nicht dazu, konkrete Inhalte auszusprechen oder in greifbarer Besonderung normadäquate von unangemessenen Inhalten vorab zu selegieren.

In der Gleichgültigkeit des normativen Prinzips gegenüber den zu normierenden Inhalten besteht der grundlegende Unterschied zur Systematisierung von Maximen, die die Einheit eines

Lebens im Sinne kontingenter Verwirklichung praktischer Vernunft ermöglicht. Während hier nämlich von den ursprünglich praktischen Regeln ausgegangen wird, um einen durchgängig vollziehbaren Zusammenhang aufzubauen, ist in der Norm von vornherein Einheit so postuliert, daß sie auf Beliebiges bezogen werden kann. Deshalb läßt sich auch die Systematisierung von Maximen nicht geradlinig in die Aufstellung von Normen hinein verlängern. *Normen leisten als solche nicht die Vermittlung des Allgemeinen und Besonderen*, die die Natur *praktischer Vernunft* ausmacht. Da sie die zwanglose Vermittlung schuldig bleiben, muß die von ihnen geforderte Übereinstimmung zwischen den Handlungsregeln mehrerer eigens gewollt werden. Allerdings lehrt die Erfahrung, daß zwischen den normsetzenden Akten und den eingeschliffenen Lebensvollzügen ein intimer Zusammenhang waltet. Aufs Große gesehen werden nur solche Normen Anklang finden und mit einer Befolgungschance rechnen können, die an die kontingenten Formen praktischer Vernunftwirklichkeit in den jeweiligen Ganzheiten gelebten Lebens anknüpfen können. Eine fixe Regel für die Verknüpfung kann nicht an die Hand gegeben werden, denn darüber entscheiden wieder die wechselnden historischen Verhältnisse.

Nur ein Kriterium ist denkbar, das direkt aus dem Prinzip der Übereinstimmung von Handlungsregeln folgt und auf die Kandidaten möglicher Norminhalte Anwendung findet. Das Kriterium lautet auf *Reziprozität* des Normierten und läßt sich aus dem Prinzip der Übereinstimmung gewinnen, wenn man dessen Geltungsbereich universalisiert. Unter der Bedingung einschränkungsloser Forderung nach Übereinstimmung von Handlungsregeln gilt für jedermann, was für jeden andern auch gilt. Damit wird es möglich, aufgrund des reinen Normprinzips selber gewisse inhaltliche Bestimmungen für das zu Normierende anzugeben. Nicht Klassen- oder Standesinteressen werden normativ sanktioniert, sondern nur solche Inhalte sind als normfähig anerkannt, die in sich bereits Verallgemeinerung zulassen.

Allein diesem Versuch droht die Gefahr der Tautologie. Es läßt sich zwar etwas über die passenden Inhalte möglicher Normen sagen, nur ist es nicht sehr informativ. Was für jedermann und unter allen Umständen gelten soll, das muß von der Art sein, für jedermann und unter allen Umständen gelten zu können. So viel kann man vorher wissen über die Inhalte, die in Normen von universellem Geltungsbereich Eingang finden, wo mithin das Übereinstimmungsprinzip zu umfassender Reziprozität ausgeweitet ist. Die Definition mag auf einige fundamentale Grundrechte zutreffen, die jedermann bei jedem andern respektieren muß, weil er sie von jedem andern bei sich selbst respektiert sehen will[68]. Sie führt aber kaum über die Sphäre äußerster Formalität hinaus, und es ist leicht zu erkennen, daß die Fülle spezifischer und inhaltlich ausgefüllter Normen, die das Leben einer Gesellschaft ordnen, erst unterhalb dieser Schwelle liegen. Es wäre widersinnig, all die Funktionen, Verhaltensweisen, Rollen, Institutionen und Verfahren, die normativ geregelt werden müssen, um die komplexen Abläufe in differenzierten Gesellschaften zu steuern, stets auf allumfassende Reziprozität zu stellen. Die besonderen Aufgaben, die die spezielleren Normen decken, würden so gerade nicht mehr bewältigt. Es kann nicht jedes gesellschaftliche Problem auf die Weise gelöst werden, daß jeder von jedem dasselbe erwartet. Damit erweist sich aber ein Modell als untauglich, das sich anheischig macht, mögliche Normeninhalte aus dem Normenprinzip formaler Übereinstimmung vorab zu erzeugen[69].

Die Unverfügbarkeit des Inhalts, auf den Normen angewiesen

68 s. Kant, *Metaphysik der Sitten*, § C

69 Mit der drohenden Tautologie sind auch alle Bemühungen konfrontiert, die unter dem Titel einer Universalpragmatik Kant rehabilitieren wollen, indem sie aus den formalen Bedingungen umfassender Gleichberechtigung unmittelbar auf die Inhalte schließen, in bezug worauf die Gleichberechtigung beansprucht wird.

W. v. Humboldt schreibt: »Es kann keine Staatsverfassung gelingen, welche die Vernunft – vorausgesetzt, daß sie ungehinderte Macht habe, ihren Entwürfen Wirklichkeit zu geben – nach einem angelegten Plan gleichsam von vornher gründet; nur eine solche kann gedeihen, welche aus dem Kampfe des mächtigern Zufalls mit der entgegenstrebenden Vernunft hervorgeht.« (Ideen über Staatsverfassung, durch die neue französische Constitution veranlaßt, 1791.)

sind, die Unberechenbarkeit der Anknüpfungsmöglichkeiten, die sich den Normen im Blick auf bestehende Lebensformen öffnen, zusammen mit der Unableitbarkeit des Willensakts[70], der Normen explizit oder kraft stummer Einmütigkeit setzt, charakterisieren die Geschichtlichkeit der Normen. Die Frage ist oft gestellt worden, ob man die Geschichtlichkeit der Normen wie eine ewige Naturbestimmtheit hinzunehmen hätte oder ob eine rationale Menschheit ihrer nicht doch dermaleinst Herr zu werden vermöchte. Die Frage wird nicht abstrakt aufgeworfen. Sie kann auf einen geschichtlichen Entwicklungsprozeß verweisen, der *evolutionär* die Überwindung kruder Geschichtsdetermination anzuzeigen scheint. Je weiter eine zivilisierte Hochgesellschaft sich entwickelt, um so vielfältiger differenzieren sich Normen auseinander zu einem gegliederten *Normengefüge*. Entsprechend der Komplexität und dem Umfang der Gesellschaft wächst die innere Verfeinerung und Verstrebung des Normengefüges durch Vermehrung und Präzisierung der Normen, durch Korrespondenzen und Hierarchien zwischen verschiedenen Normen, die Ausbildung von übergeordneten Normen, die das Aufstellen von Normen seinerseits regeln bzw. die Anwendung bereits geltender Normen kontrollieren usw. Die am weitesten perfektionierte Gestalt hat ein solches Normengefüge in den neueren *Rechtssystemen* empfangen.

Max Weber hat die mit der Neuzeit einsetzende Evolutionstendenz beschrieben, die von der unauflöslichen Bedingtheit historischer Normeninhalte wegführt, um bei einer durchgreifenden

70 Dem entspricht in der idealen Vernunftgesellschaft *Rousseaus*, die freie Subjekte allein kraft wechselseitiger Anerkennung ihres Subjektseins vertraglich zusammenschließt, die merkwürdig unableitbare Rolle des *Gesetzgebers* (Contrat social, II 6 f.). Der vernünftige Gemeinwille, der nur das allgemeine Beste will, bleibt ein reines Prinzip, solange ihm nicht gesagt wird, was er inhaltlich wollen soll. Die konkrete Ausübung der volonté générale ist von ihrer Konstitution als solcher nicht mit gedeckt. Es muß daher ein Gesetzgeber eingeführt werden, dessen Akte zwar im Namen der Vernunftgesellschaft legitim erfolgen, dem die gesetzlichen Willensentscheidungen aber weder vom vertraglich begründeten corps moral abgenommen, noch im einzelnen vorgeschrieben werden können.

Rationalisierung des in sich geschlossenen Rechtssystems zu enden. Die immanent vervollkommneten und auf Transparenz angelegten Gesetzesordnungen können die eigene Überzeugungskraft der Logik des Gefüges geltend machen. Die Organisation als solche scheint Vernunft zu repräsentieren und verheißt Befreiung von den uneinsichtig kontingenten Faktoren. Insbesondere hat das moderne Konzept eines *Gesellschaftsvertrags* die Ablösung von älteren naturrechtlichen oder auf die Autorität Gottes gegründeten Vorstellungen beschleunigt. Damit treten auch die letzten Fundamente von Rechtsordnung, die sich in Verfassungen niederlegen lassen, in rechtlich abgesicherter Form auf. Die Grundlegung des Normengefüges durch das bindende Institut des Vertrags und die Stabilisierung und Selbstkontrolle des Gefüges aus sich heraus arbeiten Hand in Hand bei dem Bemühen, die normativen Regeln gesellschaftlicher Praxis von den unvertretbaren Resten historischer Bedingtheit zu reinigen.

Der skizzierte Prozeß der juristischen Aufklärung versteht sich selber bekanntlich als Weg zur vernünftigen Gesellschaft. Die ursprünglich bloß gegebenen, von den bestehenden Verhältnissen diktierten Normeninhalte sollen sukzessive der Botmäßigkeit der Vernunft unterworfen werden. Was ehedem der Reflex historischer Umstände im Modus des Sollens war, wird Gegenstand der kritischen Rationalität, Begründung und Legitimierung. Der Weg zur allgemeinen Geltung der Vernunft ist beschritten, indem alles Gesollte einer letzten Norm zur Prüfung vorgelegt wird, die auf Vernünftigkeit lautet. Alles Gesollte gilt, weil ein letztes gilt: die Vernunft. Man darf in diesem Punkte mit Kelsen von einer *Grundnorm* sprechen[71]. Die Einrichtung einer Grund-

71 Der Kantianismus, der Kelsen die »Grundnorm als transzendentallogische Voraussetzung« annehmen läßt, beschränkt sich freilich auf die Erkenntnistheorie. So etabliert sich eine positivistische Rechtswissenschaft, in der zwingenden Geltung durch Ableitung aus der Grundnorm erzeugt wird, aber keine Äußerungen mehr über die inhaltliche und praxisrelevante Bestimmung jener obersten Deduktionsquelle möglich scheinen. (*Reine Rechtslehre*, Wien 1967², 196ff., 205 u.ö.)

norm schafft die Möglichkeit, das Normengefüge als einen Deduktionszusammenhang zu denken und das letzte Prinzip aller Ableitungen durch seine Begründungsfunktion rein in bezug auf das logische Ganze zu definieren. Wenn Normengefüge und Grundnorm so miteinander vermittelt sind, tritt der Idealzustand eines von allen historischen Kontingenzen gereinigten und daher rationalen Rechtssystems vor Augen.

Stellt man angesichts dieser Fiktion die einfache Frage, warum denn aber Vernunft sein soll, so zeigt sich auch an dieser zugespitzten Lösung des Vernunftproblems für Praxis der untilgbare Zug des Geschichtlichen. Der Erhebung von Vernunft zur obersten Norm liegt eine Vorstellung von Gesellschaft zugrunde, die das, was praktisch gut, sinnvoll und wünschenswert heißt, a limine in den privatrechtlichen Termini des freien, verantwortlichen Kontraktpartners definiert. Die Einführung der vernünftigen Grundnorm ist somit Ausdruck eines historischen, typisch neuzeitlichen Gesellschaftsverständnisses. Der hier waltende Zirkel läßt sich leicht an den Paradoxien des Gesellschaftsvertrags studieren, wie ihn etwa Rousseau mit bewundernswürdiger Radikalität gefordert hat. Der Gesellschaftsvertrag stiftet die Grundnorm und ist gleichzeitig bereits von ihrer Geltung abhängig. Die den Vertrag schließenden Subjekte müssen nämlich, bevor sie ursprünglich Rechtsverhältnisse begründen, bereits als Rechtssubjekte konstituiert sein, um das Rechtsinstitut eines Vertrags überhaupt erfüllen zu können. Der Vertrag, der die Vernunft allem voran zur Norm erhebt, spricht aus, was streng genommen schon gelten muß[72].

72 J. Rawls versucht, unter Rückgriff auf naturrechtliche Vertragstheorien und in Opposition zum utilitaristischen Empirismus mit jenen Paradoxien fertig zu werden, indem er eine hypothetische ›original position‹ annimmt. Hier muß schon so viel »Fairness« herrschen, daß unvoreingenommene und nicht auf ihren Vorteil bedachte, untereinander gleiche Individuen »Gerechtigkeit« als rationale Konsequenz ihrer eignen Interessen begründen können (*A Theory of Justice*, Kap. I: *Justice as Fairness* a.a.O.). Ich kann freilich nicht erkennen, daß die petitio principii auf diese Weise verschwindet, denn entweder ist ›Fairness‹ ein umgangssprachliches Synonym für

Das Faktum, daß ein vernunftbegründetes Rechtssystem nur unter Benutzung vorgängiger Rechtsgehalte eingeführt werden kann, muß als Indiz dafür gewertet werden, daß in der Grundnorm »Vernunft« sich eine bestimmte Idee von Gesellschaft artikuliert. Es wird eine solche Gesellschaftsordnung gefordert und für gut erklärt, in der die Allgemeinheit einer Vernunft regiert, die keine Unterschiede mehr kennt und alles gleich ansieht. Die Forderung ist mitnichten diejenige einer an sich seienden und für sich sprechenden Vernunft selber, sondern vielmehr diejenige einer bestimmten historischen Lage. Es ist gerade charakteristisch für die vorrevolutionäre Situation des 18. Jahrhunderts, daß ihr spezifischer Entwurf guter gesellschaftlicher Praxis der letzten Zeugenschaft der Vernunft bedarf. Gegenüber einer ständisch gegliederten Gesellschaft, im Angesicht von Privilegien und Klassenunterschieden und im Kampf mit dem Gottesgnadentum der Monarchie verfängt nur ein Prinzip, das jedermann anerkennen muß und das deshalb alle einander gleichstellt.

Die *reine Vernunft* ist eine Kampfparole! Ihre Abstraktheit, die in einer bestimmten geschichtlichen Lage polemischen Nutzen bewies, haben folgende Generationen mit dem erbarmungslosen Zwang bezahlt, der ebenfalls im Namen reiner Vernunft ausgeübt wird. Daß die bleiche Göttin ein Gorgonenantlitz besitzt, war nicht auf den ersten Blick zu erkennen. Es hat geschichtlicher Erfahrung bedurft, um die geschichtliche Bedingtheit des vermeintlich unbedingten Grundsatzes reiner Vernunft im Felde der Praxis zu durchschauen. Der erste, der den falschen Schein abstrakter Vernunftfreiheit begriff, ist der junge Hegel gewesen. Seither bewahrt der kritische Topos einer *Dialektik der Aufklärung* unüberholte Geltung.

Hegel hatte nicht nur die historische Erfahrung auf seiner

›Justice‹ und man hat es mit einer terminologischen Subreption zu tun, oder es liegt ein Appell an eingelebte, vielleicht für die amerikanische Gesellschaftsform besonders typische Normvorstellungen vor, die von der Reziprozität einer Anerkennung der Individualrechte vor jeder Kodifizierung bereits auszugehen gestatten und in dem Falle wäre Gerechtigkeit in die Prämissen der Situation ihrer ursprünglichen Stiftung anfänglich eingebaut.

Seite, er verfügte auch über Gründe systematischer Art, die eine neue Orientierung an der konkreten Sittlichkeit der Antike, an den erfüllten Lebensformen praktischer Vernunft in ihrer empirischen Realität nötig machten. Den romantischen Traum seines Jugendfreundes Hölderlin, der die Wiederkunft der Alten herbeisehnte, teilte er freilich alsbald nicht mehr. Von dem unwiederbringlichen Verlust der natürlichen Einheit der Polis ist ohne jede Sentimentalität auszugehen. Das verleiht praktischer Philosophie im Zeichen des Zweifels an aufgeklärter, über ihre eigne Geschichtlichkeit aber unklarer Rationalität allererst den nötigen Ernst. Vor dem Postulat historisch bewußter Nüchternheit muß aber der im Status quo behauptete oder in die Zukunft verlegte Traum eines Vernunftstaates nicht minder fragwürdig erscheinen als die retrospektive Sehnsucht. In der Tat hat der späte Hegel dort, wo seine Rechtsphilosophie kritische Anforderungen an die Gegenwart überstieg, einen solchen Traum ausgebrütet. Er hat zwangsläufig den Ruf der Junghegelianer geweckt, die Theorie möge aus dem Gedankenreich in die Wirklichkeit des politischen Alltags überführt werden. Träume pflegen jedoch dem Licht des anbrechenden Tages nicht standzuhalten und man kann ihrer suggestiven Eigenlogik nach dem Erwachen nie mehr umstandslos folgen.

Der Traum eines Vernunftstaates, sei es als Idealisierung des Bestehenden oder als utopische Vorwegnahme des Kommenden, zerbricht an der Struktur der Normen, die sich nie ganz mit Vernunft verschmelzen lassen. Da reine Vernunft ohne Rekurs auf vorgängige Praxis keine Handlungsregel aus sich entläßt, können Normen aus der Formalität von Vernunft allein auch nicht gewonnen werden. Normen, die praktische Anwendung finden sollen, bedürfen gewisser inhaltlicher Momente, die, weil sie von den Normen ihrerseits nicht setzbar sind, aus den jeweiligen historischen Gegebenheiten aufgegriffen werden. Dieser rational unauflösbare Rest von Bedingtheit macht die Geschichtlichkeit[73] der Normen aus.

73 Vgl. E. W. Böckenförde, *Die historische Rechtsschule und das Problem der Geschichtlichkeit des Rechts*, in: *Staat, Gesellschaft, Freiheit*, Ffm, 1976, bes. 20ff.

Schluß

Die Erörterung des Normenproblems hat die Grenzen unseres Unternehmens berührt, auf der Grundlage einer Handlungstheorie von praktischer Vernunft zu sprechen. Der Vorrang, der dem Praxisbegriff gebührt, macht es unvermeidlich, den Akzent auf die praktische Seite jener Vernunft zu setzen. Dann ist es verwehrt, mit einem Rationalitätskonzept zu operieren, das der Praxissphäre ursprünglich enthoben ist und durch geschickte Veranstaltungen erst im Nachhinein auf die Wirklichkeit des Handelns übertragen wird. Das folgenreiche Mißverständnis, eine nicht-praktische Vernunft für praktische Vernunft zu halten, wurde bei seinem ältesten Namen: der Sophistik genannt. Die sophistische Täuschung reicht weiter als bis zur bewußten Manipulation anderer, sie reicht bis in die Selbsttäuschung, in die praktische Philosophie sich immer neu zu verstricken droht. Sprache ist der gemeinsame Boden, auf dem Praxis und Vernunft sich treffen, aber auch unbemerkt verfehlen können. Auf dem Boden der Sprache nämlich sehen praktische Vernunft und ihr Schein einander zum Verwechseln ähnlich.

Die Frage nach der Vernünftigkeit sozialer Normen drängte die Analyse über den eng verwobenen Komplex von Handeln, Sprache und praktischer Vernunft im engeren Sinne hinaus. Eine philosophisch haltbare Rechtstheorie und historisches Wissen haben sich als wesentliche Voraussetzung für eine angemessene Behandlung des Problems erwiesen. Dafür war unsere bisherige Untersuchung aber unzureichend ausgerüstet. Die Rechtstheorie ergibt sich nicht schon aus der Funktion praktischer Vernunft ohne weitere Prinzipien. Dafür mag die herkömmliche Trennung von Moralität und Legalität oder allgemeiner von Ethik und Politik als Beleg dienen. Eine Rechtstheorie ohne Rücksichtnahme auf Geschichte schwebt aber vollends in der Luft. Es zeigt sich, daß das obsolet klingende Thema *Naturrecht und Geschichte*, das Leo Strauss vor langem angeschlagen hat[74], keineswegs als erledigt gelten darf. Allerdings verspricht der

74 Vgl. als Exempel sein gleichnamiges Buch (dt. Übers. 1956).

von Strauss geübte Rückstieg hinter das historische Bewußtsein zu den verschütteten Weisheitsquellen der Tradition keinen gangbaren Weg aus dem Dilemma.

Philosophische Absichten einer Normbegründung müssen gerade der geschichtlichen Dimension gewärtig bleiben. Das Naturrecht wird nicht dadurch glaubwürdiger, daß man es gegen seine eigne Verfallsgeschichte verteidigt, um so seine übergeschichtliche Gültigkeit zu retten. Utopische Antizipationen von Vernunftherrschaft gewinnen nicht dadurch an Überzeugungskraft, daß sie sich äußerlich des belasteten Titels eines Naturrechts entledigen und Geschichte kontrafaktisch überspringen oder evolutionär ihr teleologisches Ende vorwegnehmen. Es bleibt ein aussichtsloses Bemühen, frei von historischer Bedingtheit die Normierungskraft reiner Vernunft ins Werk zu setzen.

Die naturrechtlichen Annahmen sind in der Abblendung von Geschichte bei der wechselnden Berufung auf ewige Natur in besonderem Maße historisch abhängig. Das hat die Ideologiekritik an dem auf Sklavenarbeit gestützten Polisideal der Antike oder an der neuzeitlichen Absegnung der egoistischen Konkurrenz bei Hobbes sowie der Legitimation des Privateigentums bei Locke allemal zu zeigen vermocht. Auch die unhistorisch verstandene Vernunft reflektiert in Wahrheit, ohne dies selber noch zu sehen, historische Augenblicke. Die vorrevolutionäre Sprengkraft der rousseauschen Theorie vom Gesellschaftsvertrag oder die Verherrlichung der preußischen Monarchie durch Hegels absolutes System bezeugen das Historische im Akt seiner Leugnung. Die seit Marx üblich gewordene Beschwörung einer Gesellschaft, die frei zu heißen verdient, weil sie die fremden Zwänge der Naturgeschichte abgeschüttelt hat, und vernünftig lebt, weil sie die Widervernunft von Herrschaft überwand, trägt das historische Mal sogar auf der Stirn. Die Entfaltung der wahren Menschennatur kann nur begriffen werden als der Schritt hinaus über das Reich der Geschichte, wie wir sie kennen.

Das Normproblem weist also geradewegs in die Spannungszone zwischen Naturrecht und Geschichte. Das Problem kann kaum gelöst werden, wenn die überlieferten Fronten ihre Starre bewahren. Die Opposition einer Normsetzung aus ursprünglich philosophischen Einsichten gegen die historische Relativität ist irrig und unfruchtbar zudem. Wenn Normen über die extreme, an Tautologie grenzende Formalität hinaus gebildet werden sollen, bedürfen sie eines Inhalts, der seine Herkunft aus historischen Umständen nie unterdrücken kann. Normen brauchen ein zu Normierendes, ein nicht vorab normiertes Material in unüberwindlicher Gegebenheit. Diese Struktur kann Philosophie nicht ablösen, denn keine Vernunftanstrengung vermag die Angewiesenheit der Norm auf Inhalte zu ersetzen. Es wäre unsinnig, wollte Rationalität selber die Stelle des Ungeregelten einnehmen, das als solches gegeben sein muß, um geregelt zu werden. Die notwendige Vorgängigkeit des ungeregelten Inhalts charakterisiert die Geschichtlichkeit aller Normen.

Einer Philosophie der Praxis fällt es sichtlich schwer anzuerkennen, daß ein letztes Element historischer Kontingenz aus den Werken praktischer Vernunft nicht mehr zu entfernen ist. Der Autonomieanspruch der Vernunft wehrt sich unmittelbar gegen so tief verankerte Einschränkung. Die Philosophie muß aber den eigensten Tendenzen ihrer Selbstgewißheit zum Trotz jenen Tribut an die Eigenständigkeit von Praxis entrichten, falls sie ihrem Gegenstand gerecht werden will.

Namenregister

(Der Kursivdruck einer Ziffer weist darauf hin, daß der Name auf der betreffenden Seite in einer Fußnote zu finden ist.)